경찰학과 사회복지학의 만남

복지경찰론

Welfare Police

윤 영 희

도서출판 진영사

경찰학과 사회복지학의 만남

복지경찰론(*Welfare Police*)

윤영희

2016년 8월 10일 초판 인쇄
2016년 8월 16일 초판 발행
발행인 박 진 영
발행처 도서출판 진영사
인천광역시 부평구 부평동 134-16 태승빌딩 4층
전화 : 032)505-4207
팩스 : 032)505-4206
E-mail : 0183734207@hanmail.net
등록 : 122-91-77317

ISBN 978-89-6541-278-6 93330
값 15,000원

서 문*

21세기 경찰의 역할로서 일반시민들은 경찰에 대해 종전의 질서유지의 소극적인 임무를 벗어나 적극적인 서비스 활동을 요구하는 추세이다. 따라서 경찰활동도 기본적으로 소극적인 위험방지 및 범죄수사를 위하여 명령・강제 등의 권력적 수단 이외의 비권력적 수단을 통한 경찰목적 달성의 필요성이 증대되고 있다. 이에 국민들도 경찰개입청구권을 요청하는 등 적극적으로 경찰서비스를 요청하는 추세이고, 복지적 경찰서비스가 경찰의 기본적 업무로 인식되기에 이르렀다. 다시 말해 행정국가, 복지국가 시대에 이르러 경찰도 복지서비스를 염두에 두게 되었다.

그러나 경찰조직에서 치안서비스는 '복지'라는 넓은 개념으로 제반적인 경찰업무를 진행하고 있음에도, 현실적인 어려움에 봉착하고 있다. 경찰이 직무를 수행하는 과정에서 복지적 개입의 필요성이 제기되고 있으나, 우리 경찰의 '복지경찰'에 대한 인식과 복지업무에 관한 전문성은 매우 부족한 실정이다. '복지경찰'이라는 개념은 우리나라의 경찰제도 그 어디에도 찾아볼 수 없다. 정확한 개념정립과 복무지침의 정의 없이 대민서비스 일환으로 경찰 기능과 역할은 확대되고 있을 뿐이다. 따라서 경찰의 직무활동으로서 대민서비스 비중이 증대됨에 따라 경찰직무와 경찰정책도 또한 바뀌어야 하며, 확대된 복지업무를 전문적으로 다룰 수 있는 '복지경찰' 도입을 위한 '복지경찰제도'에 대한 심도 있는 논의가 필요하다.

즉 복지경찰이란 사회복지와 경찰행정분야를 접목함으로써 경찰단계에서 범죄・비행에 대한 단속과 처벌에 앞서 예방・선도・보호가 필요한 청소년비행

---

* 본서는 부산외국어대학교 법과대학원 법학박사학위논문 "한국에서의 복지경찰 도입에 관한 법제적 연구"(2016년 2월)를 수정한 것임.

·가정폭력·성범죄·아동학대·노인학대·다문화가정 문제 등에 대해 클라이언트를 대상으로 사회복지방법론을 통해 원조하는 미시적인 측면과 클라이언트의 복지를 위한 복지경찰법 제정 등 제도적·정책적 거시적인 활동으로 조직적이고 체계적인 전문적 활동이다.

본서는 '복지경찰'의 개념을 정립하고 한국에서의 "복지경찰제도" 도입의 필요성을 위하여 외국경찰의 복지업무 사례를 비교하면서 우리 경찰의 복지기능을 제도적·정책적으로 복지경찰에 대한 중요성을 인식하며 복지경찰과 관련한 이론과 기술 그리고 실천 방법 등에 대하여 연구하여 왔다. 본서는 바로 저자가 그 동안 관심을 두고 연구해왔던 복지경찰의 영역들에 대한 내용을 집필한 것이다.

본서는 총 6장으로 구성한다. 제1장 복지경찰의 이해에서 치안서비스 환경의 변화에 따른 종래의 질서유지의 소극적인 기능에서 적극적인 경찰의 역할과 기능 확대에 대해 '복지경찰' 도입의 필요성에 대하여 언급하였다.

제2장에서는 경찰의 기능변화와 '복지경찰'의 등장에 대한 이론적 배경에 대해 설명한다. 전통적인 경찰기능에서 경찰의 개념과 직무, 그에 따른 전통적 경찰기능에 관해 살펴보고, 이에 따른 문제점에 대해 기술한다. 이후 사회 환경변화에 따른 경찰의 기능변화를 기술하면서, 현재의 경찰기능은 전통적인 사회질서 유지를 벗어나 시민의 욕구를 반영하는 '복지'를 화두로 경찰기능이 적극적으로 확대되는 시점에서 경찰의 복지업무와 현실적인 한계를 서술한 제도적인 부분에서 경찰의 업무 확대와 이의 요청은 '복지경찰'의 필요성을 더욱 증대시키고 있는 시점이다.

제3장에서는 미국, 영국, 일본, 중국 네 나라의 경찰의 복지업무 유형과 한국 경찰의 복지업무유형으로서 여성아동보호, 학교폭력, 가정폭력을 살펴본다. 특히 외국사례를 통한 경찰의 복지업무 유형과 비교하여 한국경찰의 복지업무에 대한 문제점을 확인하면서 한국의 '복지경찰제도' 도입에 대한 필요성에 대해 서술한다. 이 장에서는 외국의 '복지경찰제도'와 국내 '복지경찰' 관련업무 등의 비교를 통해서 '복지경찰제' 도입에 대한 근거를 살펴본다.

제4장에서는 '복지경찰'의 이론적 개념을 기술하면서 '복지경찰'의 형성과 발전에 대해 알아보고, '복지경찰'에 대한 이론상의 문제점 및 현행법상의 문제점에 대하여 서술한다. 특히 한국 "복지경찰제도" 도입에 있어 현행법상에서 경찰조직법상의 문제점, 경찰복무지침의 한계 등을 법적 근거로 제시한다.

제5장에서는 '복지경찰제도' 도입을 위한 제도적·입법적 개선 방안을 위해, 경찰직무집행법의 개선방안과 경찰복무지침의 개선방안, 가칭 복지경찰법 제정을 제안한다. 마지막으로 제6장에서는 복지경찰의 전문적인 치안서비스로 "복지경찰"의 과제 방향을 제시한다.

그러나 '복지경찰'의 외국의 사례에서 이들 국가들은 경찰에 대한 역사와 사회적 환경이 우리와 다를 뿐만 아니라 이론과 제도적인 측면에서도 간극이 크나 한국의 복지경찰제도를 모색함에 있어 비교법적 측면에서 많은 시사점을 주고 있다. 우리나라에서 복지경찰제도 도입을 위해서는 경찰조직법상의 법적 근거, 경찰인력운영, 경찰복무지침상의 업무의 명확화, 그리고 경찰업무 중복 조정 등이 선행되어야 할 문제들이다.

본서는 한계점으로서 전반적으로 경찰이 가지고 있는 당연히 발생될 수 있는 문제점과 이에 대한 해결책의 제시가 아쉽지만 복지경찰제도가 구축되길 희망하며 본서가 복지경찰론의 역할로서 기대하면서 어려운 여건 속에서 출판의 기회를 주신 동서대 천정환 교수님 및 진영사 직원들분께 진심으로 감사를 드린다.

저자 윤영희

목 차

제1장

복지경찰의 이해

01 장 복지경찰의 이해

01 절 복지경찰의 접근

20세기 한국경찰은 국가권력의 전위라는 '권위주의 경찰' 개념 하에서 신고나 고소·고발이 있어야 개입하는 대응적 경찰(reactive policing)이었다. 한국의 경찰은 대륙법과 일본행정법의 영향을 받아 '필요 최소한의 개입'을 하는 소극적[1] 경찰의 기능이 강했다. 그러나 21세기 정보화에 맞추어 현대사회에서는 날로 심각해져가는 사회병리의 급속한 증가에 따라 '안전'과 '평화유지'로 시민이 만족하고 감동할 수 있는 적극적 치안서비스로 전환하는 적극적[2] 경찰의 역할을 요구하는 시점에 와 있다.[3] 따라서 경찰의 역할이 사회 질서의 유지를 위하여 소극적으로 대응하는 역할로부터 벗어나 전체 시민의 안전하고 안락한 삶을 위해 적극적으로 보호하는 역할로 전환해야 할 시점이라고 할 수 있다.[4] 박근혜정부가 출범하면서 안전이라는 개념이 화두로 등장하였다. 안전이란 소극적인 의미로는 사건사고, 범죄가 발생하지 않는 평온한 상태를 의미하지만 적극적인 의미로는 사건사고, 범죄가 발생한 후 피해를 최소화하기 위하여 신속

1) 김남철, 행정법강론, 제2판, 서울: 박영사, 2015, 1066쪽; 홍정선, 행정법원론(하), 제23판, 서울: 박영사, 2015, 382쪽; 박균성, 행정법론(하), 제13판, 서울: 박영사, 2015, 577쪽; 박균성·김재광, 경찰행정법, 제2판, 서울: 박영사, 2011, 4쪽.
2) 홍정선(2015), 앞의 책, 379쪽.; Knemeyer, Polizei und Ordnungsrecht, Rn. 71.
3) 김원홍, 경찰의 시민·여성 친화적 서비스 제고 방안, 치안논총, 제18호, 2002, 35쪽.
4) 전대양·장석헌, 청소년 비행통제를 위한 소년경찰 대책, 치안연구소, 1997, 9쪽.

한 대응체제를 갖추는 의미이기도 하다.[5] 즉, 오늘날 시민사회에서는 과거의 규제·통제위주의 질서경찰기능뿐만 아니라 어렵고 힘든 주민의 곁을 다가가 그들의 문제를 적극 해결해 주는 친시민적 치안서비스인 '복지'의 영역으로까지 접근한 경찰의 기능과 역할 확대가 요구되고 있다.

5) 정석헌, 국민의 안전은 피해자보호와 지원에서 출발해야, 경찰대학 치안정책연구소, 치안정책리뷰 36호, 2013, 1쪽.

02절 복지경찰의 이해

최근 우리나라에서도 경찰의 기능은 규제와 통제위주의 '질서경찰'의 역할보다 주민의 곁에 다가가 그들의 문제를 적극적으로 해결하고 보호하여 시민이 안전하고 안락한 삶으로의 전환을 위한 '복지경찰'로서의 역할이 더욱 민감하게 요구되고 있다. 특히 본서는 경찰현장에서의 사례를 통해 향후 '복지경찰'로서의 역할 확대를 위해서는 종전의 경찰기능과 전문성 향상을 위해 경찰제도 내에서 개선되어야 할 부분을 제시하고자 한다. 경찰현장에서 '복지경찰'의 역할 수행의 전형적인 사례로 다음과 같은 사례를 들 수 있다.

첫 번째 사례는 남편의 술주정 때문에 늘 불안한 나날을 보낸 일본인 여성 S씨의 경우이다. 그녀의 남편은 폭력 탓에 경찰에 입건된 적이 여러 번 있었다. 남편의 주취폭력으로 인해 S씨는 다시 일본으로 돌아갈까도 여러 번 생각했지만 그녀가 살아온 시간이 아까워 그냥 참고 사는 형편이다. 그녀는 종교단체를 통해 지난 1998년 남편과 결혼했으며, 남편은 한동안 직업이 없는 상태였다. 다행히 2014년 일자리를 얻으면서 S씨는 내심 안심을 하고 있지만, 언제 그녀의 남편이 술로 인해 폭력과 폭언을 일삼을지에 대해 불안해하는 처지이다. 이에 연구자는 불안해하는 S씨의 심리적 안정을 위해 지역사회 관련 기관과의 연계를 통해 심리치료 지원 및 그녀의 남편과의 상담을 통해 가정폭력에 대한 경각심과 법적 처벌에 대한 공지와 음주를 줄일 수 있는 개별상담 및 치료 등의 지원을 모색하는 사례회의를 담당경찰부서와 지역사회의 전문가 기관 연계를 통해 건강한 가정을 구축할 수 있도록 조력하고 있는 실정이다.

두 번째는 2014년 현재 한국에서 10년째 사는 일본인 U씨로 그녀는 남편의 가정폭력 때문에 자신과 자녀 3명이 도저히 무서워 살 수 없음을 호소하였다. 자영업을 하는 남편은 비 오는 날이면 손님이 없다며 우산으로 U씨를 허리를 찌르며 폭행하거나 밥상을 뒤엎었다. 고질적인 폭력에 시달려 왔지만

U씨는 경찰에 신고를 하지 못했다. '신고했다가 남편이 해코지를 하면 어쩌나……', '남편이 경찰에 붙들려 가면 우리 가족들은 어떻게 사나……' 하는 걱정이 더욱 앞섰기 때문이었다. 그러나 그녀는 결국 남편으로부터 이유 없이 가정폭력을 당하고 살아간다는 사실을 어렵게 털어놓았고, 그녀가 가장 두려운 것은 그녀의 아이들이 아빠로부터 폭행을 당한 자신의 모습을 보고 자랐기 때문에, 앞으로 자녀들이 이러한 폭력행동을 학습하여 성장해서도 문제를 일으킬 수 있다는 근심과 경계심을 토로하였다. 이에 경찰 현장에서는 다문화가정 여성들에게 지속적인 멘토 역할을 수행하면서 남편의 폭력사항에 대한 대처방법과 법적 테두리 내에서 보호 받을 수 있도록 심리·사회적 재활방법 및 아동양육과 관련한 다양한 정보 등을 제공하고, 폭력 남편의 행위에 대한 지속적 관찰과 폭력을 행하는 남편에게 법적 처벌에 대한 안내 및 심리치료 지원 및 공식적·비공식적인 사회적 지원에 대해 관련 기관의 전문가들과 논의하여 가정폭력 예방 조치를 취하고 있는 실정이다.

모든 다문화 가정으로 일반화할 수는 없지만, 위의 사례를 살펴보면 가정폭력의 발생에서 다문화가정의 폭력 발생도 상당한 비율을 차지한다. 세계화 흐름 속에 국내에 유입되는 외국인 수의 증가로 다양한 현상과 문제점들이 발생하는데, 결혼이주여성의 급증으로 인한 다문화가정[6] 내 부부 및 가족 간의 문제가 최근 몇 년 사이 매우 심각한 사회적 이슈로 부각되고 있다. 2014년 통계청 자료에 따르면, 우리나라 다문화가정이 2012년 19만 6,789명, 2013년 20만 6,369명, 2014년 21만 3,989명으로 증가하면서, 이들 내에 가정폭력 피해 사례도 늘어나고 있음이 보고되고 있다. 피해여성들은 국적 취득, 생계곤란 등의 이유로 경찰에 신고하기를 기피하거나 가해자인 한국 남편을 두려워해

6) 다문화가정은 현재 국내에 정주하고 있는 국제결혼가정을 통상 의미하며 외국인노동자 가정을 포함시켜 부르는 용어로 정의하기도 한다. 국제결혼가정을 다문화가정으로 고쳐 부르는 것에는 이미 사회적인 합의가 진행되어 2003년, 30여개 시민단체로 구성된 건강가정시민연대는 국제결혼, 혼혈아 등의 차별적 용어를 추방하고 대신 '다문화가족'이나 '다문화가정 2세'로 부르자고 제안하였다. 이 제안은 큰 호응을 얻고 있어서 대통령자문 빈부격차 차별 시정위원회의 홈페이지의 뉴스레터, 재외동포재단 홈페이지, 부산외국인노동자 인권을 위한 모임 홈페이지 등 관련단체에서 국제결혼가정이 주는 부정적 이미지를 해소하고자 다문화가정으로 고쳐 부르고 있다.

가출 후 귀가하지 못하는 경우도 있으며, 가정폭력 피해를 당했을 때, 그들이 알고 있는 적절한 공식적·비공식적 사후 대응이 이루어지지 않아 가정폭력을 지속적으로 당할 가능성도 훨씬 높다 할 것이다.

경찰은 사회의 안전과 평화유지를 위해 개인의 안녕뿐만 아니라 가족 내에서 자행되어지는 폭력에 노출된 취약계층을 대상으로 안정적인 삶을 지원하기 위한 경찰 내 부서간 및 지역사회 전문기관과의 연계를 통해 건강한 개인과 가족, 지역사회를 유지하는 '복지경찰'의 기능이 확대되고 있는 실정이다.

이렇게 경찰의 기능과 역할 변화·확대[7]에도 불구하고 경찰조직에서 치안서비스는 '복지'라는 넓은 개념으로 제반적인 경찰업무를 진행하고 있음에도, 현실적인 어려움에 봉착하고 있다. 경찰조직에서 확대된 경찰의 복지업무는 부수적으로 처리될 뿐이며, 전문적인 복지를 다루는 경찰인력의 배치와 업무분장이 제도적으로 정립이 되지 않아 복지업무에 대한 경찰직무는 사각지대에서 있는 실정이다. 사회 환경변화에 따라 경찰의 업무도 변화하여야 하지만 기존의 치안유지인 경찰의 고유 업무와 연결해 나가야 한다.

경찰이 범죄자 발견과 이를 위한 검찰송치 이외에도 범죄통제 기능과 예방, 교화라는 교육적·복지적 차원의 기능도 함께 가지고 있다고 얘기하지만,[8] 이러한 적극적인 경찰기능은 경찰이 한정된 자원으로 지나치게 많은 일을 담당해야 하는 한계로 인해 제대로 기능할 수 없다. 따라서 선진 경찰로 나아가기 위해서는 '삶의 질'을 향상시키는 '사회적 평화유지자'로서의 경찰의 역할을 정립하고, 이에 합당한 기능을 충실히 수행할 수 있는 경찰의 조직구조와 기능의 변화, 나아가 제도마련이 절실히 필요하다.

경찰조직에서도 21세기 목표의 하나로 치안서비스를 전략 브랜드화하는 추세이다. 적극적인 경찰의 기능을 위해 경찰의 조직구조와 기능의 변화로서 경찰업무의 효율성을 높이고, 사회통합과 사회통제의 매개인 역할 수행 등으로 경찰업무의 확대와 보편적 복지업무를 수행하는 등의 복지경찰 도입의 필요성

7) 김남철, 앞의 책, 1066-1068쪽; 홍정선, 앞의 책, 379-383쪽; 박균성, 앞의 책, 576-579쪽; 박균성·김재광, 앞의 책, 3-6쪽.
8) 이춘화, 소년사건에서의 조사제도에 관한 연구, 한양대학교 박사학위논문, 2001, 86쪽.

이 제기되고 있다.

그러나 '복지경찰'이라는 용어의 정립은 우리나라의 경찰제도 그 어디에도 찾아볼 수 없다.[9] 정확한 개념정립과 복무지침의 정의 없이 대민서비스 일환으로 경찰 기능과 역할은 확대되고 있다. 또한 '복지'의 다양한 패러다임에 대해 업무를 수행하는 전문적인 '복지경찰'의 인력구성 없이 특정영역에서만 적극적으로 경찰의 기능과 역할이 강조되고 있어 구성원들은 업무에 어려움을 호소하고 있는 것 역시 현실이다. 즉 경찰의 개념에도 '복지경찰'이란 개념을 도입하고, "복지경찰제도"로 나아갈 수 있도록 기초를 마련하여 적극적으로 경찰의 기능과 역할을 확대해야 할 것이다.

이에 본서에서는 "복지경찰제도"에 대한 외국의 사례를 중심으로 국내의 현행 경찰법제에 있어 복지경찰과 관련된 관련법령과의 비교를 통하여 "복지경찰제도" 도입에 관한 경찰단계에서 발생하는 범죄인, 피해자 등 클라이언트를 대상으로 사회복지방법론을 통해 원조하는 활동의 미시적인 측면과 클라이언트의 복지를 위한 복지경찰법 제정 방안 등 제도적·정책적 거시적인 측면의 살펴본다. 그러나 본서는 현장경험을 바탕으로 복지경찰이라는 주제를 가지고 연구를 수행해 나가는데 선행연구 등이 없어 현실적인 어려움을 가질 수 있었다. 특히 기능적인 관점에서의 복지경찰 개념이 기존의 "경찰작용"[10]과 충돌되지 않는지의 관점에서 "개념을 보다 명확히 정의하여 복지경찰의 이해가 도움이 될 것이다.

9) 김남철, 앞의 책, 1068쪽; 홍정선, 앞의 책, 384쪽; 박균성·김재광, 앞의 책, 4쪽.
10) 김남철, 앞의 책, 1067쪽; 홍정선, 앞의 책, 422-511쪽; 박균성, 앞의 책, 590쪽; 박균성·김재광, 앞의 책, 169-187쪽.

제2장

경찰의 기능변화와 복지경찰

02장 경찰의 기능변화와 복지경찰

01절 경찰개념의 변화발달이론

Ⅰ. 대륙법계 국가의 경찰

고대 그리스와 로마를 거쳐 프랑스에서 정립된 전통적인 대륙법계적 경찰개념은 '통치수단의 일환'으로 국가의 안전과 사회질서의 유지를 위하여 개인의 자유를 통제하는 존재였다. 이러한 경찰개념은 시민권의 확대와 함께 시민대중의 반발과 저항을 불러일으키게 되었고 국가권력의 비대화로 인한 경찰국가(police state)의 위험성에 대한 경계심을 확산시키는데 일조를 하였다. 이로 인해 대륙법계 법과 행정의 경찰에 대한 태도는 "경찰권한 축소", "재량권 최소화", "사적 관계 개입 금지", "엄격한 법적·행정적 통제를 원칙으로 삼아왔다.[1] 이러한 대륙법계 경찰개념 하에서는 경찰업무의 전문화나 경찰관 개인의 능력 향상보다는 조직의 전체적 규율과 다수집단이 행사하는 물리력을 중시하게 되어 경찰관 개인의 사회적 지위와 보수가 낮고, 이로 인해 경찰의 사기가 저하되어 부정부패 및 권력남용 시비가 자주 발생하게 된다. 그 결과 다시 시민대중의 반발·경계 및 저항으로 이어져 경찰권의 축소와 경찰에 대한 통제 강화라는 악순환의 고리가 형성되었던 것이 과거 나폴레옹시대를 거쳐 나치 독일로 이어진 전통적인 대륙법계 경찰제도[2]를 유지하던 국가들의 모습이었

---

1) 김남철, 앞의 책, 1086-1094쪽; 홍정선, 앞의 책, 452-457쪽; 박균성, 앞의 책, 606-611쪽; 박균성·김재광, 앞의 책, 175-187쪽.

2) 홍정선, 앞의 책, 11-14쪽; Scheuke, Polizei und Ordnungsrecht, Melcher, 2011, Rn 2.; K, Melcher, Die Geschichte der Polizei, 1926, p. 119.

다. 이러한 경찰제도는 일사불란한 지휘체계·법집행의 효율성·저비용 구조 등의 장점으로 아직까지는 민도가 낮은 개발도상국 및 심각한 사회혼란이 우려되는 국가들에서 많이 발견된다.

하지만 2차 대전 이후 대륙법계의 대표적인 패전국 독일은 미국 등 점령 연합국에 의해 미국식 헌법을 채택하게 되어, 경찰권과 그 기능이 각 주로 이관되는 등 경찰의 민주화·분권화가 이루어졌으며, 그 외 프랑스 등 여타 대륙법계 국가에서도 시민의 지지와 신뢰를 중요한 경찰력의 원천으로 인식하기 시작하여 경찰을 종래의 '통치수단'이 아닌 '민주주의 및 시민권의 보호자'로 규정하고 있으며 '범죄진압' 및 '질서유지' 기능 못지않게 이러한 본질적 경찰 활동에 대한 시민사회의 지지와 신뢰를 얻기 위한 시민보호 및 봉사기능을 강조하고 있다.[3)]

Ⅱ. 영미법계 국가의 경찰

영국에서 경찰은 정착한 5세기 이래 10가구씩 모여 공동체를 구성하고 모든 것을 공동으로 결정하며 성인남자들이 돌아가며 경계근무를 서는 등 자치치안의 전통이 확립되어 경찰은 특별한 존재가 아니라 "제복을 입은 시민(citizen in uniform)"으로 시민의 한 사람으로서 서로를 지켜주는 공동체 치안의 대표자요 전문가이다. 이러한 전통적인 경찰개념에 바탕을 둔 영국과 미국 등의 영미법계 국가에서는 경찰의 역할[4)]이 개인의 자유와 권리 및 생명과 재산을 보호하기 위한 "봉사(service)" 기능을 수행하는 것이기 때문에 시민사회의 신뢰와 지지를 바탕으로 경찰의 권한, 역할 및 재량권은 계속 확대되어 왔다. 이러한 영미법계적인 경찰개념 하에서는 시민들과 가까운 관계를 유지하며 경찰

3) Philip John Stead, The Police of France, MacMillan Publishing Company, 1983, pp. 173-174; Tony Jefferson, The case against paramilitary policing, Milton Keynes, Open Uni. Press, 1990, pp. 1-4.
4) Scheuke, Polizei und Ordnungsrecht, Melcher, 2011, Rn. 2; Melcher, K., Die Geschichte der Polizei, 1926, p. 119.

활동에 대한 지지와 신뢰 및 참여를 이끌어 내기 위해 집단적 물리력보다는 경찰관 개인의 판단력과 전문성을 중요시한다.[5] 하지만, 이러한 전통적인 영미법계 경찰개념은 현대사회의 치안문제를 해결함에 있어서는 한계를 드러내기도 하는데, 먼저 점차 지능화·국제화·광역화·기동화 되어가는 범죄에 대처하기 위한 획일적이고 통일된 작전수행이 곤란하며, 경찰관 양성 및 고용에 따른 비용이 과다하고, 국가적 위기나 폭동 또는 대규모 다중범죄가 발생했을 때의 대처 등의 문제를 안고 있어 60, 70년대의 정치·사회적 격변기를 겪으면서 영미법계 국가들에서도 경찰에 대한 중앙(혹은 연방)정부의 조정과 통제 역할을 강화하고 국가(혹은 연방)경찰기구를 창설하거나 확대하는 등 전통적인 영미법계 경찰제도의 단점을 보완하기 위해 노력해 왔다.[6]

이들 영미법계 국가들에서 최근 경찰과 관련한 최대의 화두는 하나같이 "지역사회 중심의 공동체 경찰활동(community policing)"이다. 이는, 그간 지나친 산업화와 물질문명의 발달, 이민 등을 통한 다민족 국가로의 변모로 인한 앵글로색슨의 전통적인 '공동체(community)' 붕괴가 범죄의 급증을 낳았고, 경찰에 대한 주민의 지지와 협조의 저하가 치안상황의 악화를 초래했다는 각성의 결과로 결국 앵글로색슨 전통의 '공동체 자치치안' 개념의 회복만이 그 해결의 책임으로 깨달았다.[7]

Ⅲ. 현대적 경찰개념

경찰의 개념은 역사적·사회적 배경에 따라 발전되어 왔기 때문에 한마디로 정의하기는 어렵다.[8] 대륙법계 경찰개념이 행정법학자들에 의해 고수되어 온

5) Brogden, M., Jefferson, T., & Walklate, Introducing Policework. Londen: Unwin Hyman. Brooke, 1988, Chapter 2 & 4, p. 8.

6) Reiner, Robert, The Politics of the Police, London: Prentice Hall/Harvester Wheatsheaf; 2Rev Ed., 1992, pp. 105-126.

7) Trojanowicz, R. and Bucqueroux, B., Community Policing: A Contemporary Perspective, Cincinnati: Anderson Publishing Co., 1990. pp. 145-46.

것으로, 이는 경찰을 규범적 강제작용 측면에 한정하여 본 견해이다. 즉, 경찰이란 당위성을 전제로 권리 자유행동을 제한하는 소극적 기능이라 보고,[9] '사회 공공의 안녕과 질서를 유지하기 위하여 시민보호와 봉사기능을 강조하는 반면, 영미법계 경찰개념은 경찰을 사회공동체의 구성원이자 전문적인 문제 해결자로 봄으로써 기능과 기술, 봉사와 협력요인을 강조하는 견해이다. 대륙법계 경찰에서의 시민보호와 봉사기능을 강조하는 것은 전통적 경찰개념이 실질적 의미로 개념이 확대된 것이라면, 영미법계 경찰에서 사회공동체의 전문적인 문제 해결자로서의 기능을 강조하는 것은 경찰기능의 다양화로 국민생활의 필요한 요구에 의해서 목표 및 수단이 확대된 현대적 복지경찰의 개념이라고 할 수 있다. 경찰은 국민에 대하여 명령·강제만 하는 권력 행사자가 아니라 국민에게 봉사·헌신하는 봉사자로서 기능하게 된다.

현대의 경찰은, 각 국가와 사회의 전통과 역사에 따라 그 형태와 방식에 있어 차이는 존재하지만, 세계 어느 국가에서나 시민사회의 지지와 신뢰 확보 및 복잡·다양·광역·국제·첨단화하는 범죄와 반사회적 활동에 대한 효과적 대응능력 확보, 최소비용으로 최대효과를 거두는 경제성 확보가 공통된 숙제로 대두되고 있다.[10] 이러한 문제를 해결하기 위해 세계 각국에서는 경찰의 시민친화성을 높이고 봉사기능을 확대하며 전문성 및 자질을 향상하고 엄격한 규율과 정치적 중립성 및 민주적인 통제장치를 통해 공정성을 확보하기 위한 노력을 경주하고 있다.

특히 현대적 경찰[11]은 국가경찰과 자치경찰로서의 활동으로 그 범위가 구분되기도 하나 그 구분은 점점 서로 수렴하고 있다. 즉, "중앙정부가 직접 관장하는 국가기관으로 하여금 전국을 관할구역으로 하는 국가경찰 행정관서의 유

---

8) 김남철, 앞의 책, 1066-1067쪽; 홍정선, 앞의 책, 372-380쪽; 박균성, 앞의 책, 576-579쪽; 박균성·김재광, 앞의 책, 3-5쪽.

9) 김남철, 앞의 책, 1067쪽; 홍정선, 앞의 책, 372쪽; 박균성·김재광, 앞의 책, 3쪽.

10) 김용태·박동균, 국민중심 경찰활동을 위한 맞춤형 공감치안 방안, 한국위기관리논집, 제8권 제3호, 2012, 147-162쪽.

11) 김남철, 앞의 책, 1067-1072쪽; 홍정선, 앞의 책, 381쪽, 401-412쪽; 박균성·김재광, 앞의 책, 5쪽, 6-10쪽.

지에 대한 권한과 책임 및 국가의 조직·인사·재정을 기반으로 국민의 의사를 경찰행정 정책에 반영하여 국민에게 직접 또는 간접으로 공공서비스를 제공하는 제도와 활동"이라는 '국가경찰'[12]의 관점과 "자치단체, 지역사회를 중심으로 지역주민의 안전과 지역사회의 공공질서를 유지하기 위한 활동"[13]이라는 '자치경찰'[14]의 관점은 오늘날 서로 수렴하고 있다.

Ⅳ. 우리나라의 경찰개념

고조선의 8조 금법 및 재세이화, 홍익인간의 건국이념 속에 나타난 우리나라의 전통적인 치안개념은 개인의 신체·자유 및 재산의 보호와 공동체 사회의 평화 유지, 갈등의 해결 및 피해 회복에 그 중심을 두고 있었다. 이는 삼국시대와 고려 및 조선왕조를 거친 이후 역사에서도 왕권유지를 위한 공식기구 이외에도 사회공동체의 상호보호, 자율규제 및 상호부조를 위한 향약, 두레, 오가작통제 등의 전통에서도 발견할 수 있다.

하지만, 구한말 일본에 의해 민중을 탄압하고 사회를 통제하기 위해 대륙법계적인 물리력 위주 권력기구로서의 근대경찰개념이 도입된 이래 일제 식민경찰의 전횡과 횡포를 겪고 해방 후 미군정 치하에서도 공산진영과의 대치라는 특수한 상황으로 인해 탄압적이고 권위적인 경찰제도가 유지되었으며, 이후에도 분단 및 정치·사회의 혼란을 구실로 역대 정부에서도 권력적·물리력 사용을 통한 정권과 질서유지 기능만을 중시하는 통치도구로서의 전근대적 경찰개념을 유지해 왔다. 이에 따라 시민과 경찰간의 거리는 멀어져만 갔고 경찰의 이미지는 "정치권력의 시녀", "폭력경찰", "고문경찰", "부패경찰" 등 부정적인 방향으로 굳어져왔다.

---

12) 김남철, 앞의 책, 1067-1072쪽; 홍정선, 앞의 책, 381쪽; 박균성·김재광, 앞의 책, 6쪽.
13) 안영훈·강기홍, 자치경찰의 확대 및 강화, 한국지방행정연구원, 2008, 89쪽.
14) 김남철, 앞의 책, 1066-1068쪽, 1070-1071쪽; 홍정선, 앞의 책, 381쪽, 410-411쪽; 박균성, 앞의 책, 579쪽; 박균성·김재광, 앞의 책, 6쪽, 102-103쪽.

1980년대 후반 이후 고조된 민주화 열기의 여파로 경찰의 중립과 독립을 골자로 하는 "경찰법"이 제정되면서 경찰이 변화하기 시작하였고, 1990년대 후반 "국민의 정부"가 들어선 이후에는 민주화와 개방화 및 주민의 직접참여를 중시하는 사회전반의 변화에 인권과 주민 보호 등 치안 소비자로서의 국민의 요청에 부응하기 위해 대대적인 경찰개혁이 전개되었다. 이에 따라 점차 시민친화적인 대국민 서비스[15] 차원의 현대경찰의 패러다임에 부합하기 위해 경찰개념 및 기능과 역할 변화의 필요성이 증대하고 있다.[16]

15) 김남현 · 김형훈, 경찰행정법, 경찰공제회, 2005, 46-47쪽.
16) 신현기, 자치경찰론, 제3판, 서울: 웅보출판사, 2007, 105쪽.

02절 경찰의 기능과 역할의 변화

Ⅰ. 경찰의 기능과 역할에 대한 종래의 시각[17)]

우리나라 경찰의 개념에 대한 종래의 시각은 그 기능과 역할에 따라 크게 범죄와 싸우는 전사(crime fighter), 응급조치자(emergency operator), 사회적 집행자(social enforcer) 세 가지로 나타난다.

1. 범죄와 싸우는 전사

군이 국익을 위해 적과 싸우는 것이 기본 기능이듯이 경찰은 국민과 사회의 안전을 위해 범죄와 싸우는 것이 기본 기능이라는 시각으로 미국과 영국 등 서구에서는 1970년대와 80년대에 이어 우리나라에서는 1990년대 펼쳐진 “범죄와의 전쟁”으로 대표된다.

이러한 시각은 경찰이 ‘범죄문제에 대한 전문가’라는 인식을 형성시켜 주어 경찰의 위상을 높이고 ‘전쟁에 소요되는데 필요한’ 비용으로서의 경찰예산을 확충하기가 용이하다는 측면이 있는 반면에, 경찰문화가 급격하게 군사문화와 유사하게 변하고, 일상적인 경찰활동에서도 지나친 무력사용이 습성화되며, 범죄자들과 ‘전쟁’을 치르는 과정에서 수많은 선의의 피해자가 양산되기가 쉽고, 경미한 법규위반자나 과실범 등 다양한 범법자에 대한 적절한 조치를 취할 수 없게 되어, 대민관계가 악화되며, 지나친 동료애 형성으로 부정부패나 권력남용 행위를 덮어주는 미덕이 자리 잡게 되고, 지나친 실적경쟁으로 죄가 부풀려지거나 무리하게 전과자가 양산될 우려가 있으며, 경찰업무가 파행적으로 운영되고, 경직된 권위주의적 상하관계가 형성되는 등의 수많은 부작용을 낳

17) Kleinig, K., The Ethics of Policing, Cambridge Univ. Press, 1996. pp. 67-68(김원홍, 앞의 논문, 2002, 41-43쪽 재인용).

게 되면서 현대의 선진 경찰에서는 더 이상 경찰의 본질적 기능과 역할을 "범죄와 싸우는 전사"라 하지 않는다.

2. 응급조치자

사회의 모든 문제는 각 기능을 담당하는 전문가에 의해 다루어지며, 이들 전문가들이 24시간 1년 내내 전국의 곳곳마다 대처해 줄 수 없으므로, 언제 어디서든 현장에 출동하여 전문가가 담당할 때까지 임시적으로 응급조치를 하는 역할이 경찰의 기능이라고 보았다. 이는 경찰이 사회의 각 부문과의 연계와 조화를 강조한 반면에 경찰의 고유영역이나 경찰업무의 전문성보다는 임시방편성, 대체성, 일시성, 응급성만을 강조하여 경찰관의 수준 및 사기를 저하시키고 인원과 장비만 증가시킴으로써 경찰업무를 단순 노무직으로 격하시킨다는 문제를 가지고 있으며 단순노무직으로서의 인식은 사기저하와 사명감 없는 경찰관의 법 집행 권한 행위로 "후진국형 경찰역할에 대한 시각"으로 분류되기도 한다.

3. 사회적 집행자

경찰을 '사회적 힘의 저장소'로 보고 사회 내에서 발생하는 모든 갈등이나 분쟁, 문제를 해결하는 절차가 정상적으로 진행될 수 있도록 모든 저항을 무력화시키는 힘과 권위의 '공권력'이라는 용어로 대표된다. 특히 경찰이 행하는 모든 역할과 기능에 대한 사회계약론적 설명과 정당성을 제공해준다는 장점이 있지만, 경찰의 문제 해결에 있어 '물리력과 권위' 등 지나치게 강압적인 수단을 강조함으로 인해 '협상과 중재·화해' 등의 평화적인 수단은 도외시하게 되었으며, 경찰을 권위적·강압적 존재로 부각되면서 주민과의 관계를 악화시킨다는 시각이 제기되었다. 이는 대규모 시위 등 사회혼란 상황에서 '개발도상국 경찰'에 자주 적용되는 경찰역할론이다.[18]

---

18) Kleinig, K, The Ethics of Policing, Cambridge Univ. Press, 1996, pp. 67-69(김원홍, 앞의 논문, 2002, 41-43쪽 재인용).

우리나라의 경찰은 경찰의 조직관리에 관한 모든 권한을 중앙정부가 장악하고 있으며, 경찰은 국가권위의 대표이다. 이에 경찰은 강력하고 광범위한 집행력 행사가 가능하며, 다른 행정부처와 협조 체계를 취할 수 있어 경찰과 일반부처의 운영에 용이하다. 통일적으로 조직되어 있는 경찰은 각 단위 간의 상호응원과 중앙의 명령으로 편리하게 운영되며, 기동성이 풍부하다. 교통 및 통신의 발달과 전국의 공통 법령으로 법의 집행이 편리하며, 경찰발전을 위해 많은 경비가 소요될 경우 그 비용을 마련할 수 있다는 점과 더불어 형사·감식·설비 등 전국적으로 통일된 시설로 효율성을 발휘할 수 있다는 장점이 있다.

그러나 종래 경찰의 직무와 기능에서는 몇 가지의 문제점을 제시할 수 있다. 경찰은 본래 업무를 경시하고 타 행정부처의 업무에 이용되는 등 정치적인 영향을 받기 쉬우며, 경찰은 공권력을 행사하기 때문에 필연적으로 권위주의적 성격을 띠며, 부당한 직무를 수행하여도 명령에 따르기 때문에 책임감을 크게 느끼지 못한다. 또한 경찰정책의 설계가 전국적으로 통일되어 계획됨으로 지역의 실정에 부적합한 경우가 존재하고, 개정절차가 복잡하여 융통성 있는 대응이 곤란하다. 경찰간부의 경우에는 인사이동이 빈번하여 관리자들은 지방실정에 익숙하지 못하고, 지방의 경찰행정에 집중하기 보다는 중앙의 반응을 고려하게 되는 경향이 짙게 나타난다. 특히 연고가 없는 지역으로 인사이동을 하게 되는 경우 가족과 떨어져 생활하여 사기저하의 우려가 발생하고, 지역주민과의 관계에 있어서 지역출신 경찰관보다 친밀도가 떨어지는 등 관료화가 우려된다. 무엇보다 치안서비스를 제공하는 공복의식보다는 법의 집행자라는 의식이 앞서 지역주민과의 융화가 어려워지고 국민의 반감을 살 수 있다는 위험이 있다.[19)]

19) 이황우, 경찰학개론, 서울: 법문사, 2007, 71쪽.

Ⅱ. 현대적 경찰기능의 변화

종래의 경찰의 기능은 범죄와 싸우는 전사, 응급조치자, 사회적 집행자였다면, 현대적 경찰에서는 사회적 평화 유지자[20]의 기능으로 변화하였다.[21]

정상적인 사회의 상태를 "질서 있는 자유", 즉 민주적인 정부의 정상적인 기능들이 수행되도록 법에 대한 복종이 적절히 이루어지고 사람들이 간섭의 위협을 받지 않고 자신들의 합법적인 목적을 자유로이 추구하는 상태로 상정하고, 이러한 정상적인 사회의 평화로움을 유지하기 위한 모든 일을 경찰활동으로 보는 시각으로 현대 영미법계 국가들을 중심으로 확산되고 있는 지역사회 경찰활동(community policing)에 가장 맞는 경찰의 역할에 대한 설명이다.

이러한 시각은 가장 폭넓고 적극적인 경찰기능을 상정하고 있는데, 경찰은 범죄와 무질서를 억제하고 시민들이 느끼는 범죄와 무질서에 대한 공포를 없애줄 뿐만 아니라 사회적 신뢰협력을 조장하는 사회복지적, 사회간접자본적인 역할을 수행한다고 본다. 그러므로 경찰의 기능으로 적극적인 문제 해결자(problem-solver)로서의 평화적 성격을 강조하여 "힘(물리력과 무력)"은 다른 수단이 고갈되었을 때에만 오로지 필요 최소한도로 쓰이는 "마지막 수단"으로 간주한다. 기존의 법집행 업무뿐만 아니라 실종자 찾아주기, 청소년 선도, 이웃간 분쟁 해결, 지역의 문제 해결 등 봉사적 기능 역시 경찰의 본질적 업무에 포함되며, 그 과정에서 자연스럽게 시민친화적인 경찰문화와 분위기가 형성되어 경찰과 주민간의 동반자 관계가 이루어진다. 이를 통해 경찰에 대한 시민의 지지 및 신뢰를 바탕으로 경찰과 시민간의 협력이 창출되는 것이다. 그리고 이러한 "사회 평화유지자"로서의 경찰역할론 하에서는 경찰관 개인의 전문성과 자질 향상 및 재량권 확대를 가장 중요한 과제로 삼게 된다.

하지만 이러한 적극적이고 폭넓은 경찰기능론은 경찰이 한정된 자원으로 지나치게 많은 일을 담당해야 문제가 대두되기 때문에 경찰관 개개인이 고도의

20) Reiner, R., Chief Constables: Bobbies, Bosses or Bureaucrats?, London: Oxford Uni. Press, 1992, pp. 105-126(김원홍, 앞의 논문, 2002, 41-43쪽 재인용).
21) 김원홍, 앞의 논문, 43-44쪽.

전문성과 뛰어난 능력이 요구되며 사회와 주민의 신뢰와 협조가 동반되어야 하고 경찰조직의 민주화와 분권화 및 권한의 하부위임을 통한 일선 경찰관의 재량권 확대 등의 전제 조건이 충족되어야 한다는 현실성의 문제를 안고 있다. 따라서 경찰뿐만 아니라 전 사회적 인식의 공유가 전제되어야 가능하기 때문에 현재는 선진사회로 진입한 일부 국가들에게만 채택되고 있다.

우리나라에서도 경찰이 진정한 선진 경찰로 나아가기 위해서는 궁극적으로 "삶의 질"을 향상시키는 '사회적 평화 유지자'로서의 역할을 정립하고 이에 합당한 기능을 충실히 수행할 수 있도록 경찰과 사회가 함께 노력해야 할 것이다.

03절 치안환경의 변화에 따른 복지경찰의 등장

Ⅰ. 치안환경의 변화

경찰이라는 개념과 역할이 정치·경제·사회·문화 등 환경적인 요인들로 급속하게 변화함으로써 경찰의 역할과 범위도 함께 변화되고 있는 실정이다. 여기에서는 경찰의 치안서비스 개념의 등장, 국제화 및 정보화·과학화에 따른 치안환경의 변화, 민주화에 따른 변화, 시민의식의 변화에 따른 경찰의 서비스 지향적 직무의 강한 요구로 복지경찰의 등장에 대해 기술한다.

1. 치안서비스 개념의 등장

경찰이란 국민의 생명과 재산보호 및 사회 공공의 질서를 유지하기 위하여 일반통치권에 의거, 국민에게 명령·강제하는 국가의 특수행정을 말한다.

이러한 경찰의 기본적인 개념과 역할이 정치, 경제, 사회, 문화 등 여러 가지 환경적 요인들이 급속도로 변화함에 따라 경찰의 역할[22]과 범위도 함께 변화되고 있다. 1758년 영국의 John Fielding이 "Police"라는 개념을 도입하면서부터 근대 경찰에 대한 개념이 확립되기 시작하였는데 당시 "경찰"은 단지 법집행, 질서행정 등 소극적 기능의 관점에서 사회질서를 유지하는데 그쳤으며, 최소한의 국가권력을 이행하는 사회적 기능만으로 한정되어 있었다. 사회질서를 유지하는 다소 소극적인 경찰의[23] 개념과 역할이 20세기 이후 각 국가들이 사회복지 및 공공서비스에 관심을 갖기 시작하면서 변화되기 시작하였다.

---

22) 김남철, 앞의 책, 1077-1084쪽; 홍정선, 앞의 책, 423-428쪽; 박균성, 앞의 책, 585-589쪽; 박균성·김재광, 앞의 책, 172-175쪽.

23) 김남철, 앞의 책, 1066쪽; 홍정선, 앞의 책, 382쪽; 박균성, 앞의 책, 577쪽; 박균성·김재광, 앞의 책, 4쪽.

경찰의 고유 역할인 법 집행 및 질서유지와 더불어 서비스 전달 영역을 포함하는 좀 더 확대된 개념의 치안으로 변화하기 시작하였다.[24]

Elbe(2005)는 치안서비스 제공자의 개념이 정부에서 개인 및 사회집단 등으로 넓어지는 동시에 고전적 의미의 경찰활동에서 비경찰 업무까지 그 영역이 확장되었다고 한다.[25]

경찰과 치안에 대하여 Steedman(1984)은 국민의 안전을 위한 국가작용이라는 점에서는 공통된 의견을 갖지만 경찰은 사회질서유지를 위한 최소한의 활동으로 범위가 다소 한정적인 고전적 개념으로, 치안은 경찰활동뿐만 아니라 사회안전을 위해 행하여지는 공적, 사적, 비형식적 형태 등 사회통제수단을 포괄하는 현대적 개념으로서 정의하였다.[26]

우리나라의 경우 오늘날 경찰행정은 외부적으로 변화하는 치안환경 하에서 국민들의 치안서비스의 질적 향상 요구와 경찰기능의 변화에 대한 새로운 요구에 직면해 있다. 치안서비스는 통상적으로 경찰이 행하는 모든 업무를 포함하는 의미로서 일반적으로 경찰의 역할기능으로 정의되고 있는 법집행, 서비스 전달, 질서유지를 포함하는 개념이다. 서비스 집행으로 보면 법집행이 엄격함을 요구하고 질서유지가 공정성을 요구하는 반면, 서비스 전달은 예의, 전문성 그리고 존중성을 요구한다.[27] 치안서비스의 이용자 입장에서도 질적으로 향상된 공급이 증가하고 자신만의 서비스를 제공 받을 수 있게 됨에 따라 치안만족이라는 이익의 극대화를 이룰 수 있게 되었다. 더불어 치안서비스에 대한 개념과 재화의 특성도 변화가 나타났다.

---

24) James Q. Wilson, Law enforcement. Varieties of police behavior: The management of law and order in eight communities, Harvard University Press Cambridge, Massachusetts, 1968, p. 136.

25) 최정택, 2010 한국치안행정학회 동계학술세미나 : 한국 치안행정의 이슈와 정책과제, 한국치안행정학회, 2010, 58쪽.

26) Steedman, Carolyn, Policing the Victorian Community: The Formation of English Provincial Police Forces 1856-80, London: Routledge & Kegan Paul, 1984, p. 94.

27) 김경태, 치안서비스 제고를 위한 경찰활동, 한국콘텐츠학회논문지, 제8권 제11호, 2008, 263-271쪽.

2. 국제화 및 정보화·과학화에 따른 치안환경의 변화

1980년대 이후부터 본격화되기 시작한 국제화와 개방화의 영향, 인터넷을 통한 디지털 경제시대로의 진입, 시장개방의 가속화 등은 국가, 인종, 민족 간의 구분을 무색하게 하고 있다. 국가간 인적·물적 교류가 확대되고 교통·통신 등 과학 기술이 발달하면서 범죄조직 역시 세계화되었다. 거리적·장소적 제약이 사라지면서 범죄가 급속도록 확산되어 '범죄의 국제화'라는 부정적 결과를 가져왔고, 범죄의 국제화 현상과 함께 범죄의 수법도 다양해져 그 피해 규모나 파급효과 역시 급격하게 증가하고 있어 이에 대한 국제사회의 공동대응 및 협력체계 마련이 필요하게 되었다.[28)]

또한, 지식과 정보의 중요성이 더욱 증대되고, 정보관련 직종이 모든 산업의 중심이 되고 있다. 컴퓨터 보급의 확대와 정보 통신망의 발달은 지역을 하나로 묶어줄 뿐만 아니라, 삶의 질과 방식을 크게 변화시키고 있다. 인터넷으로 대변되는 정보통신의 발달은 경찰행정 환경에도 큰 영향을 미치고 있다. 따라서 대면이 아닌 온라인상 다양하고 빈번한 접촉과 정보의 교환은 새로운 범죄환경을 만들고 있으며, 과거에 경험해 보지 못한 새로운 범죄의 정보화·과학화라는 새로운 경찰환경에 직면하고 있다.[29)]

3. 민주화에 따른 시민의식의 변화

우리 사회는 다양한 가치가 공존하는 가운데, 구성원들은 각자의 개성을 살리면서 나름의 독특한 삶의 방식을 추구하게 되었다. 개인과 집단의 다양한 욕구를 충족시키고, 지역적 특수성을 반영하기 위해 책임과 권한의 분산이 가속화 되고 있다. 권위주의 정부를 정점으로 한 중앙집중식의 권력구조에서 과감히 벗어나 지방화를 지향함으로써, 권력의 분산을 통한 자율과 책임의 이양이 정치체제 전반에 착실하게 진행되고 있는 상황이다.

---

28) 이웅혁, 치안정책의 패러다임 변혁이 필요하다, 치안정책리뷰, 2012, 31쪽.
29) 김용태·박동균, 국민중심 경찰활동을 위한 맞춤형 공감치안 방안, 한국위기관리논집, 제8권 제3호, 2012, 147-150쪽.

그리고 지속적으로 진행되어 온 한국의 민주화는 한국 경찰에게 있어서 두 가지의 측면에 큰 영향을 미쳤다. 첫째는 시국치안에서 민생치안으로 전환을 요구받게 되었다는 것이고, 둘째는 풀뿌리 민주주의 실행과 정치적 중립성에 의한 필요성으로 자치 경찰제의 실행과 경찰의 수사권 확보의 필요성이 제기된 것이다.

경찰의 의식과 태도의 민주화는 기본적으로 경찰관 개개인의 인권의식이 체질화 되는 것을 의미한다. 경찰권의 행사는 강제력의 행사라는 외형을 갖추고 있기 때문에 관련자들이 인권침해를 야기하기 쉽다. 그러므로 매우 신중히 운용할 필요가 있다.

4. 시민의식 변화에 따른 경찰의 서비스 지향적 직무의 강한 요구

시민들의 정치사회에 대한 적극적인 참여활동이 경찰의 환경을 변화시키고 있다. 그 동안 시민사회는 공공부문에 비해 소극적·수동적인 태도를 보였으나, 시민들의 적극적·능동적인 사회참여 활동으로 주요정책 결정사항에 직접 참여하는 등 우리 사회를 이끌어 나가는 중요변수로 등장하고 있다. 이러한 시민들의 의식변화 및 시민사회의 영향력 증대는 경찰력 행사에 있어서 새로운 대응방식을 요구하고 있다.

경찰은 공공의 안녕과 질서에 대한 위험의 방지가 기본적인 임무라고 할 수 있다. 이러한 위험이 현실화 되어 이것이 형법이나 행정법규에 위배되는 범죄의 구성요건을 충족시키는 경우에는 경찰의 수사대상이 되는 것이 전통적인 직무이다. 그러나 오늘날에는 이러한 종래 경찰의 직무와 더불어 서비스 지향적인 직무가 강하게 요구되고 있다.

Ⅱ. 사회적 약자 보호 중심으로서의 경찰활동 전환

형사사법 시스템 속에서 가장 가시적인 존재가 바로 '경찰'이다. 경찰은 사회적 약자들에 대한 대응과 사회적 약자에 대한 배려 시스템이 구축되면서 사회적 약자 보호 등으로서의 경찰활동으로 전환하게 되었다. 여기에는 국제화·세계화에 따른 다문화사회 진입과 그에 따른 범죄에 대한 대응 역시 경찰의 활동으로 그 범위가 확대되어 진다. 따라서 경찰은 노인·장애인·여성·아동 등 사회적 약자를 도와주고, 범죄를 저지른 범인을 체포·수사하는 등 다양한 기능을 수행하는[30] 매우 중요한 '사회안전 지킴이'이다.

1. 사회적 약자에 대한 대응

최근 발생하는 여성·청소년 등 사회적 약자에 대한 강력범죄는 사회 불안을 가중시키고 있다. 즉, 범죄 취약자인 여성과 노인, 장애인 등에 사회적 약자에 대한 범죄와 취약한 치안환경은 국민들로 하여금 범죄에 대한 두려움을 배가시키고, 이로 인한 실제적이고 강력한 경찰권행사를 야기함으로써 시민들의 일생상활은 더욱 위축되게 된다.[31] 범죄는 그 속성상 한번 발생하면 당사자인 피해자에게는 씻을 수 없는 상처가 되며, 경우에 따라서는 회복이 불가능한 경우가 많다. 범인검거에 초점을 맞춘 사건 중심적 경찰활동을 탈피하여 범죄취약 계층 등 사회적 보호의 필요성과 공공의 안전에 대한 전단계 위험의 대비[32] 중심으로 치안정책의 전반적인 틀과 방향, 재원배분 등을 총체적으로 재설계가 필요하다 할 것이다.

향후 치안정책을 수립함에 있어서 사회적 환경의 변화와 국민의 법 감정을 반영하는 절차가 필요하고, 사이버 공간이 확대되고 개인주의 문화가 확산되

30) 황현락, 사회적 약자보호를 위한 인권경찰의 발전 방향, 경찰교육원. 제2회 경·학 학술세미나 자료집, 2011, 58쪽.

31) 조재형, 아동·장애인 등 사회적 약자 인권보호 방안, 경찰교육원, 제2회 경·학 학술세미나 자료집, 2011, 9쪽.

32) 홍정선, 경찰행정법, 제3판, 서울: 박영사, 2015, 23쪽. 위험의 대비(Gefahrenvorsorge)란 위험방지의 전단계로서 손해의 발생이 충분히 예견되는 것은 아니지만, 그렇다고 그것이 완전히 배제되는 것도 아닌 경우를 말한다, 이러한 단계에서 경찰은 개인의 자유와 권리를 침해할 수 없다. 위험의 방지(Gefahrenabwehr)란 개인이나 공공에 대하여 위협을 가하는 위험을 방지하는 것을 말한다. 이것이 경찰의 전통적인 임무이다.

면서 사회적 외톨이가 증가하고 있다. 이에 따라 이른바 '묻지마 범죄'가 속출하고 있는데, 이에 가장 취약한 계층인 여성·청소년 등 사회적 약자들이 범죄에 무방비로 노출되지 않도록 치안역량의 집중성이 요구된다.

학교폭력은 학교 선생님이나 현재 24시간 운영 중인 '117 학교폭력 신고센터'로 도움을 요청하여 언제든지 각 센터에서 근무하는 전문상담사들의 도움과 안전 Dream 홈페이지(www.safe182.go.kr)에 접속하여 글을 남기거나 1대1 채팅·문자(#0117)로 상담 요청 및 주변 목격자 등이 학교폭력을 알게 된다면, 피해학생을 대신하여 신고하고 가해·피해 학생의 학부모는 적극적으로 학교폭력에 대응하고 있다. 그리고 가정폭력 사건의 경우, 예전에는 '집안 문제'로 치부하여 경찰권 개입에 소극적인 경향이 있었으나 이제는 더 이상 '집안 문제'로 치부하기에는 가정폭력으로 인한 피해자의 고통이 너무 크고 가정폭력이 더 큰 강력범죄로 발전할 가능성을 배제할 수 없는 등 경찰의 보다 적극적인 대응과 피해자보호가 요구되고 있다. 이런 점에서 볼 때, 현대 경찰은 단순하게 범죄에 대응하기보다는 범죄사건이 언제, 어디서, 어떻게, 왜 발생하는지를 이해하고, 문제해결을 위한 적극적인 해결방안이 필요하다.[33]

2. 사회적 약자에 대한 배려 시스템 구축

노인·장애인·여성·아동·수용자가족·피해자가족·다문화가정·이주노동자·외국국적동포 등 우리 사회의 사회적 약자는 자신의 피해사실을 경찰 등에 알리는 과정에서도 수치심 등으로 신고나 의사 전달이 쉽지 않고, 또한 유무형의 제2차 피해를 입을 가능성에 따라 이들 사회적 약자들의 특성을 고려한 조사 시스템과 환경을 최우선적으로 마련하여 담당자들에 대한 전문적인 교육과 함께 사후 피해자 관리 및 지원시스템이 마련되어 있다.

첫째, 피해자에 대한 정보제공을 마련하였다. 피해자 조사를 할 때 단순히

---

33) 이런 점에서 경찰은 '범죄학자로서의 거리 공무원(the street officer as criminologist)'라고도 부른다(Peak and Glensor, Community Policing and Problem Solving: Strategies and Practice. New Jersey : Prentice Hall Co, 1999, p. 76).

사실관계만 파악할 것이 아니라 피해자의 형사사법절차상의 권리와 범죄피해자 지원제도, 피의자의 신병처리 내용 등에 대해 적극적으로 설명함으로써 피해자의 권리를 충분히 보상받을 수 있도록 세심한 배려 시스템구축을 하고 있다.

둘째, 피해자에 대한 중복조사를 지양하고, 조사시간을 최소화하기 위한 쌍방향 조사제도로 신체적·정신적으로 힘든 상태의 피해자에게 피해조사의 부담감을 덜어주고 반복 수사에 따른 제2차 피해를 예방하고 있다.

셋째, 피해자의 심리적 안정과 적절한 심리치료를 위해서 이들에게 도움을 줄 수 있는 전문가 제도를 도입 '범죄피해자 심리전문요원'을 증원하여 범죄피해자 상담분야에 투입하고 수사요원들에게도 전문성을 기를 수 있도록 관련 교육을 이수할 수 있도록 하고 있다.

또한, 사회적 약자 등에 대해 국민들의 치안에 대한 기대수준은 점차 높아지고 있고, 치안환경은 급변하여 새로운 치안 수요가 발생하지만 모든 치안 수요를 경찰력으로만 감당하기 어려운 실정에서 유관기관·지역사회와의 협력을 강화하고 있다. 여성·청소년대상 성범죄 예방 대책 등은 범죄예방적 환경설계의 극대화를 위하여 여성가족부와 지방자치단체 등 유관기관과 협력하여 사회적 약자 보호를 위한 대범죄 사회안전망의 구축이 필요하다.

3. 다문화사회와 범죄에 대한 대응

21세기 우리 사회는 지속적으로 세계화되면서 급속도로 다문화 사회화되고 있다.[34] 2015년 1월 31일 현재 외국인 체류현황을 보면, 총 체류자는 1,774,603명으로 전년 동월 1,567,730명에 비해 13.2% 증가하였다. 외국인등록은 1,094,865명, 외국국적동포 국내거소 신고는 288,952명, 단기체류는 390,786명이다. 국적별로는 중국 918,951명(51.8%), 미국 134,490명(7.6%), 베트남 129,423명(7.3%), 필리핀 51,836명(2.9%), 인도네시아 42,520명(2.4%)의 순이다. 외국인등록(1,094,865명)의 경우 지역별로는 수도권에 678,102명(61.9%)

34) 김선우, 다문화사회의 범죄문제와 경찰의 대응, 한국경찰학회보, 2010, 37-60쪽.

〈표 2-1〉 체류외국인 국적별 현황

(2016.4.30. 단위 : 명)

구 분	2012	2013	2014	2015	2016년 4월
총 계	**1,445,103**	**1,576,034**	**1,797,618**	**1,899,519**	**1,972,580**
중 국	698,444	778,113	898,654	955,871	1,000,138
한국계	447,877	497,989	590,856	626,655	630,998
미 국	130,562	134,7111	136,663	136,660	147,906
베트남	120,254	120,069	129,973	136,758	141,652
일 본	57,174	56,081	49,152	47,909	48,483
필리핀	42,219	47,514	53,538	54,977	54,739
타 이	45,945	55,110	94,314	93,348	91,829
인도네시아	38,018	41,599	46,945	46,538	43,533
우즈베키스탄	34,688	38,515	43,852	47,103	50,776
몽 골	26,461	24,175	24,561	30,527	30,916
타이완	30,413	27,698	31,200	30,002	30,812
캐나다	23,051	23,655	24,353	25,177	26,464
스리랑카	22,354	23,383	26,057	26,678	25,431
캄보디아	24,610	31,986	38,395	43,209	43,984
방글라데시	13,584	13,600	14,644	14,849	14,892
네 팔	18,908	22,015	26,790	30,185	30,651
러시아	11,361	12,804	14,425	19,384	27,895
파키스탄	10,027	10,423	11,209	11,987	12,269
오스트레일리아	10,093	12,203	12,468	12,303	10,329
인 도	8,317	9,174	10,196	10,414	10,809
미얀마	9,218	12,678	15,921	19,209	19,851
영 국	6,814	7,998	7,398	7,275	7,428
홍 콩	5,958	7,144	10,762	13,506	9,802
뉴질랜드	4,240	4,310	4,593	4,744	4,078
기 타	52,390	61,076	71,555	78,906	87,863

* 자료 : 체류 외국인 국적별 현황, 출입국외국인정책 통계월보 2016년 4월호.

거주하고 있으며, 영남권 215,811명(19.7%), 충청권 101,764명(9.3%), 호남권 70,362명(6.4%)의 순으로 거주하고 있다.[35] 국적별 체류외국인 현황은 〈표 2-1〉에서 보는 바와 같다.

국내체류 외국인의 증가는 세계화와 개방정책에 따른 입국간소화 조치와 함께 경제성장에 따른 현장 노동인력의 부족으로 저소득 국가 중심의 노동자를 비롯하여 유학생, 결혼이민자 등이 대량으로 입국하기 때문이다. 이들은 교통이 편리하고 주거비가 비교적 싼 대도시 주변과 주요 공단지역 주변을 중심으로 밀집지역을 형성하여 거주하면서, 자생적 범죄조직들에 의한 다양한 범죄를 유발시켜 치안수요를 촉진시키고 있다.[36]

국내체류 외국인 범죄는 1990년대만 하더라도 취업목적 불법 체류자의 출입국범죄와 SOFA 범죄가 주종을 이루었으나, 이제는 다양한 국적의 외국인범죄가 흉포화·지능화·광역화되는 등 치안수요를 증가시키고 있다. 불법 체류자의 경우 여건상 합법적인 경제활동이 어려워 범죄의 유혹에 쉽게 노출되어 있어 이에 대한 대책이 필요한 실정이다.[37] 이와 같이 다문화사회로 급속히 진행되어 가는 치안환경 역시 경찰을 단순한 법집행뿐만 아니라 사회질서유지자 및 서비스 제공자로서의 기능을 더욱 가속화하고 있으며,[38] 더 나아가 급변하는 사회변동에 따른 여러 문제들에 적극적이고 능동적으로 해결해야 하는 능동적인 변화담당자로서의 기능도 요구하고 있다. 특히 다문화사회에서의 경찰의 역할은 질서유지자로서의 역할뿐만 아니라 사회봉사자로서 역할도 병행하여 수행할 필요가 있다.[39]

---

35) 2015년 1월 31일 현재 체류 외국인 국적별 현황, 출입국외국인정책본부.

36) 김선우, 앞의 논문, 45쪽.

37) 김명대, 다문화사회의 경찰활동을 위한 교육훈련 개선방안에 관한 연구, 원광대학교 박사학위논문, 2010, 45쪽. 사례 : 인도요리 전문식당 업주끼리 손님 호객행위를 하다가 시비되어 상호 폭력을 행사하여 입건되는 등(2013.11.8 경남 거제) 노래방 내에서 불법체류 중 상습적으로 도박(속디아)을 한 베트남인 피의자 20명 검거(2009.7.13, 부산), 중국·태국 출신 불법체류 여성들을 고용, 불특정 남성들을 대상으로 성매매를 알선한 업주 등 16명 검거(2009.4.9 서울).

38) Palmiotto, M. J. Policing: Concepts, Strategies, and Current Issues in American Police Forces, Carolina Academic Press, 2005, pp. 36-37.

39) 김남철, 앞의 책, 1067쪽; 홍정선, 행정법원론(하), 제23판, 서울: 박영사, 2015, 373쪽; 박

Ⅲ. 복지경찰의 등장

현대 민주국가에서 경찰은 주로 범죄에 대응하는 중요기관으로 공공안전을 확보하는 책임을 지고 있다.[40] 실제 경찰업무가 '공공의 안녕과 질서유지'라는 말로 표현하듯이 경찰의 업무는 그 영역이 상당히 광범위하면서도 동시에 각 영역별로 높은 전문성이 요구되는 특징이 있다. 또한, 경찰조직은 하나의 유기체로서 치안환경 변화에 적응하고 새로운 치안수요에 대응하기 위하여 끊임없이 변화와 발전을 모색하고 있다.[41] 경찰의 임무[42]는 국민의 생명·신체 및 재산의 보호와 공공의 안녕·질서유지(경찰법 제3조)이고 직무의 범위는 범죄의 예방·진압 및 수사, 경비·요인경호 및 대간첩작전수행, 치안정보의 수집·작성 및 배포, 교통단속과 위해의 방지, 기타 공공의 안녕과 질서유지(경찰관직무집행법 제2조)로 규정되어 있다.

〈표 2-2〉는 「경찰법」 제3조와 「경찰관직무집행법」 제2조, 제8조를 근거로 하여 한국경찰의 직무를 재구성하면 다음과 같다.

다음의 〈표 2-2〉에서 살펴보면 경찰의 업무는 선도·지도·보호의 봉사기능보다는 생명·권리·자유 등의 보호 및 질서유지의 명령, 강제규제의 기능수행이 중심을 이루고 있다. 「경찰복무규정」 제3조에 의거 '경찰공무원은 국가와 민족을 위하여 충성과 봉사를 다하며, 국민의 생명·신체 및 재산을 보호하고, 공공의 안녕과 질서를 유지함을 그 사명으로 하며, 또한 경찰정신에 있어서 경찰공무원은 국가의 수임자로서 일상의 직무수행에 있어 국민의 자유와 권리를 존중하는 호국·봉사·정의의 정신을 바탕으로 삼는다.'는 기본강령과 경찰정신이 명시되어 있다.

균성, 앞의 책, 576-577쪽; 박균성·김재광, 앞의 책, 3쪽.

40) Bayley, D. H. Police for the Future. New York: Oxford University Press, 1994, p. 143.

41) 이상원·조현빈, 지역경찰 순찰근무의 효용성 검토 및 적정 소요인력 산출, 치안논총, 28호, 2012, 7쪽.

42) 김남철, 앞의 책, 1066쪽; 홍정선, 앞의 책, 374쪽; 박균성, 앞의 책, 576쪽; 박균성·김재광, 앞의 책, 5쪽.

〈표 2-2〉 경찰의 직무(역할)[43]

목표 / 기능 / 구분	질서목표		봉사목표
	보호기능	규제기능	규제기능
주요 직무	· 범죄예방활동 및 경비 · 교통 및 거리질서 확립 · 퇴폐행위 단속 · 사회안정 유지 · 보안방첩 · 국제범죄 지도 · 시국불안요인 예방 · 요인의 보호 및 경호	· 총포, 도검, 화약류 허가단속 · 운전면허 업무지도 · 국제범, 안전범 수사 · 신원조회 및 기록 · 각종질서사범 수사 · 위험지역 출입통제 및 해제	· 청소년 선도보호 · 행려병자 보호 · 정신착란자 및 자살기도자 보호

＊자료 : 경찰법 제3조, 경찰관직무집행법 제2조와 제8조, 2013, 재구성.

그리고 범죄예방 활동은 바로 국민의 생명·신체 및 재산의 보호에 직결되고, 또한 경찰과 지역사회공동체와의 접점을 이룬다는 측면에서 그 중요성이 더욱 높아져 가고 있다. 경찰은 법집행을 통한 단순한 범죄와 싸우는 자, 응급조치자, 사회적집행자의 지위에 머물지 않고 적극적인 문제해결자 또는 사회봉사자, 사회평화유지자로서의 역할로 확대되고 있다. 실제로 경찰활동의 80-90%는 가정폭력, 교통사고 처리, 실종자 수색, 교통통제, 수많은 위험과 재난대응 등 비범죄적 활동이다.[44] 그리고 치안서비스의 객체로만 여겨졌던 지역주민들도 이제는 자신과 지역사회의 안전을 보다 적극적으로 확보함으로써 삶의 질을 향상시키려는 노력이[45] 한층 더 경찰의 기능과 역할을 확대하고 요구하는 실정이다. 이러한 경찰의 기능 및 역할 변화와 확대에도 불구하고

---

43) 김남철, 앞의 책, 1066-1067쪽; 홍정선, 앞의 책, 373-374쪽; 박균성, 앞의 책, 576-577쪽; 박균성·김재광, 앞의 책, 3·5쪽.

44) Palmiotto, M. J. 앞의 논문, 36-37쪽.

45) 김명대, 다문화사회의 경찰활동을 위한 교육훈련 개선방안에 관한 연구, 원광대학교 박사학위논문, 2010, 94쪽.

경찰조직에서는 '복지'라는 넓은 개념으로 경찰업무 진행에 현실적인 어려움을 겪고 있다. 특히 경찰조직에서 확대된 경찰의 복지업무는 부수적으로 처리되는 실정이며, 이는 전문적인 복지를 다루는 경찰인력의 배치와 업무분장에 관한 제도적인 정립이 되지 않아 경찰의 복지업무에 대한 사각지대에 서 있는 실정이기도 하다. 치안환경 변화에 따라 경찰의 업무도 변화하기 위해서는 정상적인 경찰 고유업무와 연결해 나가야 한다.

이러한 기본강령을 통해 한국경찰은 복지업무의 담당자로서의 역할과 기능을 하고 있다. 특히 경찰의 복지업무는 경찰의 기본업무로 기초되어 있다. 사건조사 시 경찰의 조사임무에서 경찰의 역할과 태도는 서비스 제공자로서의 복지경찰의 역할을 수행하는데 있어 지역사회 주민으로부터 신뢰와 협조를 결정하는 중요한 업무이다. 「범죄수사규칙」 제166조, 제171조, 제195조, 제196조를 살펴보면 경찰의 수사상의 태도에 대해 명시하고 있는데, 이는 복지경찰로서의 수사함에 있어 대상자의 사회심리적인 요소를 고려해야 함을 기술하고 있다.

둘째는 지역사회와 함께하는 서비스기관으로서의 봉사업무를 맡고 있는 경찰은 「범죄수사규칙」 제5조에 따라 그 수사에 있어서도 환경을 위시한 체계적 접근을 강조하고 있다. 경찰은 수사를 통해 얻게 되는 모든 정보자료를 종합하고, 이를 경험과 이론을 바탕으로 하는 전문적인 지식과 기술을 바탕으로 체계적이고 조직력 있는 종합수사를 통해 「범죄수사규칙」 제197조와 제198조에 의거 외부자원의 연계를 통한 봉사업무를 수행하고 있다. 또한 「범죄수사규칙」 제200조상의 직접봉사 기능에 따라 대상자에게 시기와 방법에 관한 주의로 대상자 보호에 우선시하는 봉사경찰의 업무를 진행하고 있다. 이처럼 경찰의 업무지침에는 지역사회와의 관계, 수사대상자와 증인들의 인권보장과 보호, 소년들에 대한 특별한 선도, 보호관찰의 역할 등 서비스 기관으로서의 가치와 봉사업무를 기반으로 하는 복지경찰의 기능이 비교적 자세하게 명시되어 있다.

경찰청은 국민에게 봉사하는 시민 친화적 경찰상을 만들기 위해 21세기 경찰은 첫째, 국민의 인권과 권익을 보호하고, 둘째, 범사회적 안전망을 구축하며, 셋째, 시대변화에 걸 맞는 신질서 유도를 설정하고, 넷째, 활력 있는 지원기반 구축을 발전목표로 설정하였다.

제3장

복지경찰제도에 대한 외국사례 비교

03 장 복지경찰제도에 대한 외국사례 비교

01 절 외국의 경찰제도 및 복지업무 사례

Ⅰ. 미국

1. 미국경찰제도의 특징과 경찰활동

미국은 연방국가인 까닭에 입법권·집행권·사법권을 연방과 각 주가 나누어 가지고 있으며, 각 주가 독자적인 주 경찰권 또한 보유하고 있다. 미국경찰제도의 특징[1)]은 크게 연방경찰(Federal)·주경찰(State)·지방경찰(Local) 3단계로 구성되어 있다. 그러나 미국경찰의 치안업무는 대부분 County Police, Country Sheriff, City Police, Town Police와 같은 지방경찰(Local)에 의하여 수행되고 있다. 우리와 정반대로 지방경찰의 권한 및 업무영역이 가장 광범위하며, 연방경찰·주경찰·지방경찰의 관계 또한 수직적 관계가 아니라 수평적인 관계, 즉 상호협력적인 관계이다. 최근 연방경찰의 기능이 강화 내지 확대되는 추세이며, 연방정부는 헌법상 명문으로 경찰권을 가지지 않는다. 그러나 헌법이 부여한 과세권, 주간(州間) 통상규제권 등의 행사로 사실상 경찰권을 행사하게 되었다. 주경찰은 실질적인 경찰권을 행사함으로써 연방경찰의 제한적인 활동에 비해 경찰권의 행사 범위가 훨씬 광범위하다.

하지만 경찰의 개념과 경찰활동의 패러다임이 종전의 물리력에 의존하던 것으로부터 지역사회 경찰활동(Community Policing) 등 지역주민 및 사회환경

---

1) 하상군·김종길·조성택, 경찰학 개론, 서울: 대영문화사, 2013, 99-107쪽.

과의 원활한 의사소통을 통한 커뮤니케이션 중심으로 변화함으로 인해 경찰교육의 방향과 내용 및 기법 역시 대폭적으로 변화하고 있는데 경찰교육 개혁의 방향을 보면 다음과 같다. ① 과거 군대식 경찰학교체제를 대학과 유사한 자유로운 체제로 대체, ② 교육과정을 문제해결, 갈등해소 기법 훈련 및 조직기술 중심으로 개편, ③ 범죄피해자, 여성에 대한 폭력 등 사회적 약자에 대한 교육 강화, ④ 일반 대학과의 교류협력 강화, ⑤ 강의식 수업에서 탈피하여 참여식 체험학습을 강조, ⑥ 교수의 역할이 종래의 정보전달자에서 안내 및 조정자 역할로 변화, ⑦ 설정된 상황 속에서 특정한 문제를 해결하는 팀 프로젝트 과제 부여, ⑧ 실제 경찰현장에서 발생하는 문제에 대해 시나리오 실습을 증가시켰다[2]. 특히 참여식 체험학습 방법은 부하직원을 포함한 다양한 사람들을 이해하고 대응해야 하는 경찰간부에게 필요한 태도와 기법을 익히기 위한 인성교육에도 유용하며 법률의 현실적용 능력향상을 위한 법학교육에도 효과적이어서 다른 나라의 경찰 고등교육 전반에 폭넓게 전수되고 있다. 예를 들어 뉴욕시립대 존제이 형사사법대학에서 개발하여 미국은 물론 전 세계의 경찰간부를 대상으로 모든 인간이 지니고 있는 고유한 가치로서의 존엄성에 대한 정확한 이해를 증진시키기 위해 실시하는 "인간 존엄성 교육"이 이러한 참여식 체험학습 방식을 택하고 있다. 종래에는 '경찰과 기본권(혹은 인권)'에 대한 강의는 교수의 일방적인 헌법이론 전달에 치우쳐 실질적인 인식변화에 그다지 효과가 없었는데, 존제이 대학의 새로운 참여식 기법은 그 효과성이 인정되어 전 세계로 보급되고 있다. 존제이 대학의 '인간 존엄성 교육'은 적극적인 그룹 활동과 역할연기, 분임 토의 등을 통해서 역사적 사건과 실제 사례를 검토해 보면서 인간 존엄성의 개념을 탐구하는데, 교수는 방향제시만 하고 학생들이 능동적인 자기 훈련을 통해 스스로 터득해 나가는 것이다. 예를 들어,

---

2) Steven J. Bonafont, "Informal Site Visitation of Community-Based Law Enforcement Agencies," unpublished report, Washington, D. C.: U. S. Department of Justice, National Institute of Justice, April 4, 1994. p. 101; Commission on P.O.S.T, Description of experimental learning from California Commission on Peace Officer Standard sand Training (POST), Annual Report, 1990, Sacramento, Cal., n.p., n.d. 15.

학생들이 과거에 자신의 존엄성을 침해당했다고 느꼈던 경험을 떠올리도록 한 후에 학생들의 이러한 부담스러운 경험으로부터 경찰간부가 어떻게 해결방안을 제시하는지의 행동들이 경찰간부의 힘과 권한을 감안할 때, 어떤 영향을 끼칠 지에 대한 좀 더 일반적인 문제에 대한 토론으로 옮겨간다. 이 과정에는 지역사회와의 대화, 경찰조직 가치체계의 구축, 명확하게 규정된 행동강령의 시행 및 경찰과 시민 양쪽 모두의 존엄성을 보호하기 위해 마련된 절차를 준수하도록 하는 프로그램 개발 등의 중요성에 대한 논의들이 포함된다.[3)]

2. 미국경찰의 범죄피해자 지원

미국은 1970년대 전반부터 경찰차원의 범죄피해자 보호대책을 구상하여 1974년에는 플로리다주 포트로더데일시 경찰과 인디애나주 인디애나폴리스시 경찰에 의해 경찰의 피해자지원프로그램이 발족되었고, 1975년에는 뉴욕주의 로체스터시 경찰에도 피해자지원반과 아동학대대책실이 설치되는 등 피해자를 위한 각종 프로그램이 추진되었다.

미국에서는 '연방법무부 범죄피해자대책실(OVC : Office for Victims of Crime)'에서 범죄피해자보상업무를 총괄하고 있다. 또한 전국의 범죄피해자 지원프로그램에 대한 재정지원을 하고 경찰 등 법집행 업무 종사자와 관련업무 종사자들을 대상으로 피해자의 권리 및 피해자가 필요로 하는 것들에 대해 교육훈련을 지원한다. '전국보안관협회(NSA : NationalSheriff's Association)'와 전국경찰지휘관 모임인 '전국경찰총수협의회(IACP : International Association of Chiefs of Police)' 및 경찰간부연구포럼 등 경찰관련 주요 법집행기관들은 연방법무부의 지원을 받아 가정폭력·아동학대·성범죄·노인학대·위기개입 등 피해자 문제에 관해 다양한 교육·훈련 프로그램을 실시하고 있다. OVC도 IACP·NOVA 등과 협력하여 지역사회경찰활동과 연계된 피해자 지원프로그램

3) Gerald W. Lynch, POLICE TRAINING IN HUMAN DIGNITY, POLICING IN CENTRAL AND EASTERN EUROPE: Comparing Firsthand Knowledge with Experience from the West, College of Police and Security Studies, Slovenia, 1996. p. 112.

을 운영하기 위한 교육과정을 개발하고 있으며, 가정폭력 피해자에 대한 효과적 대응을 위한 교육도 아울러 실시하고 있다. 미국은 영국과는 달리 경찰조직 내에 아동학대·노인학대·여성 성범죄관련 피해자 업무처리를 위하여 이 분야에 민간인 전문가를 채용하여 피해자 보호 지원을 하고 있다.4) 미국 전국 경찰지휘관 모임인 '국제경찰장협회(IACP : The International Association of Chiefs of Police)'는 산하에 '피해자지원위원회(Victims Services Committee)'를 두고 있는데, 피해자지원위원회는 '범죄피해자 지원과 대우 향상'을 목적으로 하며 '법집행업무 종사자들에 대한 전반적인 피해자 지원·대우훈련 프로그램개발', '경찰 내 피해자지원 기능 창설', '피해자의 권리를 보장하는 법률 제·개정 필요검토', '대중과 경찰관들의 범죄피해자 권리신장에 대한 인식을 제고하기 위한 캠페인' 등의 사업을 전개하고 있다.5)

이에 따라 미국의 각급 경찰과 법 집행 기관에서는 나름의 피해자지원제도를 마련하여 운영하고 있으며, 특히 상호 대등한 관계에서 긴밀한 협조를 행하고 있는 경찰과 검찰간의 연계와 협력이 돋보인다. 예를 들어 로스앤젤레스 경찰국(LAPD)에서 운영하는 피해자지원(Victim Assistance)제도는 지방 검사실에 설치된 '피해자와 목격자 지원 프로그램(Victim-Witness Assistance Program)'과 유기적인 연계를 이룬 채 운영되고 있다. 상호 연결 운영되는 로스앤젤레스의 피해자지원프로그램의 내용을 살펴보면, 검사실은 피해자에 대해 국가 피해보상금 지급절차 지원 및 손해배상 청구 민사소송에 있어 법률지원을 제공하고, 피해자지원 전담요원이 지방검사실, 각 경찰서 및 보안관 사무실 등에 상주하면서, 피해자에게 전문적인 상담서비스를 제공하고, 피해자를 관련 사회복지기관에 연결해 주고, 수사 및 법정 절차에 동행하며 도와주고, 증거로 쓰인 재산의 신속한 환부를 위해 조력을 제공한다. 또한, 어린이 및 노인 피해자, 성범죄 피해자, 가정폭력피해자 및 장애인 피해자에게는 특별한 관심과 주의를 기울이고 충격이 큰 범죄에 대해서는 현장 응급지원을 제공하며,

---

4) 김재민, 범죄피해자대책론, 진리탐구, 2006. 127쪽.
5) 김용세·김종덕, 민간단체에 의한 범죄피해자 지원의 현황과 전망, 피해자학연구, 제11권 제2호, 2003, 38쪽.

위협을 받은 피해자나 목격자에 대한 동행 및 신변보호 제공을 한다.

세계 여러 나라의 피해자 지원에 있어 특히 문제가 되고 있는 가정폭력에 대한 경찰 대응에 있어서도 로스앤젤레스경찰국(LAPD : Los Angeles Police Department)는 처리절차를 엄격히 규칙으로 정해놓고 매뉴얼화하여 모든 경찰관이 자동적으로 대응하도록 하고 있다. LAPD의 매뉴얼화된 가정폭력사건 처리절차를 살펴보면, 신고가 이루어지면 경찰이 현장에 출동해서 관계인 전원의 진술을 청취하고, 가능한 경우에는 가해자를 검거하고 필요한 경우에는 피해자에게 치료수단을 제공한다. 검거가 불가능할 경우에는, 피해자가 법원으로부터 긴급보호명령(emergency protective order)을 받을 수 있도록 도와주고, 자녀와 함께 짐을 챙겨 집을 떠나도록 도와준 후 수사보고서를 작성하는데, 사안이 경미할 경우에는 '경죄(misdemeanor)'혐의로 시 검사에게, 중할 경우에는 '중죄(felony)혐의'로 지방검사에게 제출한다. 검사는 경찰이 제출한 수사보고서를 보고 범증이 충분하다고 판단할 경우에는 기소를 한다. 이때, 피해자에게는 경찰 수사관에게 범죄사건으로 입건해 줄 것을 요청할 수 있는 권리가 보장되어 있으며, 경찰은 피해자가 원하지 않는다 하더라도 입건하여 검사에게 기소를 요청할 수 있다. 이는, 가해자가 고소를 하지 못하거나 취하하도록 피해자를 협박하고 강요해봐야 소용이 없다는 것을 알게 되는 효과가 있기 때문인데, 그 동안의 연구결과, 가정폭력 피해자를 보호하는 최상의 방법은 법원의 개입임이 판명되었다는 것을 그 근거로 한다. 사건이 입건되면 검사, 경찰 수사관 또는 피해자 지원담당자(victim advocate)가 피해자에게 형사절차를 설명해 주고, 추후 진행상황을 통보해 준다.

3. 미국경찰의 복지업무 사례

가. 뉴욕시 경찰의 사례[6)]

1) 목표의 설정과 조직개편

지역사회의 경찰활동은 1980년대 초 미국에서 처음으로 시작되었다. 뉴욕시의 위스콘신주의 메디슨시 등이 특정지역을 시범경찰지역(EPD : Experimental Police District)으로 지정하고 도보순찰의 강화, 범죄예방을 위한 각종모임 및 프로그램의 진행, 지역사회의 각종모임에 참석함으로써 경찰의 가시적 존재를 알리고 도시 곳곳에 간이파출소(Storefront police office)를 개설하여 대민서비스를 증대시키는 등 활동을 전개함으로써 새로운 변화가 시작되었다.[7)]

1990년 뉴욕시 경찰국은 지역사회 중심의 경찰활동을 실시하겠다고 밝히고 뉴욕의 브루클린(Brooklyn)에 있는 제72 지구경찰서를 시범경찰서로 지정하고, 이 지역에서의 지역활동을 위한 6개의 목표를 설정하였는데 이를 살펴보면, ① 전통적 경찰활동으로부터 지역사회 지향적 경찰활동으로의 변화를 촉진하기 위하여 지구경찰서 조직구조를 개발한다. ② 모든 직원은 지역사회 지향적이고, 문제해결활동의 업무를 증진하고 촉진시킬 운영체제를 개발한다. ③ 지역사회 지향적이고 문제해결 지향적 경찰활동을 지원할 정보체제를 개발하는데 협조한다. ④ 무선순찰차량(RMP : Radio Motor Patrol)과 이웃책임구역에 배치된 직원사이의 911전화처리 업무를 분리하는 체제를 개발한다. ⑤ 포괄적인 Community Policing 모델의 발전을 위해 다른 경찰부서 단 위와 함께 공조체제를 형성한다. ⑥ 지역사회 문제해결 활동을 위한 교육훈련 프로그램을 개발한다.

---

6) 사례들은 미국 지역사회 경찰활동의 초기 사례들로서 다음 문헌들을 참조하였다. Antony, M. Rate and Penny Shtull, "Community Grows in Brooklyn : An Inside of the New York City Police Department's Model Precinct." Crime and Delinquency, Vol.40. No.3. July 1994, pp. 386-388.; Organization Chart. New York City Police Department, Rev., pp. 11-88(정진환, 앞의 책, 158-161쪽 재인용).

7) 정진환, 비교경찰제도, 서울: 책사랑, 2003, 156쪽.

2) 조직개편

위와 같은 목표의 실현을 위하여 시범경찰서에 법정인원을 모두 보충(210명)하는 한편, 단위부서를 참모행정부, 순찰(RMP)부, 특수운영부(SOU : Special operation)의 재단위로 구분, 개편하였다. 그리고 지역사회 경찰활동의 주 책임부서는 특수운영부(SOU)가 담당하기로 하였는데 그 운영지침을 보면, ① 운영체제 개선의 차원에서 감독자, 순찰경찰과, 형사 그리고 다른 부서 관계자의 관여를 증진시키도록 정보를 교환하고 문제를 확인하고 이들 문제들과 대처할 전략을 준비할 회의를 개최한다. ② 정보체제의 개발차원에서 지구경찰서는 경찰서 터미널로부터 본부 컴퓨터로 직접 범죄에 대한 불편이 들어오도록 on-line system을 설치한다. ③ Community Policing에서 다른 부서의 참여차원으로, 형사들이 격주로 열리는 문제확인 회의는 물론, 지역사회 회의에 참가하도록 한다. ④ 순찰, 특수운영부서(Special Operations Unit), 감독자를 포함하는 모든 제복직원들은 Community Policing 훈련강좌에 참여한다.

3) 지역사회 경찰활동의 확대실시

브루클린(Brooklyn) 시범경찰서에서의 지역사회 경찰활동이 성공적으로 평가됨에 따라 1992년부터는 뉴욕경찰국 산하 모든 지구경찰서에 지역사회 경찰활동이 본격적으로 실시되었다. 각 지구 경찰서를 브루클린 시범경찰서의 경우처럼 3개의 단위로 개편하고 다음과 같은 활동을 전개하였다. ① 참모부서는 7명의 경찰관으로 구성하고 지구경찰소장이 직접적 감독이나 경위급 간부인 운영과장(operations coordinator Unit)감독 하에 두었으며, 이들 부서 직원은 훈련담당, 기획담당, 범죄예방담당, 고속도로 안전담당, 청소년담당, 지역사회문제 담당 이외에 감찰부서도 두었다. ② 순찰부서는 주로 순찰차량에 의한 일상적인 순찰업무를 행하고 시민의 봉사요청에 대한 전화에 대응한다. 이들 경찰관들은 3개조로 편성하여 일일 3교대 근무를 행하며, 이들 각 조는 근무 또는 교대근무를 행하면서 각조의 감독자에 의해 감독을 받는다. 여기에는 방범, 순찰, 교환, 순찰 등의 담당으로 구성된다. ③ 특수운영부서(Special Operations Unit)는 지구경찰서에서 도보 또는 스쿠터에 의해 지역사회 경찰활동과 문제해결활동을 수행한다. SOU는 뉴욕경찰국의 표준근무 조직표(standard tour charts)에 따르지 않기 때문에 정규편제에 없는 부서로 운영된다. 각 SOU경찰관은 경찰서마다 책임구역에 배치되어 있는데, 이는 전 지구경찰서를 완전한 Community Policing활동으로 커버한다는 의미이다.

다음은 뉴욕시 경찰의 시범사업을 통해 확장된 각 주의 다양한 복지경찰 프로그램을 소개하고자 한다.

나. 각 주의 초범순화프로그램

1) 주요내용

초범순화프로그램(First Offender Program)[8]은 경미한 범죄를 저지른 초범 비행청소년의 의사결정기술 향상을 위해 고안된 것으로 「텍사스 가족법」에 의거 비행청소년과 그 부모에게 의무적인 교육과 상담 프로그램을 부과하는데, 사법적인 처벌을 대신하는 제도이며, 동 프로그램은 부모교육과 함께 청소년의 행동·의사결정·가족관계·의사소통기술·자아향상을 시키는 교육의 필요성이 반영된 것으로 8주간 비행청소년의 부모 또는 보호자가 동 프로그램에 참여 동의로 프로그램을 이수하고 90일 내 또 다른 비행행위가 없는 경우 청소년 비행기록은 영구히 봉인토록 하고 있다.

2) 프로그램 진행

초범순화프로그램에 배정된 비행청소년들은 그들이 지속적으로 범죄를 저지르게 될 경우 미래의 자신들에게 어떤 일이 일어날지를 배우게 되는데(일명 wake-up call로 보통 월·화·수요일 저녁 2시간 30분씩 연속 3회 수업으로 이루어지며, 참가자들은 청소년보호관찰부 직원·경찰관·법원 관계자·청소년 상담가·교수 등에 의해 실시되는 수업을 듣고 체험학습으로 카운티 교도소와 비행청소년 보호소·기구(Juvenile Placements Institutions)를 방문하기도 하며, 비행청소년은 청소년보호관찰부 직원들, 청소년문제 담당자들, 경찰, 판사, 검찰, 부모 등에 의해 프로그램에 위탁될 수 있으며 참여 청소년은

8) 경찰청 내부문서, 2013(재인용).

보호감시의 필요 없이 자유로운 형태로 진행하여 스스로 범죄의 위험성을 깨우치게 하는 것을 목적으로 하고 있다.

3) 구체적인 사례들

가) 뉴욕州 치크토와 타운의 문제청소년 상담프로그램

문제청소년 상담프로그램(FOTYCP)[9] 최초 또는 초기 범법자들과 비행청소년, 그리고 그 가족들에게 전문적인 상담을 제공하며 경찰과 법원에 비행청소년을 다루는 문제의 대안을 제시하며 청소년들에게 범죄사고기록을 남기지 않을 기회를 제공하는 프로그램이다. 이 프로그램의 적용대상은 16세 이하의 청소년과 21세 이하의 청년들을 형사법률 체계로부터 선도하기 위해 만들어진 제도이다. 그 진행절차를 살펴보면, 비행청소년과 가족들의 삶이 마약·알코올 중독 또는 가정폭력 등과 같은 복잡한 요소의 가능성을 포함하여 다방면으로 점검하며, 그룹 또는 개인 상담을 통해 청소년 참가자들이 자아를 크게 인식하고 자신들의 행동에 대한 책임감을 깨달아 이후 법과 충돌하는 일을 피할 수 있게 해 주며, 가족상담 치료의 중요한 부분은 가족들이 상담을 통하여 문제해결 방법을 찾도록 스스로 깨닫게 된다고 한다. 특히 상담과정에서 특정한 10대 또는 부모의 문제를 다루는 교육과 후원집단의 지원이 이루어지기도 한다. 이 프로그램의 이러한 운영결과 1982년 시작된 이래 2013년까지 1,300명 이상의 청소년들을 선도했고 평균 재범률은 11%에 그친 것으로 평가되고 있다.

나) 버지니아州 패어팩스카운티의 청소년·가정문제 법원(Juvenile and

9) FOTYCP(First Offender and Troubled Youth Counseling Program : 초범 순화와 문제 청소년 상담프로그램): 이 프로그램의 적용대상은 16세 이하의 청소년과 21세 이하의 청년들을 형사법률 체계로부터 선도하기 위해 만들어진 제도다. 진행절차를 살펴보면, 비행청소년과 가족들의 삶이 마약·알코올중독 또는 가정폭력 등과 같은 복잡한 요소의 가능성을 포함하여 다방면으로 점검하며, 그룹 또는 개인상담을 통해 청소년 참가자들이 자아를 크게 인식하고 자신들의 행동에 대한 책임감을 깨달아 이후 법과 충돌하는 일을 피할 수 있게 해 주며, 가족상담 치료의 중요한 부분은 가족들이 상담을 통하여 문제해결 방법을 찾도록 스스로 깨닫게 된다고 한다. 특히 상담과정에서 특정한 10대 또는 부모의 문제를 다루는 교육과 후원집단의 지원이 이루어지기도 한다. FOTYCP는 개인과 가족 평가, 면담 서비스, 개인·커플·가족 상담, 학교와 지역사회기관과 협의, 위기 상담, 법원·경찰과 연계, 청소년법 교육, 부모교육, 피해자 돕기 프로그램이다.

Domestic Relations District Court)

페어팩스카운티 청소년·가정문제법원의 임무는 효율적·효과적인 보호관찰과 주민봉사 업무를 함으로써 법원 판결권 안에 있는 청소년과 어른의 긍정적인 행동의 변화를 통하여 당사자와 그 가족의 안녕과 지역사회를 보호하는 것이다.

법원의 프로그램과 봉사내용을 살펴보면 총 7개 부분으로 나누어 실시하고 있다. 첫째, 「인테이크 서비스」이다.[10] 둘째, 훈방전 자리 배치에는 임시보호쉼터(Less Secure Shelter)과 청소년구금센터가 있다. 셋째 구체적인 프로그램을 살펴보면 대상의 개별프로그램 및 전체프로그램으로 지역사회와 연결되는 다양한 활동이 지원되고 있다.[11] 넷째, 대주민봉사이다[12]. 다섯째, 청소년 마약법원에 관한 내용이다.[13] 여섯째 청소년 지도·가족상담 클리닉이다.[14]

10) '청소년 인테이크 서비스'는 페어팩스카운티 청소년·가정문제법원에서 범죄를 저지른 청소년들은 청소년 인테이크 서비스를 통하여 사법체계에 들어오게 되며, 이들에 대한 청원과 기소는 경찰·시민·가족 또는 다른 기관들에 의해 접수되어 페어팩스 법원 등에서 인테이크 서비스를 제공하며, 가정문제 상담도 한다.

11) 페어팩스카운티에서 실시되는 전체프로그램은 다음과 같다. 심리서비스, 치료팀 운영, 청소년 교통학교, 자원봉사 프로그램, 자원봉사 통역프로그램, 자원봉사 학습프로그램, 특별자리배치, 다방면 훈련팀, 지역사회 봉사 프로젝트, 대안학교, 기업학교, 보호관찰, 가석방, 피해자 봉사, 페어팩스 문신제거 프로그램 등을 실시한다.

12) 청소년 인테이크 서비스는 「인테이크부」와 「중앙처리실」로 구성되어 있는데, 「인테이크부」는 체포로부터 법원 최초 출두까지의 청소년 비행사건을 처리하는 책임이 있으며, 「인테이크부」를 담당한 직원은 이러한 사건을 심문하기 위해 매일 법정에 출두, 법원청문회·변호사와의 면담, 보호관찰 요원과의 만남, 상담가와의 만남 그리고 필요한 다른 관련 당사자들을 접견하는 등의 일을 처리하여야 한다. 「중앙처리실」은 근무시간 외에 접수된 사건을 처리하기 위해 일주일 내내 문을 여는데(월-금: 오후 3시~오전 6시, 토요일 오후 3시~월요일 오전) 이곳에서 보호관찰 요원들이 비행청소년들을 조사하여 훈방할 것인가 아니면 법원에 출두 때까지 구금할 것인가를 결정하는 책임을 맡고 있다.

13) 「청소년 마약법원」은 8개월에서 12개월에 이르는 종합적인 약물중독치료 프로그램으로 비폭력 약물중독 청소년과 가족들로 하여금 절제와 건강한 삶을 선택하도록 하는데 목적이 있다. 이것은 새롭고 혁신적인 프로그램으로 전통적인 치료의 개념을 확대해서 판사·검사·보호관찰요원·사건치료 담당자·가족·봉사자들을 치료팀의 구성원으로 포함시킨다.

14) 「청소년 지도/가족상담 클리닉」은 심리·심리교육·신경심리 검사들을 제공하기 위해 고안된 것으로 훈련과 상담도 함께 제공되며, 고객은 모두 외래환자들로 예약제로만 운영되고 구금된 청소년들을 법원에서 접견하며, 同 프로그램은 청소년 구금문제와 관련하여 사법권에 가정 관련 연구자료를 제공할 책임을 지고 있다.

일곱째, 운영과 계약봉사 분과이다.[15)]

따라서 페어팩스카운티 청소년·가정문제법원의 임무의 다양성으로 지역사회봉사 프로젝트, 대안학교, 기업, 보호관찰, 가석방, 피해자 지원활동에 긍정적인 변화를 가져왔다.

다. 포틀랜드시 경찰의 사례[16)]

1) 목표의 설정

포클랜드 경찰이 1988년말에 지역사회 경찰활동(Community Policing)의 도입을 발표한 이후, 1990년에 제1차, 1994년에 제2차 목표를 설정하고 조직을 구성하는 등 계획을 세워 추진하였는데, 그 제1차 계획은 1990년대에서 1994년까지 5년간 달성해야 할 사항들은 나타낸 것으로 목표는 다음과 같다. ① 협력 : 지역사회, 시의회, 기타의 행정기관, 형사사법기관과의 협력관계를 발전시킨다. ② 문제해결 : 사건이나 범죄에의 대비를 위하여, 선행 예방적인 문제해결의 수법을 이용해 지역사회의 생활을 향상시킨다. ③ 환경의 조성 : 지역사회의 가치기준과 합치하고 시민과 경찰이 함께 할 수 있는 환경을 조성한다. ④ 공동책임 : 공공의 안전확보를 위하여 시경찰, 지역사회, 시의회가 함께 노력하고 공동책임을 진다. ⑤ 고객지향 : 시민과 경찰에 대한 서비스에 관해 고객지향을 우선으로 한다.

위와 같은 목표 하에서 개혁된 조직으로서는 이웃연락관,[17)] 지구경찰관,[18)]

---

15) 「운영과 계약봉사 분과」는 사회봉사분과의 재정과 계약을 관리하는 전반적인 책임을 지고 있는데, 이곳은 전자모니터 프로그램(the Electronic Monitoring Program)을 운영하고 있으며, 동 프로그램은 감독을 받고 있는 청소년에게 전념할 수 있는 대안이 되고 있는데, 직원이 데이터를 모으고 청소년의 통계분석 자료를 제공하며, 예산을 신청하기 위하여 법원의 「연구개발분과」와 협력하며 또한 인턴프로그램을 만들어 대학생과 대학원을 마친 학생들이 청소년 사법제도와 관련분야에서 직접 훈련을 받을 수 있도록 하고 있다.

16) 정진환, 비교경찰제도, 서울: 책사랑, 2002, 160-161쪽.

17) 이웃연락관(NLO : Neighborhood Liaison Officer) : 이웃연합에 대응해 설치되어 있는 연락담당관이다. 이들은 이웃연합의 모임 등에 출석, 이웃연합의 리더나 기타 멤버와의 접촉 등에 의한 정보연락, 지역사회의 문제해결을 주요한 임무로 한다. NLO(이웃연락관)는 지구경찰관에서 선발한다.

18) 지구경찰관(DO : District Officer) : 일정의 순찰지구의 순찰과 서비스 요청전화에 대응하는 것을 임무로 하며, 지역사회와의 제휴에 의한 문제해결 활동에 대해서도 책임을 진다.

이웃 대응팀[19] 등이 있다. 그 외 경찰조직이 아닌 민간조직으로 이웃연합[20]이 있다.

2) 문제해결활동

경찰자체의 활동으로서는 지역사회의 안전문제에 대하여 시민과의 소통을 증가시키기 위해 자전거·도보순찰이 시행되었고, 비행집단, 마약, 편의점 절도, 윤락, 매춘, 노인문제 등 여러 가지 지역사회문제에 대해 관련기관과의 협력관계가 강화되었다.

한편, 관리자를 비롯, 전 직원에 대해 교육이 실시되었는데, 경찰과 소수민족 그룹사이의 관계 개선과 문화이해의 촉진을 목적으로 교양이 실시되었다. 또 문제해결활동에 관해서는 SARA(Scanning Analysis Response Assessment) 모델[21]이라고 불리는 문제해결기법이 도입되었다.

라. 시카고 지역의 사회서비스 계획(SSP) 사례

미국에서 이루어졌던 경찰사회사업 실천을 시카고 지역의 '사회서비스 계획'(Social Service Project)의 사례를 들어 소개하고자 한다.[22]

1970년 미국 일리노이주 시카고 근처의 도시 Wheaton과 Niles에서 처음으로 경찰사회사업 계획이 실시되었다. 경찰사회사업은 사회복지사를 경찰서 내에 배치하여, 사회복지사가 경찰로부터 클라이언트를 의뢰 받아 사회적인 평가, 24시간 위기개입, 지속적인 사후관리 그리고 지역사회에서의 의뢰 등의

---

19) 이웃대응팀(NRT : Neighborhood Response Team) : 각 지구 경찰서에 설치된 이웃연락관이 대응할 수 없는 곤란한 문제해결에 종사한다.

20) 이웃연합(NA : Neighborhood Association) : 관할구역이 명확히 구분된 일정지역에 설치된 시민의 자원봉사조직이다. 5개의 이웃연합이 있다.

21) SARA모델은 조사(Scanning), 분석(Analysis), 대응(Response), 평가(Assessment)의 절차를 통해 문제해결을 시도한다는 모델이다.

22) 윤영희, 비행청소년을 위한 경찰사회복지제도의 필요성에 관한 연구, 경성대학교 석사논문, 2001, 44-48쪽(재인용).; Treger, Harvey., The Police-Social Work Team: a new model for inter professional cooperation : a university demonstration project in manpower training and development : Jane Addams School of Social Work, University of Illinois at Chicago Circle, Charles C. Thomas Publisher, 1975, pp. 15-32.

서비스를 제공하도록 하는 프로그램이다. 이 프로그램의 주요 내용은 경찰과 사회복지사가 가능한 한 빨리 접촉하여 클라이언트에게 초기에 개입함으로써 그 개인과 가족, 일이 많은 경찰과 지역사회에 보다 효과적인 구제책을 제공하는 것이다. '시카고 지역의 사회서비스 계획(SSP)'의 목적은 다음 10가지로

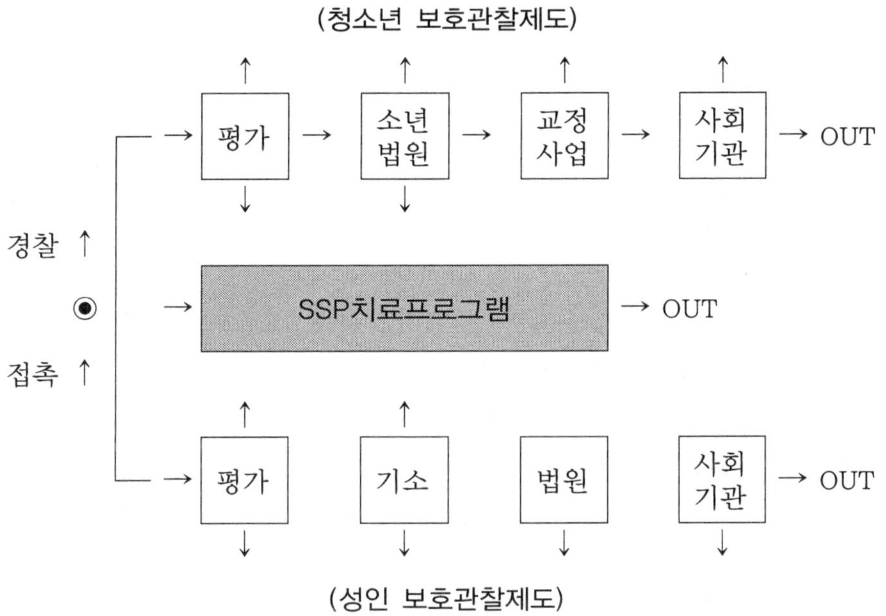

[그림 3-1] SSP의 사법체계에 관한 순서도

정리된다.[23] '시카고 지역의 사회서비스 계획(SSP)'에서 경찰사회사업이 기능

23) ① 경범죄를 지은 사람들과 그 가족들에게 체포되었을 당시 그리고 기소되기 전에 사회서비스를 받을 기회를 줌으로써 지역사회에 경찰서비스와 보호를 확대하고자 하는 새로운 모델을 개발한다. ② 체포되었을 때 또는 그 전에 서비스를 받을 필요가 있는지를 결정한다. ③ 경찰의 능력으로는 감당하기 어려운 응급조치나 지속적인 서비스를 제공한다. ④ 법조계 내에서 경찰과 교정사회복지사의 새로운 관계를 발전시킨다. ⑤ 경찰과 사회복지사들이 공동목표를 달성시킬 수 있는가에 대해서 알아본다. ⑥ 학교와 같은 지역사회기관과 협조하고 필요하면 지지적인 서비스를 제공한다. ⑦ 클라이언트가 이 새로운 상담 서비스 모델을 수용하는데 있어서의 장·단점을 파악한다. ⑧ 지역에 있는 예방서비스들의 차이점을 파악하

하는 과정을 보면 [그림 3-1]과 같다.

[그림 3-1]에서 살펴보면, 먼저 경찰이 범인을 체포하게 되면 분석을 하게 되는데 분석과정에서 성인은 기소하고 미성년자는 소년법원으로 보낸다. 이 단계에서도 복지경찰에게 의뢰하기도 하며, 그렇지 않은 경우에는 법원이나 보호관찰소로 보내진다. 형 집행이 끝나면 모두 사회기관으로 의뢰되어 재활과정을 거쳐 마치게 된다.

SSP운영에 관한 내용을 살펴보면, 프로그램은 실행에 있어서 자질 있는 인력을 확보하는 것이다. 직원의 자질은 다음 세 가지 측면에서 평가된다. 첫째, 전문적인 자질, 둘째, 개인적인 자질, 셋째, 경찰과 특정 지역사회 내에서 기능할 수 있는 능력이다. 그리고 처음 두 가지 요인은 관련 학교의 지도감독자에 의해서 평가되며 셋째 요인은 경찰서장에 의해서 평가된다. 모든 직원이나 대학생들을 선택하는데 있어서는 경찰서장이 결정권과 거부권을 가지고 있다. 첫째, 전문적인 측면으로는 정신건강, 가족복지 또는 아동복지 분야에서 최소한 3년 이상의 실무 경력이 있는 사람을 말한다. 두 전문직간의 협동 작업에 관한 지식, 즉 case work에 관한 기술과 팀을 구성하여 일을 처리하는 능력, 즉 group work에 관한 기술이 요구된다. 둘째, 개인적인 측면으로는 사회적 서비스에 관하여 열의가 높고 사회복지사로서의 역할이나 정체감이 확고한 사람을 말한다. 특히 타인들이 자신에게 어떻게 반응할 것인가를 잘 알고 있으며, 경찰들과의 효율적인 관계를 발전시키는데 있어서 필수적인 요인인 융통성을 의미한다. 셋째는 경찰과 특정 지역사회 내에서 기능할 수 있는 능력으로서 위의 두 가지 자질 외 친절하고 외향적인 성격이며 경찰이나 클라이언트에게 편하게 대해 줄 수 있는 능력을 말한다.

SSP가 효과적으로 기능하고 필요할 때에 언제든지 이용가능하기 위해서는 24시간 운영되어야 한다는 보편적인 철학이 발전하였다. 전반적으로 사회기관들은 24시간 위기개입 서비스를 하고 있었으나 주로 전화서비스에 한정, 대인

여 체포되기 전에 개입을 할 수 있도록 한다. ⑨ 경찰이 청소년과 그 가족의 문제점 그리고 미성년자 집단을 더 민감하게 이해하도록 사회문제에 전문가인 사회복지사의 서비스를 제공받는다. ⑩ 법집행기관과 사회복지사이의 교류증진의 통로를 개선시킨다.

서비스를 꺼려하고 있었다는 문제점에서 대인서비스가 위기개입을 하는데 가장 좋은 방법이라는 것을 SSP 직원의 의견에 따라 대인서비스 운영체계로 전환했다.

SSP 서비스 의뢰 대상을 살펴보면, SSP로 의뢰되는 사례의 대부분은 경찰에 의한 것이다. 이는 누가 사회적 서비스를 받을 것인가를 결정하고 누가 사법처리 대상으로부터 제외될 것인지를 결정하기 때문에 매우 중요하다. 즉, 경찰은 누구를 의뢰할 것인가를 결정하는 반면, 사회복지사는 누구에게 계속적으로 서비스를 제공할 것인가를 결정한다. 이들은 가끔 개인이나 가족이 SSP로 의뢰되는 것이 적합한가에 대해 함께 의논하기도 한다. 경찰은 전문적인 판단이나 경험을 바탕으로 경찰에게 사건을 의뢰하는데, 주로 문제 확인, 범죄에 대한 태도, 경찰사회사업에 협동하겠다는 클라이언트의 의지를 의뢰의 기준으로 본다.

경찰이 제공하는 직접적인 서비스에는 위기개입[24]과 개인, 가족치료와 집단서비스가 있다.[25]

경찰사회사업제도 내에서 경찰과 사회복지사간의 관계특징은 협동, 조화 그리고 상호신뢰와 보조로 규정지을 수 있으며, 이 제도가 성공한 이유는 부분

---

24) 위기개입 : 사회복지사들은 24시간 근무를 하게 되면서 경찰이나 클라이언트들에게 반응하는 방식을 바꾸게 되었다. 서비스를 제공하는데 있어서 초기개입을 강조하였기 때문에 위기상황에 개입하여 서비스를 제공한다면 더 효과적일 것이라고 생각하였다. 사회복지사의 개입이 이루어지는 대부분의 경우는 경찰이 의뢰하여 이루어진 경우들이다. 사회복지사의 참여를 결정하는 요인들은 범죄의 성격, 사회복지서비스에 대한 경찰의 견해와 경험, 클라이언트의 태도와 행동, 범행의 시간 등이다. 경찰이 의뢰하여 서비스를 제공하고자 많은 관심을 보인 부분은 정신건강 측면과 관련된 부분들이었다.

25) SSP는 청소년, 미성년자 그리고 성인들에게 치료적 서비스를 제공하였다. 전문가들의 지도감독 아래 여러 자원봉사자들이 클라이언트들에게 특정한 서비스를 제공하기도 했으며, 의뢰된 사람들에게는 가능한 신속한 서비스를 제공하였다. 경찰사회사업이 제공하는 치료서비스는 다음과 같다. 지지적 서비스, 교육적 서비스, 심리적응 서비스, 부부상담과 환경을 이용하는 기술교육 등이다. 이러한 서비스는 사회복지사의 결정에 따라 제공되며, 이 중에서 개인과 가족치료에 관심이 가장 높았던 것으로 나타났다. 교정사회복지와는 달리 경찰사회사업은 법집행이전에 관계하며 클라이언트의 욕구에 의존한다. 클라이언트와 사회복지사는 상호 성취목적을 함께 달성하며, 클라이언트 자신, 그의 행동, 그가 원하는 변화의 여부는 모두 클라이언트에게 달려 있다. 그리하여 클라이언트는 자신이 가치 있는 존재임을 느낌으로 인해 자신을 교정하는데 있어서 자신감을 느낄 수 있게 된다.

적으로 다음 사항들에 기인한다고 본다. 첫째, 경찰의 자질과 사회복지사의 자질을 꼽을 수 있다. 특히 사회복지사는 경찰 측과 협동하여 수행하는 과정을 선택, 경찰 측의 초기 강한 부정적인 반응을 다루어 나가는 기술이 필요하다. 둘째, 클라이언트중심의 목표를 달성하기 위하여 개별 사회복지사와 경찰간 훌륭한 협동작업이 이루어졌고, 경찰사회복지 과정에서나 성과를 얻어내는데 있어서 경찰 부서 내에서는 어떠한 갈등도 없었다. 셋째, 여성사회복지사들과 협동에 있어 불평이나 문제들도 없었고, 더욱이 경찰 측에는 사회봉사제도에 선택이 되면서 자부심을 가지게 됐다. 넷째, 사회복지사들에게 경찰직업에 대하여 가르치고 보호를 하려고까지 하는 등 전문적인 자부심을 가지고 목표를 훌륭히 달성했고 경찰과 합동작업을 수행하기 위해 개방적이고 긍정적인 자세를 가졌다.

경찰과 사회복지사의 교류는 경찰 부서간 협동에서 법 집행기관들은 여러 기관과도 서로 협동하게 된다. 이런 기관들이 협동관계를 맺는 이유는 관할권, 법적 관심, 권력, 효율성, 전문성 및 보호 등을 들 수 있다. 이는 특히 대도시 주변지역에서 빈번히 있는 일이며 매우 중요한 일이기도 하다.

성과를 살펴보면, 시카고 근처에서의 경찰사회사업 계획은 3년 동안 지속되었으며 약 1,000명의 클라이언트에게 서비스를 제공하였다. 경찰·사회복지사 그리고 지역사회 기관과의 가시적인 관계들로 이 작업의 가능성과 유용성은 증명되었고, 경찰은 이 프로그램의 활용에서 경찰사회사업이 유용함을 알 수 있었다.

마. 아이다호주 위기중재 사례[26)]

1) 보이시 경찰 위기중재팀(Crisis Intervention Team)

2007년 보이시 경찰서 경찰관 '데이비드 카바너프(David Cavanaugh)'에 의해 추진되었으며, 사회문제의 하나인 정신질환과 관련된 사건들을 원활하게 처리하기 위해 만들어 졌다. '위기중재팀' 발대 이후, 아이다호주 경찰관들은 의무적으로 '정신질환 중재를 위한 기본 교육'을 받게 되며, 위기중재팀이 있

26) http://boisestatepublicradio.org/post/crisis-idaho-police-social-workers-front-lines-mental-health

는 보이시 경찰은 40시간의 '정신 질환자 대응' 추가교육을 이수해야 한다. 이에 아이다호주는 2.5억 달러(한화 약 2500억 원)에 달하는 예산 중 약 8.8%(한화 약 220억 원)를 정신건강 프로그램(위기중재팀 운영 및 관리 포함)에 배분하고 있다.

'위기중재팀'의 목표는 정신질환자가 우발적으로 저지를 수 있는 범죄를 예방하여 그들이 유치장에서 시간을 보내지 않게 하는 것이며, 장기적으로 정신질환을 가지고 있는 사람들을 전문과와 연결시켜 주어 복지경찰역할은 물론 관내의 공공치안을 확립하는 것이다.

2) 아이다호주 보건복지부 산하 이동위기대응팀

보건복지부 산하의 '이동위기대응팀(Mobile Crisis Team)'은 2012년도부터 사회사업가, 정신질환 전문가 그리고 아이다호州 경찰 2명이 팀으로 활동하고 있다.

아동위기대응팀은 주 전체에서 활동을 하며, 사법당국과 경찰로 하여금 정신질환을 치료받을 수 있는 기관과 연계해주는 역할을 하는데 만약 정신질환자가 '이동위기대응팀'의 정신질환 평가 기준에 도달할 경우, 지역 경찰서와 지역 정신 질환 전문가와 연계하여 지속적인 치료와 관리를 받을 수 있게 도와준다.

바. 데이톤市 경찰, 사회사업가 연계 노숙자 정신질환치료 사례[27)]

데이톤 경찰(Dayton Police, 서장 Richard Biehl)에서는 경찰관들이 사회사업가와 연계하여 데이톤시 추산 1,000명가량의 노숙자들에게 필수적으로 받아야 할 정신 건강 서비스를 받을 수 있도록 하게하고 있다.

노숙 종결 연합회(National Alliance to End Homelessness)에 따르면, 약 40%의 노숙 인구는 정신질환을 겪고 있는 것으로 밝혀졌는데, 그들 중에는 해고당한 건 아니지만 도움을 받을 수 있는 재정적 형편이 없어서 타인이나 그들 자신에게 위협을 가한 정신적 질환 때문에 강제로 병원에 입원한 뒤 빈틈

27) http://www.daytondailynews.com/news/news/crime-law/new-police-program-aims-to-tackle mental-illness/nf8sG/

을 틈 타 빠져나오는 사람들이 있다고 한다.

데이톤 시민들을 대상으로 진행된 한 조사에 따르면, 최근 가장 우려하는 문제 중에 하나가 '노숙자들의 수'라고 밝혀졌다. 경찰은 노숙자들이 범죄를 저지르는 것은 아니지만 그들의 존재 자체가 경찰 신고의 큰 비중을 차지하고 있다고 밝혔다. 이 문제를 다루기 위해서 중앙 부처는 '아담스 프로젝트(Adam's Project)', '굿윌 이스터 실즈(Goodwill Easter Seals)' 그리고 '다운타운 데이톤 파트너십(Downtown Dayton Partnership)'과 제휴를 맺어 위협을 가하는 노숙자는 아니지만 정신치료에 도움을 받을 수 있는 사람을 선정하기로 했다.

이 프로그램의 목적은 이러한 사람들이 치료를 받고 약물 치료도 받으며, 가능할 경우에는 주거문제, 고용 문제까지 해결할 수 있는 방안을 강구한다. "범죄와 정신질환의 관련성"이 실제로 그 자신들에게 더 큰 위협을 가할 수 있음은 배제할 수 없다. 오히려 이 프로그램이야 말로 오래 전부터 노숙자 그들에게 필요로 했던 것일 수 있으며, 이는 범죄의 문제가 아니라 모두의 삶의 질에 관련한 문제가 아닐까?

Goodwill Easter Seals의 봉사활동 관리자 Raymond Hood에 따르면, 2014년 4월부터 경찰관으로부터 19명의 노숙자들이 프로그램에 참여하기를 추천한 가운데 경찰관들이 그들에게 지속적인 관심을 주면서 새로운 삶의 도전이 될 수 있다는 확신을 심어주어 2명이 치료를 받게 되었다고 한다.

치료 중인 노숙자들은 처음엔 경찰관들과 정보를 공유할 경우에 체포되거나 정신병자로 취급하여 강제로 병원에 입원을 당하거나 할 수 있다고 의심하기도 했다.

기관과 경찰은 치료를 위해 데이톤시 '원 엘리자베스(One Elizabeth)'의 보호시설에서 정신건강 치료와 동료소개, 상담을 진행하며 더 나은 삶을 개척할 수 있도록 복지경찰적 차원에서 지원하고 있다.

사. 샌디에이고 경찰 HOT팀을 통한 노숙자 지원 사례[28)]

샌디에이고 HOT(Homeless Outreach Team)은 "인정과 배려가 가득한 법의 집행(compassionate enforcement)"라는 목적으로 출범한 노숙자 지원 전담팀으로 샌디에이고 경찰, 시(市) 보건사회복지부 전문가, 응급정신질환 대응팀(PERT)의 전문 심리치료사와 비영리 단체 등으로 구성되어 있다.

운영은 211 긴급번호로 지정하여 노숙자들은 이 전화를 통해 사회서비스, 문제 해결 방법 등을 지원 받게 된다.

이에 샌디에이고 경찰과 샌디에이고시(市)에서는 H.O.T팀을 통해 현지 노숙자들의 직면하고 있는 문제 파악 및 문제 해결의 가능성 등을 면밀히 조사하여 '주거 특별 지원 프로그램(special needs housing program)'[29)]과 '겨울철 주거지 지원 프로그램(winter shelter program)'[30)]을 운영한다.

노숙 자체는 범죄가 되지 않지만, 노숙 행위로 인해 일어나는 많은 불법 행위(무단 침입, 구걸, 배회, 노상방뇨, 무단 투기, 공공장소 길 막음, 불필요한 소음 유발) 등을 근절하는 데 큰 효과를 보고 있다고 한다.

이는 지역상인, 지역 방문 관광객, 거주자들에게 실질적인 치안효과를 제공하고 있으며, 샌디에이고 경찰에 따르면 성과로서 2013년부터 노숙인들로 인

28) 2014년 7월 18일 샌디에이고뉴스닷컴 기사(www.sdnews.com).
29) 주거 특별 지원 프로그램(special needs housing program)
- HOT팀을 통해 선발된 치료가 필요한 정신 질환자 및 신체에 장애를 가지고 있어 노숙인 혼자의 힘으로 생활하거나 자립하기가 불가능한 사람들을 대상으로 시행되는 프로그램이다.
- HOT팀이 1차적으로 선정을 한 뒤, 샌디에이고시(市)의 최종적인 허가를 받은 노숙인들만 입실이 가능하다.
- 주거지에는 정신 치료사, 상주 간호인 등 약 100명의 지원팀이 노숙인들을 관리하며 이 프로그램의 주목적은 훗날에 일어날 수 있는 범죄를 예방하고 그들을 치료하는 데 있다.

30) '겨울철 주거지 지원 프로그램(winter shelter program)'
- 2009년부터 현재까지 샌디에이고시 두 곳에서 운영 중(2801 스포츠 아레나로(路), 450 16th로(路))이다.
- 보호소 운영은 샌디에이고시 기금과 개인 기금을 통해 운영이 되고 있으며, 200명의 노숙자들을 지원할 수 있고 개인 건강 상태 진단 및 식사 제공. 하지만 개인 당 기간은 120일로 한정되어 있다.
- 거주 기간 동안 거주자들은 직업 교육, 재활 지원 서비스 등을 받아야 한다.

해 발생하는 범죄와 주민간의 갈등이 급격하게 줄어들고 있다며 성과를 살펴보면, 시카고 근처에서의 경찰사회사업 계획은 3년 동안 지속되었으며 약 1,000명의 클라이언트에게 서비스를 제공하였다. 경찰・사회복지사・지역사회와 연계 노숙자 지원이 복지경찰의 필요성도 엿볼 수 있다 할 것이다.

Ⅱ. 영국

1. 영국 런던 수도경찰청 특징[31)]과 경찰활동

영국 경찰제도의 핵심은 광역단위의 "지역자치경찰(Local Police)"이라고 할 수 있으며, 잉글랜드와 웨일즈 지역에 43개의 지역경찰(Constabulary)이 존재한다. 1964년 경찰법에 의하여 설정된 지역경찰위원회(Police Authority)・지역경찰청장(Chief Constable)・내무부장관(Home Secretary)의 삼원체제(Tripartite System)는 "2011년 경찰개혁 및 사회책임법(Police Reform and Social Responsibility 2011)"에 의하여, 이른바 사원체제(Quadripartite System)로 변모하게 된다. 사원체제에서는 기존의 지역 경찰위원회제도는 폐지되고 지역주민이 직접 선출한 "지역치안위원장(Police and Crime Commissioner)"[32)]이 지역치안문제를 전담하게 되었다.[33)] 지역치안위원장에

31) 하상군・김종길・조성택, 앞의 책, 87-93쪽.

32) 런던의 경우 선출직인 런던시장이 이미 존재하는 관계로, 지역치안위원장이 존재하지 않는다. 다만 수도경찰청장은 다른 지역경찰과 달리 내무부장관의 추천 하에 여왕이 임명하고 있으며, 청장 임명 및 해임권을 제외한 지역치안위원장의 업무는 "런던시장 치안정책실(Mayor's Office of Policing and Crime)"에서 담당하고 있다. 동 치안정책실 책임자는 "치안담당 부시장(Deputy Mayor for Policing and Crime)"이다. 즉 치안담당 부시장이 런던시장의 위임을 받아 치안정책과 관련한 모든 전략적 책임과 권한을 행사하고 있다(http://www.metpolicecareers.co.uk/assistantcommissioner/media/met-police-asst-commissioner.pdf 참조).

33) 김학경・이성기, 영국지방자치경찰의 새로운 패러다임: "2011 경찰개혁 및 사회책임법"과 "국립범죄청"을 중심으로, 경찰학연구, 제12권 제1호, 2012, 147-174쪽 참조.

의해서 선임된 "지역경찰청장(Chief Constable)"은 경찰운용에 대한 지휘 및 통제권, 인사권 등 업무의 독립성을 보장받는다. "지역치안평의회(Police and Crime Panel)"가 견제와 균형의 원리에 입각하여, 지역치안위원장의 업무에 대한 감시·감독기능을 수행하고 있다.

하지만 이러한 지역중심의 경찰활동은 급변하는 사회 및 범죄환경에 유연하게 대처하지 못한다는 점과 특히 여러 지역에 걸쳐 활동하는 조직범죄단 및 국제적인 범죄단체 등에 대해서 효율적인 대응이 불가능하다는 문제점도 드러나면서 마약·불법이민·인신매매·아동학대·사이버범죄 등에 대한 국가적 차원의 대응을 통합하기 위하여, 기존의 국가경찰조직이라 할 수 있는 "중대조직범죄청(SOCA: Serious Organised Crime Agency)"을 확대·개편하여, 보다 더 큰 권한과 조직(국가경찰조직이라고 할 수 있는)을 가진 "국립범죄청(National Crime Agency)"이 2013년 신설되게 이른다. 영국경찰제도의 근간은 지역경찰이라는 점을 감안하여 잉글랜드·웨일즈 지역의 대표 지역경찰이라고 할 수 있는 런던의 "수도경찰청(Metropolitan Police Service)"[34)]의 위주로 조직을 살펴보기로 한다.

영국경찰은 근대화 및 현대화의 과정을 겪으며 그 조직의 형태와 운영이 끊임없이 변화되어 왔다. 그 변화들을 크게 두 방향으로 가닥을 잡아 보면, 한편으로는 기술과 통신의 발달과 범죄의 광역화·전문화에 부응키 위해 필요한 중앙통제 장치들의 확산이고 다른 한편으로는 주민이 필요로 하는 치안서비스를 제때 제대로 제공하고 경찰활동에 대한 지역주민의 참여를 보장하고자 하는 분권화의 증대이다. 사뭇 상호 대치적으로 보이는 이 두 가지 변화 방향은 형태적으로는 철저한 지방자치 경찰을 구축하고 잘 드러나지 않는 실질적 중앙통제 장치를 확보하는 동시에 주민에게 가까이 다가가는 다양한 시책과 기법의 효율적 실시를 통해 민주성과 효율성이라는 두 마리 토끼를 동시에 잡아

34) 영국 최초의 근대경찰조직인 수도경찰청은 1829년 당시 내무부장관이었던 로버트 필경(Sir. Robert Peel)에 의하여 탄생되게 된다. 이러한 수도경찰청의 시스템이 미국까지 영향을 미쳐, 미국 전역에 수도경찰청을 근간으로 하고 있는 미국 근대경찰조직이 탄생되게 된다(신현기 외, 비교경찰제도론, 서울: 법문사, 2012, 263-264쪽).

나가고자 하는 영국정부와 경찰 지휘부의 복잡하고도 지극히 치밀한 전략과 전술을 이해한 후에야 상호보완적임을 이해할 수 있다. 지난 1997~1998간 표면화된 영국경찰의 중요한 2가지 변화는 유일한 국가경찰이었던 '런던수도경찰청(the Metropolitan Police)의 지방자치화'와 2개의 FBI식 국가수사기구의 창설이다.[35)]

가. 경찰활동 계획과 치안목표의 실행

런던수도경찰청의 한 해 치안 목표와 중점 추진 사항들을 나타내는 연간 경찰활동계획(The Annual Policing Plan)은 "런던경찰청장과 경찰자문위원회간에 합의된 연간 런던 치안목표를 구체화하고", "시민들에게 어떤 치안 서비스를 어떻게 받을 수 있을 것이라고 기대할 수 있는지를 알리고", "런던경찰청장, 경찰자문위원회, 내무부 경찰감사관이 업무수행을 평가하는 지침을 마련한다"는 세 가지 주목적을 가지고 있으며, 런던수도경찰청 치안목표는 내무장관이 설정한 전국 경찰의 중요 치안목표, 런던수도경찰청의 5개년 발전계획(the MPS's five year Corporate Strategy) 추진에 필요한 사항, 지역 주민·단체들과의 광범위한 의견수렴 및 자문 결과의 3가지 요소를 포괄하여 작성된다.

위와 같은 과정과 절차를 거쳐 설정된 경찰활동계획과 치안목표는 수도경찰청 산하 전 기능의 업무수행에 대한 지침이 되어 실행되는데, 특히 그 실행에 있어 가장 중요한 단위인 '지역별경찰집행단위(local Operational Command Unit)'에 걸맞는 '지역경찰활동계획(local Operational Command Unit plans)'으로 재구성되어 실제 현장에서 실행된다. 수도경찰청은 '경찰활동 계획'에 따라 예산·인력·장비 등 자원을 분배하여 한정된 예산을 집행함에 있어 긴요한 '우선순위'를 정하게 된다. 즉, 제한된 예산으로 '경제성'·'능률성'·'효과성'을 확보해야 하는 런던수도경찰청으로서는 그 평가의 기준이 되는 '경찰활동계획'과 '치안목표'를 실행하고 달성해야 하기 때문에 가장 기초단위에서 실제 행해지는 경찰활동이 동 계획과 목표에 부합하도록 과학적인 관리체제에

35) The London Metropolitan Police, Annual Report 2003-2004, London : HMSO, 2004, p. 98.; http://www.policereform.gov.uk/docs/HMIC_ann_rep_04.pdf.

의한 구조적이고 유기적인 경찰운용을 하지 않으면 안 된다는 것이다. 민주적인 주민참여와 합리적인 의사결정 과정을 거쳐 '경찰활동계획'과 '치안목표'가 설정되고, 과학적·구조적·유기적 관리와 경영에 의해 동 '계획'과 '목표'가 구체화되고 제대로 실행되는 런던수도경찰청의 선진적 제도와 그 운용 기법은 우리에게 시사하는 바가 크다 할 것이다.

나. 지역주민 경찰 자문단

지역주민 경찰 자문단(Police and Community Consultative Groups)은 주민의 '동의와 신뢰를 바탕으로 하는 치안(policing by consent)'구현을 위해 "앵글로색슨시대 자치치안의 전통으로 돌아가자"는 모토 하에 출발했던 영국의 근대경찰조직으로서 1829년의 신경찰법에서 나타난 신경찰 복무지침은 현재의 영국경찰의 모든 업무처리의 준거로서 영·미법계의 종주국으로서 철저한 자치경찰을 원칙으로 하는 복지경찰의 직무를 수행하고 있다.[36] 1950년대에 이르러 국민들의 전폭적인 지지와 신뢰를 받는 "황금기(Golden Age)"를 누렸으나 1960년대 이후 각종 부정부패와 가혹행위, 증거조작 등의 스캔들에 휘말리면서 경찰에 대한 민주적 통제의 필요성이 강하게 대두되었다. 이에 1960년 왕립조사위원회(Royal Commission)가 발족, 그 권고안에 따라 43개로 통폐합된 독립지방경찰청의지방경찰위원회 – 내무장관 – 지방경찰청장 3자간의 권한과 책임분점에 의한 견제와 균형을 골자로 하는 1964경찰법이 제정되어 영국경찰은 대대적 조직개편을 하게 되었으나, 이후 1980년대 초반의 대규모 인종폭동 등 경찰과 주민간의 관계가 악화일로로 치닫자 스칼만(Scarman)경을 단장으로 하는 왕립조사위원회를 발족하였으며, 당시 영국서 남부 데본 & 콘월(Devon & Cornwall) 지역의 경찰청장이던 존 알더슨(John Alderson)의 강력한 권고로 지역주민의 적극적인 참여에 바탕을 둔 "공동체 치안(Community Policing)"

36) 영국연감(Year Book of General Information for 1830, London), pp.132-138 및 Harold Becker, op. cit., pp. 177-188; 정진환, 앞의 책, 88-92쪽(재인용). 여기서 소개하는 새 경찰의 복무지침은 근대경찰 창설당시에 만들어진 옛것이긴 하지만, 현대에 있어서도 영국경찰의 모든 업무처리의 준거가 되고 있는 중요한 문헌이다. 연구자는 앞의 저서에서 재인용된 자료를 바탕으로 요약과 재구성으로 작성.

개념을 신설하는 "1984 경찰과 범죄증거법(Police And Criminal Evidence Act 1984)"에 삽입, 법제화하게 되었다.

각 지방경찰위원회에서 지방경찰청장과의 협의 하에(런던 수도경찰청의 경우 내무장관의 지침에 의거 수도경찰청장이 각 버로우[37] 및 디스트릭[38]의회의 의견을 들어)각 경찰서 단위(런던 수도경찰청의 경우에는 총 41개의 각 버로우 및 런던외곽 디스트릭)별로 지역경찰활동에 대한 주민의사를 수렴하고 지역범죄예방활동에 대한 주민의 협조를 확보하기 위한 지역주민경찰 자문단(Police and Community Consultative Groups)을 설치, 운영토록 법으로 정하였는데, 이 경찰자문단은 각 지역주민대표, 지역의회의원, 지역방범위원회(Crime Prevention Panel)[39]위원, 주민 유치장방문단(Lay Visitor Schemes),[40] 교사, 종교인, 청년회 및 노인회 대표들로 이루어진다.

그 외, 민간 인력을 활용한 치안활동의 다변화로 정규경찰관 이외에 민간 인력을 활용한 특별경찰 활용, 지역사회 지원 보조경찰관(PCSO : Police Community Sup- port Officers) 등의 제도를 통해 치안활동에의 민간참여를

---

37) 런던 버로우(London Borough) : 런던은 총 32개의 런던 버로우(London Borough)와 런던시티(City of London)로 나뉘며 런던광역시 정부는 1985년 지방정부법(Local Government Act)에 의해 폐지됨. 런던 총인구는 약 7백만 명, 버로우(Borough)의 인구는 최소 13만 8천명(Kingston upon Thames), 최대 31만 9천 명(Croydon), 평균 인구는 21만 5천 명이며 평균면적은 50㎢. 런던시티는 상주인구 4,100명, 면적 26㎢(런던시티에는 별도의 런던시티경찰청〈City of London Police〉이 있음).

38) 런던수도경찰청이 관할하는 런던 버로우 이외의 디스트릭(district) : 런던 수도경찰청은 행정구역상 런던이 아닌 런던의 주변지역도 관할하는데, 행정구역상으로는 에섹스(Essex), 써레이(Surrey) 및 허트포드셔(Hertfordshire) 카운티(county)에 속하는 9개의 디스트(district)를 말한다.

39) 지역방범위원회(Crime Prevention Panel) : 지역사회의 자발적인 조직으로 지역방범대책의 개발과 이에 필요한 모금 등 재정확충이 주목적으로 현재 런던수도경찰청 관내에 총 46개의 지역방범위원회가 구성되어 모두 자원봉사자에 의해 활동을 한다.

40) 주민 유치장 방문단(Lay Visitor Schemes) : 교사, 변호사, 학자 등 지역주민의 대표로 구성되어 사전통보 없이 언제든지 관할 경찰서 유치장을 방문·점검하는 모임으로 경찰서에서는 특별한 사유가 없는 한, 반드시 이들의 방문을 허용하여야 하고 경찰서 방문 후 그 결과를 '지역주민 경찰자문단'에 보고하도록 되어 있다. 더 자세한 설명은 런던수도경찰청자문위원회 연례보고서(Metropolitan Police Committee Annual Report 1996/97)[http://www.mpc.home office.gov.uk/mpcar.htm 참조.

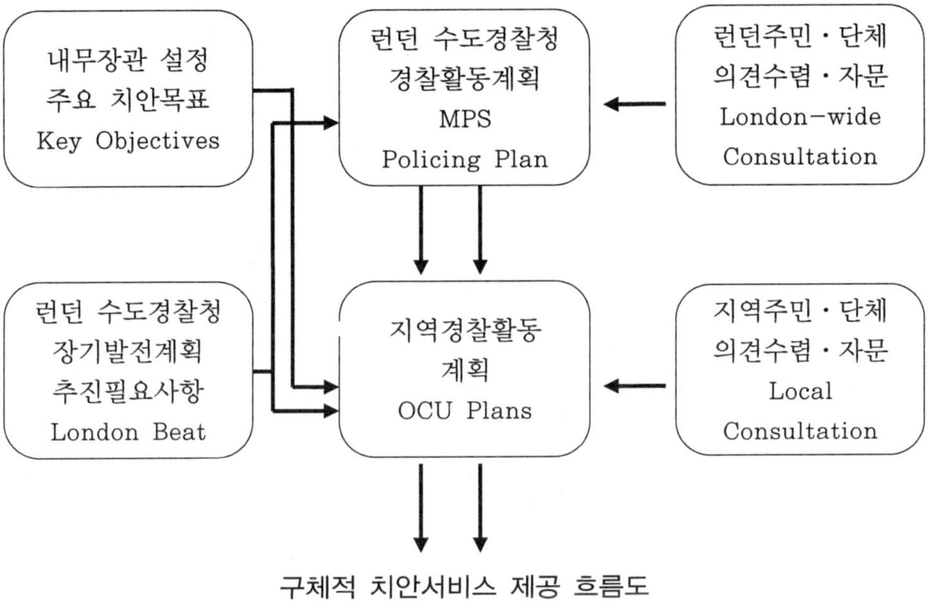

[그림 3-2] 런던수도경찰청 '경찰활동계획' 설정 및 시행 과정 체계도[41)]

활성화시키고 있다. 최근 경찰개혁은 치안문제가 경찰만의 문제가 아닌 지방자치단체와 지역주민의 공통문제로 인식하고 접근에 주력하고 있다.

2. 영국경찰의 복지업무사례

가. 가정폭력에 대한 "문제중심 경찰활동"

신경찰 복무지침을 중심으로 영국의 경찰은 시민에 대한 봉사를 전념으로 생활 깊숙이 파고들면서 서서히 복지경찰로서의 패러다임으로 전환, 현대 선진 경찰의 규범이 되어가고 있다. 전통적으로 영국은 가정폭력 사건이 매우

41) 김원홍, 앞의 논문, 56쪽.

빈번하게 발생하는 국가로 분류된다. 한 조사에 따르면 영국 내 폭력사건의 1/4이 가정폭력사건이며, 영국 여성의 1/4 정도가 가정폭력을 경험하였다는 충격적인 발표가 있었다.[42] 영국정부는 1995년부터 이를 해결하기 위하여 "폭력 없는 가정(Living without Fear)" 운동을 개시하였다. 여기에는 형사사법체계 및 법원, 왕립기소청, 경찰, 기소국, 지방정부의 관련부서 등이 중심적으로 연결되어 종합적인 대책을 마련하고 있다. 이 외에도 필요에 의하여 내무성, 여성청, 교육 및 고용부, 환경・교통・지역부, 보건부, 사회안전부, 문화매체 및 스포츠부, 웨일즈 의회 등이 협력하고 있다. 영국의 가정폭력은 거대한 국가적 범죄감소프로그램(Crime Reduction Programme)에 편입되었다. 현재 가정폭력사건에 개입하기 위한 개입전략은 다음과 같은 내용으로 구성되어 있다. ① 민사적 및 형사적 구제절차를 보다 효과적으로 실행하는 방법, ② 예방 및 보호장치 수단으로서 알람장비 또는 이동전화 등의 설비제공, ③ 철저한 위험평가모형(Risk Asses- sment Model) 개발과 적절한 대응을 위한 목표개발, ④ 보건현장 특히 보험회사의 초기 확인과 개입, ⑤ 시골지역 빈민층에 대한 원조제공, ⑥ 흑인 또는 소수인종 출신여성에 대한 특별개입, ⑦ 학교에서의 교육프로그램 개발, ⑧ 보고된 강간과 가정폭력 사건 감소 노력, ⑨ 심리검사의 가능성 확대이다.

2000년부터 시작한 "여성폭력대응계획(Violence Against Women Initiative) 프로젝트"는 주로 성폭력과 가정폭력에서 희생되는 여성들을 보호하기 위한 프로젝트 개발 지원 기금으로서 1,070만 파운드(한화 약 214억 원)을 투여하여 위의 사업을 지원하고 있다.

1) 규제법률

영국에서 가정폭력을 규율하는 법률은 형사 관련 법률로서 '괴롭힘 방지법(The Protection from Harassment Act of 1997)', '형사법(Criminal Justice

42) Tjaden, Patricia & Thoennes, Nancy, National Institute of Justice and the Centers of Disease Control and Prevention, "Extent, Nature and Consequences of Intimate Partner Violence: Findings from the National Violence Against Women Survey," 2000, p. 26.

Act of 1998)'을 들 수 있다. 그러나 현실적으로 영국의 피해 여성들은 가해자의 보복이 두려워서 실제로 사건발생을 고소하지 않거나 경찰의 개입을 희망하지 않는 경우가 많았다. 이를 극복하기 위하여 고안된 제도가 '최초 응답(First Contact)'이라는 제도이다.[43] 이 제도는 노스웨일즈 지방에서 처음 도입된 것으로서 가정폭력에 초기 대응을 통해 가해자에게 법집행의 메시지를 전달하고 피해자를 우선적으로 보호하는 프로그램이다. 미국과 마찬가지로 영국의 형사법 제23조 (3)(b)는 고소나 증언이 없이도 가해자를 기소하여 형사소송을 진행할 수 있도록 하고 있으나, 실제로는 경찰이 피해자의 증언이 없다는 이유로 기소를 하지 않는 사례가 빈번하게 발생하였다.

이는 여성 피해자들이 대부분 남성 피해자들과 비교하여 범죄에 대한 두려움이 심리적으로 강하고, 그 때문에 형사법적인 조치를 반대하기 때문으로 분석되었다. 영국은 1998년 이후 형법을 개정하여 증인이 두려워하거나 증언을 방해받을 여지가 있는 경우 '서면진술(written statement)'을 할 수 있도록 규정하고 있다. 또한 경찰수사에서 가정폭력의 경우 효율적인 증거 수집을 개발하고 있다. 여기에 동원된 기법 중의 하나가 가정폭력사건의 접수 시 즉석카메라를 이용하여 피해상황을 보존하는 것이 핵심적인 기술로 인정되고 있다.

민사법적인 조치로는 ① 가족법(Family Law Act)에 의해 명령되는 '괴롭힘 금지명령(non-molestation injunction)', ② 가해자를 퇴거시킬 수 있는 '점유명령(occup- ation order)'가 있다. 영국의 '가족법'은 1996년 개정되면서 이전의 '가정폭력과 혼인절차법(Domestic Violence and Matrimonial Proceedings Act of 1976)'에서 부분적으로 담당하던 가정폭력 규제를 통일시켰으며, 이전의 법률에서 미약하게 규정하던 퇴거명령이나 법원의 가해자 체포명령을 실질적으로 행사할 수 있는 계기를 마련하였다. 이전의 법률은 특히 체포명령을 내릴 수 없다는 단점이 지적되었다. 왜냐하면 법원의 입장이 "가정

43) Tjaden, Patricia & Thoennes, Nancy, "Extent, Nature and Consequences of Intimate Partner Violence: Findings from the National Violence Against Women Survey", National Institute of Justice and the centers of Disease Control and Prevention, 2000, p. 28.

의 일에는 국가가 개입하지 않는다"라는 전통적이 인식에 속해 있었기 때문이다. 현재는 가족법의 개정으로 경찰과 법원이 가정폭력을 일반 범죄로 인식하고 피해자에 대한 보호조치가 실제화되고 있다.[44)]

2) 실제 적용 사례

가) 여성 피해자 보호 프로그램

1990년 영국 내무성은 가정폭력 대응정책으로 체포우선 제도를 지시한 바 있다. 그리고 1995년부터는 여성의 약한 지위를 악용하는 가정폭력 사건을 줄이기 위하여 개별 협력기관들과 자치지역의 가정폭력포럼을 활성화하여 개입 프로젝트를 개발하고 있다. 다음은 일부 지역에서 실시되고 있는 가정폭력 위기개입의 대표적인 사례들이다.[45)]

(1) Merseyside州의 가정폭력 억제 프로젝트

이 프로젝트는 범죄예방 담당공무원이 가정폭력 피해여성을 최우선적으로 신속하게 보호할 수 있게 배려한 프로젝트이다. 특이한 점은 피해여성들 또는 피해 가능여성들에게 경보장치를 배포하여 상황 발생 시 경찰의 출동을 용이하게 만든 것이다. 또한 경찰은 가정폭력 사건에 대해서 데이터베이스를 활용하여 경찰의 금지명령 전달을 수월하게 하였으며, 가정폭력 피해자 지원을 용이하게 만들었다. 실제로 경보장치는 여성 뿐 아니라 아동들에게도 신체적·정신적 안정을 도와주었다. 그 외에도 피해여성들을 위한 주택개조 사업을 추진하여 특별한 잠금장치나 별실 마련 등을 도와주는 프로젝트도 함께 병행하고 있다.

(2) London의 가정폭력 위기개입

가정폭력 위기개입 프로젝트(DVM : Domestic Violence Matters)는 가정폭력에 대한 캐나다의 제도를 도입한 것이다. DVM 프로젝트는 경찰서에 보고된 모든 가정폭력 사건 피해자에게 24시간 내에 민간봉사자들을 연결시켜 위기개입을 하는 것을 목표로 하고 있다. 위기개입은 하루 중 16시간을 하며, 매주 7

44) Susan Edwards, Civil Law Remedies, Crime Reduction Research Series, 2000. p. 44.
45) 김은경, 가정폭력범죄 대응동향과 정책제언, 한국형사정책연구원, 2003, 125쪽.

일간, 1년 52주 동안 이용가능하다. 이 내용은 24시간 경찰과 연결되도록 하고 있으며, 다른 기관과 긴밀한 협조체계를 구축한다. 이 프로젝트는 경찰의 도움 이외에 다른 민간인 조정인 제도를 이용한다는 특징을 가지고 있었지만, 민간 조정인의 역할이 무엇인가에 대한 지속적인 논란 끝에 최근에는 이용되지 않고 있다.

(3) 가정폭력 중재 프로젝트

가정폭력 중재 프로젝트(DVIP : The Domestic Violence Intervention Project)는 폭력 남성에 대한 적극적인 대응 프로그램(VPP)과 피해 여성에 대한 변호 프로그램(WSS)을 혼합한 형태이다. 특징은 자원봉사자들을 동원하여 가정폭력 사건에 직접 개입하게 만들어 가해자와 피해자를 동시에 면담하고, 각자의 조언하는 역할을 동원하여 가해 남성에게는 더 이상 피해자에게 위협을 가하거나 가정폭력 자체를 왜곡시킬 기회를 박탈하고, 피해 여성에게는 심리적 조언과 지지를 해주어 안정감을 되찾게 만들어 준다. 근무 시간 외에 자신을 도와주는 후원인들에 대해 피해 여성들의 심리적 지지도가 매우 높은 것으로 나타난다. 이들을 통한 가정폭력 사건의 해결은 피해 여성들에게 수치심이나 죄책감 등을 제거하는데 기여하는 것으로 평가된다.

나) 남성 가해자 개선·교화 프로그램

남성 가해자에 대한 프로그램(Perpetrator Programmes)으로 영국은 현재 30 여개의 관련 프로그램을 운영되고 있다.[46] National Practitioners Network에서는 이들 프로그램에 대한 인원, 기간, 자원봉사자들의 훈련 및 감독 등에 대한 가이드라인과 기준을 제공한다. 이 제도는 성 분석기법과 결합된 '인지-행동적 접근(cognitive- behavioral approach)'의 이론적 근거를 두고 있다. 이 프로그램의 인식적 기초는 ① 가해자가 남녀관계에서 남성이 여성을 지배할 수 있다는 잘못된 신념을 가지고 있다는 점을 전제하고 있다. 이 신념을 통제하지 못하면 남성은 자신의 권력을 잘못 행사함으로써 여성에 대

46) Audrey Mullender, Reducing Domestic Violence, what works?, Perpetrator Programmes, 2000, p. 39.

한 신체적 폭력으로 옮겨가게 된다고 한다. ② 인지-행동적 관점에서는 폭력행동은 스트레스나 역기능 관계, 약물남용, 질병 등에서 기인되는 것이 아니라 학습된 행동이며, 이는 교정가능하다고 파악한다. 그러므로 이 프로젝트는 남성 가해자들은 일시적인 폭력성향으로 가정폭력을 하는 것이 아니라 근본적인 학습을 통해 교정되어야 한다는 전제를 두고 접근한다.

(1) 프로그램의 구성

전통적으로 폭력성향은 가해자의 분노를 다스리거나 약물 등의 사용을 억제하면 회복된다는 방향에서 이 프로그램은 가해자를 피해자와 격리시켜서 자신의 책임에 대해서 성찰할 수 있는 기회를 주고, 과거 행동에 대해 진심으로 뉘우칠 수 있는지를 평가한다. 집단적인 모임을 참가하여 자신의 폭력행위가 동기화되는 요소들을 줄여나가고, 이를 위해 노력하는 자세를 평가하게 된다.

가해자 프로그램은 10주에 걸친 20시간 프로그램에서 48주에 걸친 120시간 프로그램까지 다양하게 구성되고 있다. National Practitioners Network에서는 최소 6개월에 걸친 50시간 이상의 프로그램을 권고하고 있다. 이 프로그램의 핵심사항은 폭력 남성이 이러한 개입으로 변화될 수 있는가라는 문제도 있으나 일반적으로 평가는 1년 기간으로 이루어진다.

(2) 프로그램의 평가

여러 가지 방법론적인 지적이 있었음에도 불구하고 영국에서 시도된 이 프로그램은 다음과 같은 효과성을 입증하고 있다.

CHANGE 프로그램과 Lothian 가정폭력 보호프로그램의 경우 이 프로그램에 참가한 67%의 남성이 수년 동안 폭력을 사용하지 않은 것으로 보고되었다. 다만 비교를 위하여 이 프로그램에 참가하지 않은 남성들은 25%만이 폭력을 행사하지 않았다. 폭력사용의 중지만을 기준으로 본다면 다른 프로그램보다는 가해자 프로그램이 효과적이라는 사실이 입증된다.

폭력예방프로그램(Violence Prevention Programmes)은 일정기간 참석자에게도 어느 정도의 효과를 나타내는 것으로 알려졌다. Cheshire Programme은 폭력 남성들이 자신들의 행동에 대한 책임을 긍정하면 상당부분 폭력상황을 변화시킨다고 보고하고 있다. 이를 통하여 가해자 프로그램은 ① 프로그램은 장기간 시도되어야 한다. ② 프로그램 내용이 폭력 남성으로 하여금 자신의 행동에 대해 비판할 수 있을 정도로 변화시켜야 한다. ③ 폭력 남성은 프로그램에 장기간 참석해야 한다. ④ 프로그램이 형사사법체계와 결합되어 있어야 한다. 라는 요인들이 결합되면 효과성이 증가된다는 보고가 이루어진다.[47)]

다) 평가

살펴본 대로 영국의 가정폭력에 대한 접근 방식은 성인지적 관점[48)]을 토대로 하고 있다. 그러므로 남성 가해자에 대한 교정과 개선은 물론 여성 피해자에 대한 심리적 안정과 보호에 주력하고 있다. 현재로는 미국과 같은 정도의 강력한 정책은 아니라고 생각하는데, 이는 영국사회의 문화적 토대와 관련된다. 영국사회가 다른 나라와 비교하여 가정폭력이 빈번하다는 사실은 가정폭력을 적극적이고 강력하게 대처할 수 없는 또 다른 변수로 작용할 수 있기 때문이다.

영국의 예에서 확인할 수 있는 것은 가정폭력 가해자들의 태도를 변화시키기 위해서는 형사사법체계를 동원한 상징적인 권위가 중요시되며, 가정폭력은 범죄라는 관점이 충분히 인식되어야 한다는 사실이다. 또한 여성 피해자가 가정의 유지를 포기할 수 있을 정도로 객관적일 수 있는 지원과 도움이 절대적으로 필요하다는 사실이 확인될 수 있다. 아동에 대한 양육권이나 이웃에 대한 수치심과 같은 복잡한 이해관계가 성인지적 관점에서 충분히 고려되지 못한다면 가정폭력 피해 여성들이 가정폭력 방지 프로그램에 참여할 수 있는 여지가 그만큼 줄어들기 때문이다. 마지막으로는 가해자들에 대한 개선과 교화를 위한 프로그램은 매우 지속적이고 장기간에 걸친 것이라는 점이다. 이러한 면에서 영국은 가정폭력 발생의 경우, 가해자까지 태도의 변화를 목적으로 형

47) Metropolitan Police, A Domestic Violence Strategy, 영국런던시경홈페이지 (http://www.met. police.uk/enoughisenough).

48) 성인지적 관점((性認知的 觀點, gender perspective)이란 각종 제도나 정책에 포함된 특정 개념이 특정 性에게 유리하거나 불리하지 않은지, 성역할 고정관념이 개입되어 있는지 아닌지 등의 문제점을 검토하는 관점을 말한다.

사사법체계를 동원하고 있어 적극적인 복지경찰업무의 사례라 할 것이다.

나. 청소년 범죄예방사업

10세 이상 17세 미만 소년범들의 재범방지 및 선도방안의 일환으로 2001년 6월부터 「최종 경고제」(Final Warning Scheme)를 도입 실시중이며, 제도실시 이후 소년범 재범률이 22.5% 감소, 동 제도가 소년범 재범방지 및 선도에 크게 기여한 것으로 평가되고 있다. 이는 범죄 및 무질서 방지법에 따른 선도조건부 훈방제도의 하나이다.

소년 범죄예방사업의 요건을 보면, 경찰은 소년범체포 시 범법행위 유형 및 중대성, 사법처리 시 유죄판결 가능성, 범법행위 자인 여부, 범죄전력(전과기록 포함), 사법처리 시 공익성 부합 여부 등을 평가 후 결정된다. 평가는 정형화된「위험성 요인」평가기준에 따라 행해지며 평가점수에 따라 조치한다.[49]

절차를 살펴보면, 경찰은 24시간 내에 결정사항을「지역 청소년 범죄예방위원회」(YOT : Youth Offending Team)에 통보[50]하며, 결정사항에 대한 통보는 통보주체, 통보방법 및 내용, 통보객체에 따라 설명될 수 있다.

통보주체는 전문교육을 받은 정복경찰관이 경찰의 결정사항(질책, 최종경고 등)을 소년범, 부모 및 관계자에 직접 전달하며, 일부 지역에서는 YOT에 소속된 경찰관이 YOT 사무실로 소년범, 부모 및 관계자를 불러 결정사항을 전달하는 경우도 있다.

통보방법 및 내용을 살펴보면, 구두 및 보충서면 통보는 서면 자료에는「질

49) 평가점수 1점 : 최소조치(훈방 등), 2점 : 질책, 3점 : 최종경고, 4점 : 사법처리 중대범죄인 경우 초범자도「최종경고」조치 가능하며 재범인 경우 최종경고 일률적용, 단 미성년매춘범은「최종경고」적용을 배제한다.

50) 청소년 범죄예방위원회(YOT) : 경찰관할 구역단위로 조직, 위원은 경찰관·Social Workers 보호관찰관·청소년 보건 및 교육 관계자로 구성되며, 운영예산은 경찰·자치단체·지역사회안전위·보호관찰위·보건부처 및 청소년사법위원회(Youth Justice Board)에서 분담한다. 임무는 청소년범죄 예방활동으로 청소년 재범방지를 위한 경찰·법원 등과 협력(선도프로그램 공, 보호관찰 등)으로 YOT는 경찰결정에 대하여 정형화된 '최종경고 사항 목표(final warning asset)'에 의거 사정(assessment) 후 아래 내용의 결과를 15일내에 경찰에 통보한다. 경찰조치의 적정성(보석 조치 경우 사법처리 여부 결정), 재범위험 가능성 여부, 제공될 선도프로그램에 대한 당해 소년의 태도, 참여 가능성, 화의절차 참여 가능성 파악한다.

책」 및 「최종경고」의 내용과 효과 등에 대하여 설명하고 「질책」 결정통보에는 "심각한 범죄행위에 따른 것으로 재범 시 사법조치 또는 최종경고를 받게 되고, 질책 사실에 대한 기록은 경찰에서 관리하며, 추후 사법처리 시 재판에 활용됨"을 명기한다. 「최종경고」 결정통보에는 「질책」 시 내용 외 "2년내 재범 시 가중처벌, 당해 소년범은 YOT의 관리대상, YOT가 권고하는 재범방지 선도 프로그램 참여, 불참 시 추후 형사처벌 시 불이익" 등을 추가로 명기한다. 통보 객체는 소년범이 17세 이하의 경우 부모, 후견인 등이 전달현장에 입장하여 서면 통보자료의 사본이 이들에게 전달되고 관련서류에 서명한다.

프로그램 참여를 보면, 첫째, YOT는 「최종경고」를 받은 소년범에게 선도프로그램 참여를 권고한다. 선도프로그램의 기간은 최소 6시간, 최대 3개월을 넘지 않는 것이 일반적이며, YOT는 재범가능성이 높다고 판단되는 「최종경고」 대상자에게는 선도프로그램 참여를 권고하지 않을 수 있다. 한편 「질책」결정을 받은 초범자 경우도 재범가능성이 높다고 판단될 시 선도프로그램 참여 권고 가능하나 강제력이 없으며, 불참 경우 추후 형사처벌 시 준용 증거자료로 활용한다. 둘째, 화의절차(restorative processes)이다. 선도프로그램 권고에는 피해자에 대한 사과·보상 등이 사전에 이루어진 경우 화의절차가 병행 권고되고, 피해자의 서면 화의표시 또는 피해자와 가해자 가족간의 회합을 통해 이루어진다. 또한 YOT는 소년범의 주변 환경을 검토한 후 선도프로그램 외 '거소이전' 또는 '지도교사 지명' 등의 추가적 조치 가능하다.

프로그램의 유형을 보면, ① 카운셀링으로, 행동변화 유도를 위한 단기 상담, 충동조절, 알코올 및 마약남용 방지, 원활한 인간관계 유지, 피해자 이해, 인종차별 금지 등에 대한 상담이 있다. ② 교육·기술개발로, 학업성적 향상, 읽기·쓰기 능력개발, 사회생활, 직업교육 등이 해당된다. ③ 의료보호로써 알코올 및 마약중독 치료, 정신건강 치료 등으로 구분할 수 있다. ④ 가정교육은 수업에 부모와 동참 등 다양하게 구성되어 있다.

결과관리는 모니터링을 실시하는데, YOT는 선도프로그램에 소년범의 참여여부 기록관리, 프로그램 운영기관과 접촉, 소년범의 의식·행동변화 모니터링

실시 프로그램 종료 후 재범가능성 등에 대한 종합적 평가한다.

기타 청소년 사법위원회(Youth Justice Board)가 있는데, 이 조직은 내무부장관 보좌기구로 12명의 위원으로 구성되어 있으며, 내무부장관이 임명한다. 위원회의 임무는 ① 청소년범죄 관련 각종 정책 총괄 입안, 조정하고, ② 전국 단위 최종경고(Final Warning) 표준화 운용지침 결정하며, ③ 「Final Warning」제 실시 관련 YOT 관계자 및 경찰관 교육을 실시한다. ④ 청소년 선도 프로그램 개발하고, ⑤ 청소년범죄 문제 관련 연구 및 각종 홍보물 발간을 한다.

다. 이웃 지키기 범죄예방 · 퇴치 프로그램

이웃 지키기(neighbourhood watch) 범죄예방 · 퇴치 프로그램은 영국에서 활발하게 시행되고 있는 주민자율방범기구로 이웃 간의 공동체의식(community spirit)을 고취시켜 이웃 간 범죄의 대상이 될 요소를 극소화시키고 주민과 지역 내 경찰과의 유대를 강화하여 보다 안전한 지역공동체를 구축하고자하는 제도이다. 1997년 3월말 현재 영국(England & Wales)내에 만 161,000개가 넘는 단위 "이웃 지키기" 조직이 활동 중이며,[51] 점차 확산되는 추세에 있고 영국통신(BT) 및 유수한 보험회사 등 기업체들이 앞다투어 지원금과 기부금을 제공하여 전 사회적인 범죄예방 프로그램으로 발전하고 있다. 통상적인 '이웃 지키기' 조직의 구성은 '경찰 조정관(police co-ordinator)', '운영위원회(steering committee)', '지역 책임자(area leader)', '지구대장(block captain)' 및 '회원(watch member)'으로 이루어져 있다.

이웃 지키기 프로그램의 가장 핵심적인 요소가 경찰 조정관이라고 할 수 있는데, 경찰관으로서의 전문성을 바탕으로 관할 내 이웃 지키기 프로그램의 생성과정에서부터 필요한 자문과 조언 및 지원을 제공하는 역할을 담당하며, 각 경찰관서에서 적임자를 선발하여 이웃 지키기 업무에만 종사시키는 것이 일반적인 예다.

---

51) 1998년 영국 내무부 백서 Home Office Annual Report 1998, London, HMSO, Chapter 7 참조.

마을의 대표 역할을 할 자원자로 구성된 운영위원회는 경찰 조정관과 마을 공동체 사이의 연락역할을 수행하며 각종 정보의 제공과 회의 및 모임의 주선 등 이웃 지키기 프로그램의 운영을 위해 필요한 역할을 수행한다. '이웃 지키기'의 조직구성은 〈표 3-1〉과 같다.

〈표 3-1〉 영국의 '이웃 지키기' 조직구성

조직구성
경찰 조정관(police co-ordinator)
운영위원회(steering committee)
지역 책임자(area leader)
지구대장(block captain)
회원(watch member)

한 지역의 이웃 지키기 프로그램의 운영을 책임지는 지역 책임자는 지역 모임에 참석하여 주민들에게 이웃 지키기 프로그램에 대하여 설명을 하고, 지구대장들을 선임하며, 경찰 조정관 및 운영위원회와 프로그램 참여 주민 자원자들 간의 연계역할을 수행한다. 한 블록에 해당하는 이웃을 책임지는 지구대장은, 지구 이웃 지키기 회원들간의 모임을 주관하고, 새로운 이웃을 환영하며, 주민들을 이웃 지키기 프로그램에 참여하도록 권유하고, 경찰・운영위원회 및 지역 책임자와 회원들 간의 연계역할을 담당한다.

이웃 지키기 회원들은 범죄 혹은 의심스러운 행위들을 발견하고 조치하는 절차에 대해 교육훈련을 받게 되는데, 범죄행위를 발견하게 되어 경찰에 연락하게 되면 그 내용을 지구대장에게도 통보하여 사건의 발생과 처리과정 및 결과에 대해 지구대장이 주민들에게 알려줄 수 있도록 한다. 회원들은 아울러 이웃의 빈집을 수시로 확인하여 지켜주고 문단속 및 안전장치 등 가정안전에 대한 조언을 제공하는 역할을 수행하기도 한다.[52)]

Ⅲ. 일본

1. 일본 경찰제도의 특징과 경찰활동[53)]

일본 경찰제도는 명치유신 이후 대륙법계 특히 프랑스와 독일의 영향을 받아 근대화의 과정을 밟았고, 그 과정에서 사법경찰과 행정경찰이 정착하였다. 제2차 대전 후 경찰국가 체제에서 미국의 강한 영향을 받아 새로운 헌법과 형사소송법, 경찰법 등의 여러 법률의 제정을 거쳐 지방분권적이고 민주적인 새로운 경찰제도를 마련하였다. 일본은 수사권 독립을 전후하여 실질적이고, 효율적인 수사권행사를 위한 여러 가지 제도개혁을 단행하였는데, 가장 큰 특징은 시민경찰 중심의 경찰로 전화시키고 있다는 점이다. 특히 일본의 경찰체제 변천과정에서 가장 잘 엿볼 수 있다.[54)] 일본경찰은 근대화 과정에서 대륙법체계로 출발하여 제2차 세계대전 직후에는 미국식 자치경찰제(1947년 舊경찰법)를 취하였다가 다시 절충식 체제(1954년의 新경찰법)로 전환하여 오늘에 이르고 있다. 즉 도도부현(都道府縣)의 대단위 자치경찰 조직을 위주로 하고 국가경찰을 병행 운용하는 이원적 조직체계를 취하고 있다. 그리고 경찰의 관리기구로서는 영국식 공안위원회제도를 택하고 있다.[55)] 이와 같이 일본의 경찰체제는 양대 체계의 주요원리를 일본의 역사적 배경과 현실적 여건하서 적절히 조화시킨 절충체제이다. [그림 3-3]은 일본의 경찰기구표이다.

일본의 경찰직무는 질서유지 업무에 배치된 비율이 가장 높고 영·미의 경우와는 달리 봉사업무 외에 부수적인 행정업무에도 높은 비율로 배치되고 있다. 한편 법집행에서는 검찰과의 관계에서 상명하복 관계가 아닌 상호협조 관계를 이루고 있다.

---

52) 런던 수도경찰청 인터넷 공식 홈페이지 중 "이웃 지키기" 안내 코너(http://www.met.police.uk/ police/mps/mps/strategy/mps-pa04.htm 참조).
53) 하상군·김종길·조성택, 앞의 책, 127-130쪽.
54) 정진환, 경찰행정론, 서울 : 책사랑, 2000, 225쪽.
55) 정진환, 비교경찰제도, 서울: 책사랑, 2002, 187쪽.

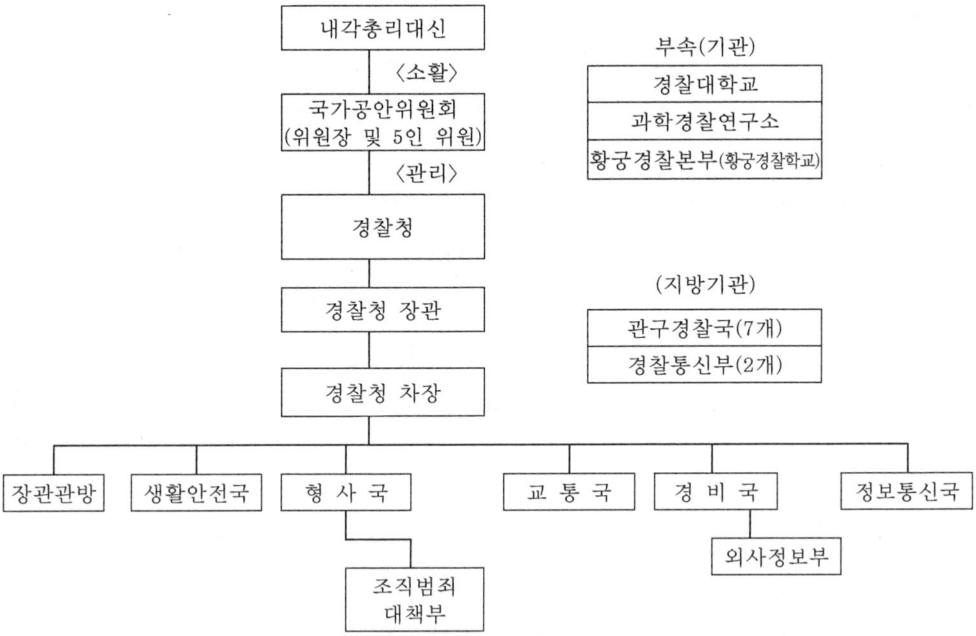

[그림 3-3] 일본의 경찰기구표[56]

* 자료 : 일본경찰청 홈페이지 인용(http://www.npa.go.jp).

경찰직무의 특색은 첫째, 1960년대 이래로 봉사적 임무가 계속해서 확대되어 가는 경향을 보이고 있다. 일본에서는 경찰이 정치인들에 대하여 법적인 책임을 부담하지 않는다. 일본의 공안위원회는 관료조직도 아니고 정치조직도 아닌 혼합형이며, 미국에 있어서의 각종 독립규제위원회(Regulatory Commission)와 비슷하다.[57] 책임 있는 경찰이 되도록 하는 일본인들의 전략은 특정한 사회적 압력을 막아낼 수 있도록 경찰에 보호막을 설치하고, 경찰 스스로의 행동에 대한 도덕적·규범적·관리적 책임을 엄격히 부과하면서, 지속적으로 높은 표준의 성과를 경찰에 일관성 있게 요구하는 것이다. 일본에서 공안위원회와 같

56) 安富潔, 刑事訴訟法講義, 慶應義塾大学出版會, 2007, p. 2.
57) Congressional Quarterly Inc., Regulation : Process and Politics(Washington, D. C. : CQI, 1982), pp. 47-60.

은 경찰에 대한 견제와 감독은 경찰 스스로 그들의 책임을 다하지 못할 때에만 행사된다. 선도적인 역할은 경찰자체에서 행해지며, 공안위원들은 경찰의 정책건의를 시민적 입장에서 조정하고 보완해 주는 역할을 한다. 일본경찰의 시민체제는 "이웃 중심의 지파출소"[58]체제에서 잘 나타나고 있다. 즉, 지파출소가 단위가 되어 "이웃 중심"으로 배치되어 있어 지역사회에 대한 침투력이 미국에 비하여 훨씬 강하다. 특히 일본경찰은 주민들과 공식적인 것보다는 일상적이고 탈권위적이며, 인권적인 접촉을 활성화시키고 있다. 그들의 침투력은 확산적이지만 은밀하고 은근하면서 봉사적이다.[59]

둘째, 경찰임무의 수행방식은 윤리교사적(倫理敎師的) 성격을 띠고 있어서 솔선수범을 강조하고 있다. 일본경찰관은 단순히 범인을 체포하고 범죄를 예방하는 법률집행 기술자로서만 요구되어지는 것이 아니라, 사회에서 모범적인 행동을 솔선하는 윤리교사로서의 기능을 수행하도록 실현시키고 가르치는 것이라고 인식되고 있다. 이와 같이 일본사회가 경찰관들을 법집행관이라 보기보다 윤리담당관이라고 인식하는 것은, 일본경찰관들로 하여금 그들의 태도와 행동이 법과 정부, 그리고 국민의 민주의식과 도덕에 직접적으로 영향을 미친다는 자부심과 긍지를 심어주고 있기 때문이다. 따라서 일본경찰관들은 그들이 '무엇을 하고 있는가'만큼 '어떻게 하는가'가 중요하다는 것을 잘 알고 있으며, 그들이 단순한 사법적인 도구가 아니라는 것을 알고 있기 때문에 그들의 언행에 있어서도 윤리교사로서의 역할과 책임을 다해야 된다는 점을 스스로 느끼게 해주고 있다.[60] 이와 같은 점은 경찰체제의 기능이나 체제 면에 그대로 반영되고 있는 것이다.[61]

---

58) "이웃중심 지파출소"의 예를 들면 다음과 같다. 사례 1 : 일본에서의 호구조사는 조사가 목적이 아니라 주민과의 접촉을 통하여 대화를 지속시키는 장치인 것이다. 사례 2 : 민원실에서 근무하는 여순경이 관내에 거주하는 노약자를 파악하여 정기적으로 그들에게 전화를 걸어 안부를 물음으로써, 경찰이 그들을 염려해 주고 있다는 인식을 심어주는 것이다. 이렇듯 일본의 경찰은 주민과의 인간적 접촉을 긴밀히 해 나감으로써 시민체제를 더욱 공고히 해나가려는 것이다.

59) 정진환, 앞의 책, 227쪽.

60) 檜山澄, 埼玉県地域による治安回復への新たな導標:地域部門主導による假頭犯罪抑止對策, 警察學論集, 2005, 58頁.

셋째, 70년대 이래 사전적·예방적 업무에 '민간조직(경비회사)' 활용이 더욱 더 확대되어 가고 있다는 점이다. 일본의 민간조직(경비회사) 자체의 노력도 있지만, 실제로는 경찰력의 한계를 극복하려는 일본 정부의 정책과 경제적 성장이 가장 큰 요인이 되어 일본의 지역사회 경찰활동을 돕는 커다란 조직으로 성장하였다.

2. 일본경찰의 피해자 지원

일본경찰의 복지업무는 1996년 제정된 피해자대책요강에 의해 도입되어, 2011년 제정된 범죄피해자지원요강 등에 의해 따라,[62] 성범죄 피해자보호, 가정폭력 피해자보호, 스토커 피해자보호 등 다양한 복지업무 등이 실시되고 있다. 법령상으로도 1999년 수사의 방법 및 절차, 자세 등을 규정한 범죄수사규범(국가공안위원회 규칙)에 피해자 등에 대한 통지 및 보호 규정(10조의 3, 11조)이 추가되었고, 또한 2001년 범죄피해자 등 급부금 지급법의 일부 개정 시에 피해자에 대한 경찰의 원조 노력의무가 규정되었다(22조).

가. 성범죄 피해자 보호·지원

성범죄 피해자에 대해서는 1996년 이후, 도도부현 경찰본부에 성범죄수사 지도관 및 성범죄수사 지도계의 배치를 하였고, 조사과정에서의 피해자 대응 개선, 성범죄수사 담당자의 여성수사관 배치, 피해자 전용 조사실 및 피해자 전용 경찰차량의 도입, 성범죄 피해 110(한국의 112) 및 성범죄 피해자 상담 코너 설치, 여성 상담 파출소 지정, 철도경찰대에 여성 피해 상담소 설치 등이 진행되어 왔다.

또한 성범죄 피해자에 한정되지는 않으나, 범죄 피해의 발생 직후부터 사건 수사 담당자와는 별도로 피해자를 지원하는 "지정 피해자 지원 요원" 제도가

---

61) 檜山澄·前揭注, 58頁.

62) 2011년에 피해자대책요강을 대체한 경찰청의 피해자지원요강이 마련되었다. 警察庁, 犯罪被害者支援要綱の制定について(依命通達)(2011年7月7日), 警察庁, 犯罪被害者対策室監, 警察の犯罪被害者対策, 新版, 東京: 立花書房, 1999, 58頁.

도입되었다. 지정 피해자 지원요원은 병원 소개 및 동행, 현장검증의 입회, 자택 등 이동시 교통편 제공, 조사 시 보조, 상담 및 치료, 형사절차 설명 등 정보제공, 가족·학교·회사 등에 대한 설명, 정기적인 피해자 연락, 민간 피해자 지원단체 또는 기타 기관의 소개 및 인계 등을 담당하고 있다.

2010년에는 오사카의 "성폭력지원센터(SACHICO : Sexual Assault Crisis Healing Intervention Center Osaka)"와 아이치의 "하트풀 스테이션 아이치" 등 성폭력 피해자의 지원을 목적으로 한 One-Stop 센터가 설치되었고, 2012년에는 도쿄의 학교책임리포터(SARC : School Accountability Report Card) 등 유사한 센터가 설치되었다. 이러한 One-Stop 센터에서는 성범죄 또는 성폭력 피해자 등에 대하여 상담, 동행, 산부인과 진료(응급피임, 성병검사 등), 증거 채취, 경찰조사, 법률지원, 타 기관에의 연계·인계 등의 지원을 실시하고 있다. 특히 아이치의 "하트풀 스테이션 아이치"는 경찰청과 아이치현 경찰본부의 시범 사업으로 여자경찰관이 상주하고 있으며, 오사카의 성폭력 지원센타(SACHICO)에서도 센터의 요청에 따라 경찰관이 방문하여 지원제도의 설명 및 수사에의 인계(조사 및 증거수집) 조치를 하고 경찰에서 제공하는 임상심리사를 통한 상담을 실시하고 있다.

나. 가정폭력·스토커 피해자 보호·지원

가정폭력 피해자의 보호와 관련해서는, 2001년에 제정된 "배우자로부터의 폭력방지및피해자보호에관한법률(이하, '배우자 폭력 방지법'이라 한다)"에 의하여 재판소가 보호 명령을 발하는 제도가 도입되었다. 피해자가 보호명령을 신청한 경우, 경찰은 재판소가 요구하면 피해자가 경찰직원 등에게 상담·원조·보호를 신청했을 당시의 상황 및 조치내용을 기재한 서면을 제출하거나 설명을 하는 등 보호명령의 결정에 협력하고 있다. 또한 보호명령위반도 1년 이하의 징역 또는 벌금에 처하는 범죄이므로 이러한 범죄행위에 대해서는 수사·검거가 이루어진다.[63]

63) 2001년 시행부터 2011년말까지의 보호명령 청구건수 25,833건 중 79%에 보호명령이 발령되었고, 보호명령 위반건수는 2010년말까지 606건이었다. 内閣府, 男女共同参画局『平成24

그 밖에 경찰은 배우자 폭력의 피해 방지조치(배우자 폭력 방지법 제8조) 및 피해자에 대한 피해방지를 위한 원조(제8조의 제2항)를 하도록 되어 있는데, 피해자 스스로가 피해를 방지할 수 있도록 하기 위한 조치의 지도, 주소 또는 거소를 알지 못하도록 하기 위한 조치, 피해방지 협상에 관한 조언 및 협상장소로써 경찰 시설물의 제공 등을 실시하고 있다. 경찰이 인지한 배우자폭력 건수는 계속 증가하고 있고(2011년에는 약 3만 4,000건), 경찰(본부장 등)의 원조 역시 2011년의 경우 1만 건을 넘고 있는 실정이다.[64)]

스토커 피해자에 대해서는 2000년 "스토커 행위 등의 규제 등에 관한 법률"이 제정되어 경찰이 스토커 피해자 보호에 관하여 주도적인 역할을 하고 있다. 동법은 "따라다니는 행위 등"과 "스토커 행위"라고 하는 두 단계의 개념을 규정하고 있다. 동법은 의원입법으로 제정되었는데 입법 당시 문제되었던 것이 규제의 대상이 되는 행위의 범위와 관련된 것이었다. 타인을 따라다니는 행위는 동기나 형태가 다양하고 그 개념에도 애매한 부분이 있어 규제의 범위가 지나치게 광범위 될 위험이 있었기 때문에, 최종적으로는 법률에서 연애감정이나 호의감정에 기인한 행위에 한정하기로 하였다.

먼저, 연애감정이나 호의감정 등으로 따라다니거나, 잠복, 무언의 전화 등이 "따라다니는 행위 등"에 해당되며, 이에 대하여(따라다니는 행위 등 + 반복의 위험) 경찰본부장 등은 가해자에게 경고를 할 수 있고, 경고에 위반하여 따라다니는 행위 등을 한 때에는(경고 위반 + 따라다니는 행위 등 + 반복의 위험) 공안위원회가 금지명령을 내릴 수 있다. 금지명령위반은 1년 이하의 징역 또는 벌금에 해당하는 범죄이다. 한편, "스토커 행위"는 "따라다니는 행위 등" 중 위험성이 높은 특정한 행위를 반복하는 것을 말하며, 이를 범죄화하여 6월 이하의 징역 또는 50만 엔 이하의 벌금에 처하도록 규정하고 있다(친고죄).

매년 1,000건 이상의 경고를 내리고 있는 반면, 금지명령은 100건 미만에 그치고 있고, 금지명령 위반은 한 자릿수에 불과하여,[65)] 일단 경고나 금지명

年版男女共同参画白書』, 100-101頁.

64) 警察庁, 平成23年中のストーカー事案及び配偶者からの暴力事案の対応状況について, 2012, 5頁.

령이 따라다니는 행위나 스토커 행위를 방지하는 데에 일정한 효과가 있다고 보아도 무방할 것이다. 하지만 스토커 행위죄의 검거인원은 매년 200건 내외이고, 스토커 사안의 인지건수는 매년 1만 건을 넘고 있다. 경찰에 스토커 행위를 신고 또는 고소하였으나, 경찰의 대응이 늦어 피해자가 살해당하는 사건도 발생하고 있어, 피해신고 또는 고소의 접수 체제 개선 등 경찰의 신속하고 적절한 대응이 과제로 남겨져 있다. 반면에, 교제를 계속하고 싶어 하는 애인과 헤어지기 위한 수단으로 상대방을 스토커로 신고하는 사례도 있어, 경찰에서 사실관계 확인에 어려움을 겪는 경우도 있다고 한다. 스토커 행위에 대해서는 경찰의 신속하고 정확한 대응이 요구되지만, 한편으로는 단시간에 어려운 판단을 해야 하므로 인력에 한계가 있는 경찰에게 부담이 되는 경우도 있다.

다. 아동 학대 피해자의 보호

친권자의 징계권(민법 제822조)을 일탈한 아동학대에 대하여, 경찰은 형사사건으로 수사·검거함과 동시에 새로운 학대의 발생을 방지하여야 한다(경찰관직무집행법 제5조). 그러나 아동학대는 가정이나 단체(복지시설 등) 내에서 이루어질 가능성이 높으므로 얼마나 빨리 아동학대를 발견하여 경찰 또는 아동상담소 등 관계 기관에 통보·통고하여 아동의 안전을 확인·확보하느냐가 관건이라고 할 수 있다.

일본에서는 학대아동을 포함한 "요보호아동"의 보호에 관하여 종전에는 아동복지법에서 아동의 일시보호(제33조)와 입소조치(제27조 제1항 제3호, 제28조)를 규정하고 있었으나, 학대아동의 조기발견 및 보호·지원을 강화하기 위해 2000년 "아동학대 방지 등에 관한 법률(이하, '아동학대방지법'이라 한다)"을 제정하였다. 동법 제정 당시 미국의 "아동학대통고법(Child Abuse and Neglect Reporting Act)"과 같이 아동학대를 발견하기 용이한 직업에 종사하고 있는 학교교사나 의사 등에게 벌칙 규정을 둔 통고의무를 부과할 것인지가 문제되었으나, 결국 벌칙 없이 일반적인 통고의무를 부과하도록 하였다(제6

65) 警察庁, 前掲注(12), 1頁.

조). 또 하나의 커다란 과제는 학대아동의 안전확인을 위해 “주거 등에 대한 강제출입 조사권”을 도입할지에 관한 문제였다. 입법 당시의 아동학대방지법은 아동복지법에도 규정되어있는 출입조사 질문권(제29조)과 마찬가지로 강제적이 아닌 일반적인 출입조사 권한(제9조)을 규정하는 데 그쳤다. 그러나 아동학대가 의심됨에도 그러한 확인을 하지 못한 채, 아동이 학대로 사망하는 사례가 잇따르게 되자, 2007년 아동학대방지법 등을 개정하여 재판소의 허가장을 받아 아동의 주소 또는 거소에 강제로 출입하는 “임검” 제도를 도입함과 동시에(제9조의 제3항) 그 전제(요건)가 되는 출석요구 및 재출석 요구 절차를 마련하였다. 다만, 지금까지 임검 제도 자체의 적용건수는 극히 미미하여[66] 요건 및 운용 방안에 대한 논의가 진행되고 있다.

이러한 아동의 안전확인 및 출입, 임검을 실시하는 것은 아동상담소이지만, 경찰도 아동상담소장의 요청에 따라 원조를 할 수 있으며, 또한 아동의 안전확인 및 안전확보의 관점에서 필요에 따라 신속하고 적절하게 도움을 요청해야 한다고 되어 있어(제10조), 실무에서도 보호자(가해자)의 물리적 저항이 예상되는 경우에는 경찰관이 출입이나 임검에 동행하고 있다. 특히, 최근에는 악성 아동학대 사례가 보고되고 있어, 아동의 조기안전 확인과 보호를 위해 아동상담소와 경찰과의 연계가 중요시되고 있다.[67] 또한 최근 경찰관의 신분을 그대로 유지한 채 경찰관을 아동상담소에 배치하는 지방자치단체도 증가하고 있다.

또한 일본에서도 미국이나 한국과 같이 아동학대죄를 도입해야 한다는 논의도 있으나, 필요성과 구성요건 규정의 어려움이 있어 현재까지 도입되지 못하고 있다.

---

66) 2008년과 2009년 임검은 각각 연 2건과 1건에 지나지 않았다. 厚生労働省, 児童虐待相談対応件数等及び児童虐待等要保護事例の検証結果(第６次報告概要), 2010, 45頁.

67) 厚生労働省, 『子ども虐待対応の手引き』, 改訂版, 2009, 53頁 以下; 警察庁, 児童虐待への対応における児童相談所との連携について(通達), 2010, 2頁.

라. 재피해 방지제도

일본에는 야쿠자 등 폭력조직이 존재하고 있어, 범죄 피해자가 원래 범죄자로부터 2차 피해를 입는 "재피해"가 적지 않다.[68] 범죄 피해자가 동일한 범죄자 또는 동일한 집단에 속하는 자로부터 재차 범죄피해를 입지 않도록 보호하는 것은 경찰에게 있어서 당연한 책무이며, 필요 최소한의 피해자 지원이라고 할 수 있다. 그러나 일본에서는 1997년 강간 피해자가 신고 또는 고소를 한 것에 대한 보복으로 원래 범인이 만기 석방 후 피해자를 살해하는 사건이 발생하여,[69] 다시 한 번 재피해 방지대책을 검토하게 되었다. 그 결과, 2001년 재피해 방지요강이 마련되어[70] 재피해를 입을 우려가 큰 피해자 등을 도도부현 경찰본부장이 재피해 방지대상자로 지정하고, 재피해 방지조치 실시 경찰서와 재피해 방지담당관을 지정하여 원칙적으로 1년간(연장가능) 피해자의 재피해 방지를 지원하는 "재피해 방지제도"가 도입되었다.[71]

재피해 방지를 위한 구체적인 지원내용으로 관련 정보의 수집, 피해자의 요구 파악 및 연락체제의 확립, 방범의 지도, 경찰의 순찰, 가해자에 대한 경고 등이 있다. 이러한 지원들은 기존의 법제도 하에서도 실시할 수 있는 것들이나, 재피해 방지요강에 따라 수형자의 정보취득 및 제공제도가 새롭게 도입되었다. 이는 피의자의 보복 등으로 피해자가 재피해를 받을 우려가 높은 경우, 경찰이 법무성에 수형자의 석방에 관하여 통보를 요청하면 석방(가석방 포함) 예정일과 귀주(歸住) 예정지의 통보를 받을 수 있는 제도로, 일정 조건을 충족하면 재피해 방지대상자(피해자)에게 석방 등의 관련 정보를 제공할 수 있다.[72] 다만, 범죄피해자에 대한 석방 정보제공에 관해서는, 2007년부터 출소 정보제공제도가 도입되어,[73] 피해자는 재피해 위험의 유무와 상관없이 형사시

---

68) 警察庁, 刑事企画課再被害事件の実態調査結果, 1997, 1頁.
69) 最高裁平成, 判決(最高裁判所裁判集刑事286号, 2004, 357頁.
70) 警察庁, 再被害防止要綱の制定について, 2001, 1頁.
71) 재피해방지요강은 2007년에 개정되었다.
72) 警察庁, 再被害防止のための行刑施{設等との連携及び再被害防止対象者への関連情報の教示について(2001 年8月1日), 法務省, 被害者等の保護を図}るための受刑者の釈放等に関する情報の取扱について(2001年8月1日, 2004年と2006年に改正).

설 및 소년원에서의 처우 상황뿐 아니라, 가석방이나 집행유예에 관해서도 정보제공을 받을 수 있게 되었다.[74)]

3. 일본경찰의 복지업무 사례

근래 일본경찰에서도 복지경찰 중점으로 업무가 추진되면서 홋카이도에서는 이전은 경찰의 복지업무 대상자에 대해서 일률적으로 빈곤가정의 시혜에 대해 이러한 관료·획일적·강제적인 단속을 본질로 하는 「부정형·정서적·개별적인 움직임」이라는 한계에서 벗어나 「안심·안전·복지의 마을 만들기」라는 복지경찰형으로 확대 추진 중이다.

가. 「안심·안전한 복지마을 만들기」 프로그램

「안심·안전한 복지마을 만들기」 프로그램[75)]은 홋카이도 지역 주민 누구나가 안심·안전하게 살 수 있는 마을 만들기 실현을 목표로, 지역 고유의 과제나 주민의 생활 과제에 대해 경찰·사회복지협의회가 주축이 되어 유관기관간 연계하여 지역에서의 범죄방지, 조기 발견, 개별 지원 활동을 위한 지원체제 마련을 추진하게 되었다.

추진의 배경을 살펴보면 최근 저출산, 고령화, 다문화 사회 증가로 지역사회나 가족의 기능이 저하되는 개개 주민의 요구나 과제도 복잡화, 잠재화가 지적되었다. 특히 홋카이도에는 전국을 상회하는 저출산, 고령화를 비롯 경기침체 등에 의한 자치제 재정 사정의 악화, 자연재해, 광역성 등 여러 가지 요인으로 지역사회 그 자체가 위기라고 대두되자 지자체 지향이 선명해졌다. 특히, 지역을 기반으로 한 복지의 추진이 공공기관별 주목을 받은 것이다. 추진 내용을 살펴보면 첫째, 주민에게 친밀한 지역에 있어서의 복지 활동의 강화이다,

73) 法務省, 被害者等に対する加害者の処遇状況等に関する通知について(2007年9月1日), 1頁.

74) 2001년에서 2010년까지 총 4,612명의 피해자에게 수형자의 출소정보를 통지하였다. 内閣府, 犯罪被害者白書, 2012, 66頁.

75) 日本警察白書, 安全·安心なまちづくりの推進, 2013, 106-108頁. http://www.npa.go.jp/hakusyo /h25/pdf/pdf/07_dai2syo.pdf

이는 저출산, 고령화가 전국에서 가장 급속히 진전되는 홋카이도의 문제를 파악하여 고령자 실종 및 고립사 위험성 대처 방안을 마련하여 지역내 네트워크 활동을 중점적으로 전개하였다. 반상회, 자원봉사자 등을 통해 독신 생활의 고령자 등의 안부 확인은 물론, 지금까지의 사회복지협의회로서의 활동성과나 주민 · 관계기관과의 연결을 근거로 주민의 개별과제 파악과 해결에 새로운 사업 전개[76]를 마련하였다. 두 번째, 고령자 · 아동학대 대응[77]을 마련하였다. 세 번째, 고령자 증가로 인한 치매환자 지원을 전개[78]하였고, 네 번째, 지역내 교육기관, NPO, 상공 관계 기관 등을 포함 지역 주민 등 모든 기관이 연계「안심 · 안전 · 복지의 마을 만들기」를 통해 가정폭력, 아동학대, 치매환자 등에 대해 관심을 가지는 계기가 되었고, 복지업무를 진행 중에 있으나, 실제 일본 역시 복지경찰제도라는 제도적 기반을 마련하고 있지 않아 일본이 복지경찰로 나아갈 경우 한국의 복지경찰제에도 조직적, 제도적으로 영향이 미칠 것으로 예상된다 할 것이다.

76) 「안전 · 안심 복지마을 만들기」 프로그램 : ① 반상회의 회의나 주민 간담회 등에 대해 지역 네트워크 활동의 의의 · 목적 등에 대한 지역 주민의 이해를 진행하였다. ② 실시중인 지역 네트워크 활동의 목적, 효과 등에 대한 재검증을 실시하였다. ③ 활동 진행 중 지역 고유의 과제나 개개의 주민의 생활 과제의 파악, 요구 사항을 재점검 하였다. ④ 활동의 효과에 대해 넓게 주민대상 전 지역 확대를 목표로 하였다.

77) 고령자 학대 · 아동학대 대응 : ① 지역내 복지 활동을 시작으로 주민으로부터의 상담, 생활 변화를 위한 관계 만들기를 진행시켰다. ② 시읍면 행정, 민생 위원 아동 위원, 아동상담소, 지역 포괄 지원 센터 등 전문 기관과의 네트워크 강화(일상적인 연락 체제, 정기적인 정보교환 실시 등)를 전개하였다. ③ 전문기관과 연계 잠재화된 고령자 · 아동학대 사례를 파악, 정보공유를 진행은 물론 범죄예방을 위한 일반시민에 보급 계발을 한다. ④ 학대 조기발견, 방지를 향한 구체적 사업(일상생활 자립 지원 사업의 활용이나 관계자 연락 회의, 주민에게의 보급 계발 활동, 패밀리 서포트 사업 등)의 기획 · 실시를 검토하였다.

78) 치매환자 지원 : ① 지역 내 복지기관과 연계 상담, 생활 변화에 대처할 수 있는 관계 만들기를 진행하고, ② 시읍면 행정, 반상회, 민생위원, 아동위원, 지역 포괄 지원 센터, 사회복지 시설, 개호보험 사업소 등, 전문기관과의 네트워크 강화(일상적인 연락 체제, 정기적인 정보교환의 실시 등)를 마련하였다. ③ 전문기관이나 가족 등과의 대화 중, 치매에 관한 이해, 계발을 향한 구체적 사업(주민용 강습회, 인지증 서포터 등 지원을 담당하는 자원봉사의 조직화 등)의 기획 · 실시를 하였다.

나. 코방의 지역경찰 활동

일본의 대표적인 순찰활동으로서 1994년에 파출소를 코방(交番 : 한국의 파출소에 해당)이라는 명칭으로 변경하고 코방상담원제도를 도입하였는데, 이는 일본경찰이 시민에게 보이고 알리는 순찰을 강조하면서 주간에는 시민에게 '보이는 순찰(visible patrol)'을 행하고, 야간에는 순찰카드를 활동하여 '알리는 순찰'을 하도록 하고 있다.

코방 경찰관은 코방별로 작성되는 근무상황에 따라 통상 1시간 단위로 입번(立番), 견장(見長), 순라(巡羅), 순회연락(巡廻連絡) 근무를 한다. 입번이 코방 건물 밖의 적당한 위치에 서서 주위를 경계하는 것으로 4부제 근무제도를 도입할 경우 경비·경계 강화를 목적으로 도입되어 진 것이다. 입초근무를 통하여 범죄의 예방검거, 교통의 지도단속, 청소년 선도보호, 주취자 및 미아의 보호수배 등의 활동을 한다. 순라는 코방에 근무하는 외근경찰관이 관내를 순시함으로써 관내상황을 파악하고 범죄의 예방검거, 교통의 지도단속, 시민에 대한 보호·조언 및 지도를 하는 것으로서 우리의 순찰에 해당하는 개념이고, 순회연락이란 우리나라의 방범심방에 해당하는 개념이다. 일본경찰은 개정된 '지역경찰운영규칙'에서도 종래의 외근경찰운영규칙과 마찬가지로 도보순찰과 자전거순찰을 원칙으로 하고 있다.

그러나 도보순찰의 강조는 지역 순찰활동을 통해 경찰의 평소의 활동과 상담프로그램으로 주민생활 변화를 관찰할 수 있는 친 시민 관계형성이 주민이 안심하게 살 수 있도록 돕는 복지경찰의 기본임을 실천하고 있다.

Ⅵ. 중국

1. 중국경찰제도의 특징과 경찰활동

중국의 경찰은 국무원 공안부를 정점으로 하여 지방경찰기관으로 인민경찰이 있으며, 무장경찰력으로서 인민무장경찰대와 일반국민의 민간조직인 주민자치 방위조직이 치안유지를 맡고 있다.[79] 그 밖에 국무원 국간안전부나 중국공산당 및 인민해방군도 지도·정보 등의 특별임무를 행하면서 경찰기관과 경합하는 경우도 있다. 공안 기관은 중앙조직과 지방조직으로 나눠져 있으며, 개별적인 전문공안기관이 있고, 무력경찰기관인 인민무장경찰이 있다.

공안기관은 중국의 주요한 인민경찰기관이다. 〈인민경찰법〉이 반포되기 전에는 〈인민경찰조례〉에 근거하여 공안기관과 인민경찰기관이 개념상 일치했었다. 〈인민경찰법〉이 반포된 후에는 인민경찰의 범위는 확대되고, 인민경찰기관은 공안기관에 한정되었다.

공안기관은 당과 국가가 국가의 통치와 관리를 실현하기 위해 만든 한 국가기관으로서 국무원과 각급 인민정부의 지도 아래, 국가의 법률·법규에 근거해서 국가안전과 사회치안질서 유지를 맡는 전문기관이다. 일반적으로 공안기관은 무장성이 있으며, 사법권의 국가행정기관에 소하며, 그것의 법집행활동은 국가기관과 검찰기관의 법률적용활동과 비교적 긴밀한 관계가 있으며, 행정기관의 법집행 범주에 속하는 것이다. 중국의 주요공안기관으로는 다음과 같은 것이 있다. 공안계통의 최고지도기관인 국무원의 공안부, 각 성·자치구 인민정부의 공안청, 직할시 인민정부의 공안국, 각 현 또는 현에 상당하는 시는, 인민정부의 공안국, 성·자치구 공안청이 있는 각 지구에 공안처 각 시·현공안국이 설립한 파생기관 즉 공안분국(경찰서)과 파출소, 철도부, 교통부, 임입부, 공항총국 설립의 공안국, 소속 부서 설립의 상당한 공안기관, 기타 정부의 승인을 거쳐 설립된 공안기관 등이 있다.

---

79) 정진환. 비교경찰제도, 경기도 성남: 도서출판 책사랑, 2001, 112-113쪽.

중국경찰의 특징은 경찰조직은 전문성, 법규, 계층제, 실적주의로 인한 책임한계의 명확성을 유지함으로써 그야말로 전형적인 관료조직이다. 그러나 국가통치 기능과 국민보호 기능을 수행하는 과정에서 간혹 권력의 남용과 부정부패와 연루되는 경우에는 그로 인해 비난의 대상이 되기도 하는 특수한 조직이다.[80)]

첫째, 대부분의 국가에서 공무원은 정치적 중립성을 엄격하게 법률로 규정하고 있으나 사회주의 국가인 중국에서 공무원은 정치적 이념이 강조된다.[81)] 사회주의혁명과 사회주의 건설을 위한 이른바 인민민주주의 독재의 중요한 도구의 하나이며, 반혁명 그 밖의 형사범죄와 싸운다. 중국은 인민민주주의 정치제도의 사회주의 국가이며, 중국공산당은 광대한 인민들의 이익을 대표하는 당이다. 중국은 일당의 지도하에 여러 당이 협조하는 체제를 유지한다. 전국 각 민족의 인민을 포함한 민주정당들은 일치하여 중국공산당의 지도를 옹호한다. 인민민주주의 정권의 정치적도구로서 갖춰진 공안기관은 당연히 공산당의 절대지도 아래에 있어야 한다. 사회주의 이념이 경찰활동에 남아 있어 경찰활동에 정치적 영향력이 크게 작용한다.[82)]

둘째, 경찰은 법률이 부여한 권력과 강력한 집행력을 보유하는데 이에 대한 공산당의 감독을 받아야 한다. 공안기관은 중국공산당의 절대적 지도를 받아 운용된다. 이것은 중국인민공안기관에 있어서 일관되게 유지된 근본 원칙이다. 공안기관에 소속된 모든 인원은 정치적으로나 조직상 무조건 당의 지도에 절대 복종해야 한다. 어떠한 경우에도 당의 지시를 무시하거나 이탈하거나 지시를 거부해서는 안 된다. 전체 공안기기관의 직원은 반드시 중앙당과 정치적 노선을 함께 해야 한다. 그래서 철저한 지방자치를 하면서도 중앙정부의 통제가 잘 이루어지는 조직체계를 구성하고 있다.

셋째, 경찰의 사무는 인원동원, 조직 등에 있어 사회협조가 요구된다. 경찰

80) 이영남・신현기, 경찰조직관리론, 서울: 법문사, 2003, 36쪽.
81) 박동균・이재호, 중국경찰의 조직구조와 제도적 특징, 한국동북아논총 제32집, 2004, 232쪽.
82) 이윤근, 비교경찰제도론, 법문사, 2001, 522쪽.

은 민간조직의 도움을 받아 광범위한 업무를 수행한다. 중국은 광범위하게 치안보위 위원회를 건립하고 치안 연방대와 민간경비 공사 등 민간경비조직을 설립하였으나 경찰이라 불리지는 않으며, 공안기관의 직권도 행사할 수는 없다. 공안기관의 역할을 보조하는 정도이다.

요약하면 중국의 공안지휘 관리체제는 고도의 통일성을 가지며 아울러 지방에 따라 각지의 실정에 맞게 구체적으로 적절한 대책을 세울 수 있다는 이점을 갖는다. 즉 공안기관 직권의 주체를 엄격히 규정하는 것은 민간경비 조직을 활용하여 공안기관의 보조적 작용을 하는 특성을 지니고 있다.

2. 중국의 경찰사회사업 사례

1990년대부터 능동적인 중국경찰의 사회문제 해결 참여와 사회 서비스의 급격한 요구에 대한 뚜렷한 반응이 증가함에 따라 중국의 치안유지의 맥락에서 경찰사회사업형태의 복지경찰이 대두되기 시작했다.[83]

중국의 경찰사회사업은 경찰의 공권력 내에서 취하는 경찰의 행동, 운영, 문제해결 추진, 범죄나 경찰법과 관련되지 않은 도움과 보호 등이다.[84] 이는 중국 공산당(CCP, Chinese Communist Party)의 대중 노선 이데올로기와 맞물려 있으며, 1996년 중국 MPS(치안과 관련된 부서, Ministry of Public Security)에서 제정된 "Four haves and Four Shoulds(FHFS)"[85]와 관련되어 있다.

83) Hickman, M. & Reaves, B. Local police departments, 1999. Washington, DC: U.S. Bureau of Justice Statistics, 2001, p. 35.

84) Reid, S. Criminal Justice. Cincinnati, OH: Atomic Dog Publishing, 2001, p. 101.

85) FHFS란 일선에 나가 있는 경찰들에 대한 지침인데 첫째, 경찰은 당신이 직면한 범죄와 관련된 모든 일들에 대해 다룰 줄 알아야 한다. 둘째, 당신이 가지고 있는 모든 어려움에 대해 도울 수 있어야 한다. 셋째, 당신이 직면한 어떠한 상황에서도 당신을 구할 수 있어야 한다. 넷째, 당신이 가지고 있는 어떤 필요든 충족시켜 줄 수 있어야 한다.라는 내용.

가. 대중 노선과 관련된 치안유지 활동((MLP : Mass Line Policing): 중국의 지역 치안유지 활동 철학(Community Policing Philosophies in China)

중국의 사상은 대중 노선(mass line)으로 귀결되는데 이는 "대중을 위한, 대중에게 의존하는, 대중으로부터, 대중에게"라는 뜻을 함께 하고 있다(Chen, 2002; Luo, 1994; Wong, 2009; Wong, 2010; Zhong, 2009; Yu, Zheng, & Su, 1997). MPS는 "대중 노선"을 경찰 업무의 기본적인 지침 원칙으로 삼고 있다.[86] 이 말은 즉, 경찰은 그들이 임무를 할 때 대중을 믿고, 의지하고, 동원하며 긴밀한 접촉을 유지할 수 있어야 한다는 의미를 내포하고 있는 것이다.[87] 1995년도 중국 경찰법에 명시된 MLP에 대한 내용을 살펴보면, "대중은 경찰의 지원에 의존해야 하고, 대중들과 긴밀한 관계를 유지해야 하고, 대중들이 제안하는 의견에 귀기울일 줄 알아야 하고, 대중들의 지시를 받아들일 수 있어야 하고, 대중들의 관심사를 지켜주고 대중들을 충심으로 대해야 한다."라고 명시되어 있다. 그만큼 대중을 위한, 대중에 의한 경찰 활동을 중시하고 있는 것이다. MLP를 시행할 수 있는 긴밀한 방법 2가지를 제시해 준다. 첫 번째는 일반적인 것으로, 대중이 연루되어 있는 범죄에 대해 대처하고, 사회 질서를 유지하는 것이다. 이것은 일반적으로 생각하는 경찰 활동으로 공식적인 치안 활동 시스템에 포함된다.[88] 더 중요한 두 번째 방법은, 경찰은 대중과 격리되어서는 안 된다는 것이다. Ingraham(1987)은 공산사회의 경찰 시스템은 대중의 의견에 영향을 받기 쉽고 경찰과 대중간의 긍정적인 관계를 유지하기 위한 지대한 노력을 쏟아 붇는다고 한다. 인민들을 대변하는 하는 당으로

86) Luo, R.Q. A treatise on people's police work. Beijing: Qunzhong Press, 1994, p. 67.

87) Yang, J. & Mei, J.M. Market economy and policing in Mainland China: challenges and changes. Paper presented at the Annual Meeting of the Asian Association of Police Studies, Hong Kong, China, 2002, p. 389.

88) Wong, K. C. Police reform in China, 2010, p. 23.; CRC Press. Lubman, S.B. Mao and mediation: Politics and dispute resolution in communist China. California Law Review, 1967, pp. 1284-1359.

서, 중국공산당은 강하고 긴밀한 경찰과 대중과의 관계를 지향한다. 특히나 대중들과 경찰의 대단히 강조하는 MLP는 중국 경찰로 하여금 "지역 사회에 있는 거주민들과 지속적인 접촉"을 요구한다.[89] 경찰들은 진심으로 사람들 속에 속해야 하며 그들의 충실한 수인으로 여겨져야 한다.[90] Jiao라는 사람이 말하길, 경찰은 "기능적, 구조적으로 지역사회에 통합되어 있다."라고 했고 그들에게 서비스를 제공한다는 정신을 심어 주어야 하고, 그들의 일상에 대중들을 포함시켜야 한다. 이와 더불어, 치안 유지 활동은 대중들의 지원과 협조 없이는 비생산적일 것이다. Luo라는 사람이 강조하기를, 만약 경찰이 사람들과 분리되어 있고 격리되어 있다면, 그들은 지역의 문제를 해결하는데 효과적이지 못할 것이라고 말했다.[91]

나. 개혁 이전의 경찰사회사업(Police Social Service Work in the Pre-reform Era 1949-1978)

이 시기의 가구들은 '세대 관리 시스템'에 의해 잘 관리되었다.[92] 세대관리 시스템은 법적으로 나눠진 마을의 구역에 파견된 세대 관리 사무관이 맡은 구역을 관리하고 각 가구가 서로의 이웃을 감시하는 제도이다.[93] 안정적인 가구들은 범죄, 상호간 지원과 관련한 효율적인 협조와 총괄적인 행동에 도움을 주었다.[94] 또한 이 시대에 발생한 분쟁들은 주로 법정 밖에서 해결되곤 했는

89) Johnson, E.H. Neighborhood police in the People's Republic of China. Police Studies. 1986, p. 9.

90) Jiao, A.Y. Traditions and changes of police culture: Organization, operation, and behavior of the Chinese police. In Liu, J.H. and Zhang, L (Eds.), Crime, Justice, and Social Control in the Changing Chinese Society, 2001, pp. 159-175.

91) Luo, R.Q. A treatise on people's police work. Beijing: Qunzhong Press, 1994, p. 49.

92) Chen, Y.W. Utilizing systematic method to reform society's security mechanisms. Police Research, 1988, pp. 52-56.

93) Zhang, L., Zhou, D., Messner, S.F., Liska, A.E., Krohn, M.D., Liu, J., et al. Crime prevention in a communitarian society: Bang-jiao and tiao-jie in the People's Republic of China. Justice Quarterly, 1996, pp. 199-222.; Wong, D.S.W. Delinquency control and juvenile justice in China. The Australian and New Zealand Journal of Criminology, 1999, pp. 27-41.

94) Dutton, M. Policing and punishment in China: From patriarchy to "the people".

데 이때, 세대관리 시스템, 경찰, 주민, 마을 중재 위원회의 역할이 컸기 때문이다.[95] 이때의 경찰들은 자신이 맡은 구역보다 자신이 맡고 있는 사람들과 가정의 안전과 복지에 더 신경을 썼다. 즉 이시기의 경찰들이 성공적인 치안 활동을 하기 위해서는 경찰과 대중간의 우호적인 관계가 필수적이었으며 경찰관들이 범죄뿐만 아닌 사회 모든 분야에 간섭하면서 경찰 사회 서비스를 제공했다.[96]

다. 개혁 시기의 경찰 사회사업(Police Social Service Work in the Reform Era, 1978)

중국은 개혁 이후 경제 개방이 되면서 자연스럽게 범죄율이 기하급수적으로 1980년도 1만 명당 8건 꼴로 발생한 범죄가 1990년도에는 1만 명당 40건으로 증가하게 되었다.[97] 이러한 환경의 변화는 지역 경찰들로 하여금 더 과감한, 침입적이고, 형벌적이며 전문적인 경찰로 변모할 수 있는 계기가 되었다.[98] 또한 범죄의 증가로 인해 경찰들의 주된 목표는 범죄예방으로 변했고 social service의 중요도는 뒤로 밀려나게 되었다.[99] 1983년 8월부터 2003년도까지 이루어진 일련의 “strike hard” 캠페인[100]이 이 시기에 중국경찰이 범죄 퇴치

Cambridge: Cambridge University Press, 1992, p. 80.

95) Sun, I. Y., Cretacci, M.A., Wu, Y. & Jin, C. Chinese police cadets' attitudes toward police role and work. Policing: An International Journal of Police Strategies and Management, 2009, p 766.

96) Chen, X. Community and policing strategies: A Chinese approach to crime control. Policing and Society: An International Journal of Research and Policy, 2002, pp. 1-13.

97) Dai, Y. New directions of Chinese policing in the Reform Era. In J. Liu, L. Zhang, & S. F. 2001, p. 69.

98) Wong, K.C. Policing in the People's Republic of China: The road to reform in the 1990s. The British Journal of Criminology, 2002, pp. 282-316.

99) Situ, Y., & Liu, W. Restoring the neighborhood, fighting against crime: A case study in Guangzhou City, People's Republic of China. International Criminal Justice Review, 1996, pp. 89-102.

100) 중국정부는 테러와의 전쟁을 명분으로 소수민족을 제압하는 “Strike hard” 캠페인을 만들었는데, 이를 계기로 티베트인에 대한 차별과 고문은 증가되었으며, 임의적인 억류와 종교자유의 제한은 줄지 않고 있다.

에 우선순위를 뒀다는 사실을 말해준다.[101)]

이러한 사회의 변화가 경찰들로 하여금 "전통적인 사회 서비스를 제공하는 경찰"의 이미지에 의문을 제기하게 되고 경찰은 전문화가 되어갔다.[102)]

라. 전문화 과정(The Road to Professionalization)

1979년 이후 중국 경찰은 큰 변화를 맞게 된다. 첫째, 경찰 조직이 조직의 효율성을 위해 기능적인 측면을 공식화했다.[103)] 둘째, 경찰 입법과 통치에 대한 법의 개념이 점차적으로 발전되었으며. 셋째, 110 긴급 번호와 경찰의 순찰이 보편화 되었다는 것이다. 더 이상 FHFS[104)]는 경찰조직에서는 통용되지 않았으며 그들이 제공하는 사회 서비스의 범위 또한 축소, 변경되었다. 그리고 경찰이 계속해서 전문화되고 특수화 되면서 경찰은 그들이 서비스를 제공했던 사람들과 격리되고 분리되기 시작했다.[105)]

마. 중국의 이웃 경찰에 대한 변종(Strains on the Neighborhood Chinese Police)

개혁시기에는 좀 더 전문화된 서비스라는 개념이 자리를 잡게 되었다. FHFS에서 강조하는 서비스의 제공은 경찰의 몫으로 돌아갔고 지역 주민들과의 분리를 초래해, 대중들의 참여율을 감소시켰다.[106)] 이러한 부담 때문에 이전에 경찰과 시민들 간에 존재했던 감정적인 유대는 사라지고 자발적인 치안

101) Jiang, B. & Dai, Y. Mobilize all possible social forces to strengthen public security: A must for crime prevention. Police Studies, 1990, pp. 1-9.

102) Dutton, M. The end of the (mass) line? Chinese policing in the era of the contract. Social Justice, 2002, pp. 61-105.

103) Wong, K.C. Chinese policing: history and reform. New York: Peter Lang. 2009, p. 112.

104) Jiang, J., Xu, Y. & Deng, Z. The relationship between job strain and job stress. Chinese Mental Health Journal, 2005, p. 207.

105) Wong, K. C. (2001). Community policing in China: Philosophy, law and practice. International Journal of the Sociology of Law, 2001, pp. 127-147.

106) Zhou, X.J. The research on police job strain and coping. Policing Studies, 2005, pp. 67-71.; Sun, Y. An investigation on police job strain. Legal System and Society, 2007, p. 687.

유지활동 참여 또한 사라졌다.107) 결과적으로 경찰들 또한 그들이 사회 서비스를 제공하는데 있어 거리를 두게 되었다. 그리고 범죄를 감소시켜야 한다는 경찰들의 부담 또한 사회 서비스 제공을 더 이상 경찰 업무의 우선순위에 두지 않게 되는 계기가 되었다.

바. 공산 이데올로기의 선택(The Fading Communist Ideology)

경제 개혁이 이루어지면서 더 이상 경찰들은 주민들에 대한 충성심을 보이기보다는 경제 논리에 따라 움직이게 되었다(Wong, 2009; Wong, 2010).

사회 통제의 통합적인 모델에 대한 과제(A Quest for an Integrated Model of Social Control)로서 개혁 이전의 경찰의 치안유지 활동을 살펴보면,

1) 중국의 지역사회는 공식적인 사회 제어 기관(지역 경찰서) 그리고 비공식적인 사회 제어 기관(주민 위원회)으로 이루어져 있다.

2) 대중들이 범죄를 막기 위해 동원될 수 있었고, 사회의 질서를 유지했으며, 사회 서비스를 제공했다.

3) 경찰이 사회 서비스를 제공하는 데 주도적인 역할을 했다.

이처럼 과거에는 대중들이 치안 활동에 주도적인 역할을 했으며 경찰들 또한 대중들을 충심으로 대하며 전적으로 서비스를 제공했다. 하지만 경찰의 전문화 이후 대중은 자발적인 범죄 예방으로부터 점점 멀어져 갔고, 경찰 또한 범죄 예방에만 초점을 맞추게 되었다.108)

이러한 상황을 해결하기 위해서는 공식적인 사회 통제 전략과 비공식적인 사회 통제 전략의 통합을 지향할 필요가 있다.109) 즉, 비공식적인 사회 통제는

107) Wong, K. C. Police reform in China. CRC Press, 2010, p. 24.

108) Chen, X. Community and policing strategies: A Chinese approach to crime control. Policing and Society: An International Journal of Research and Policy, 2002, p. 12.; Lu, H. & Miethe, T.D. Community integration and the effectiveness of social control. In J. Liu, L. Zhang, & S.F. Messner (Eds.), Crime and Social Control in a Changing China, 2001, pp. 105-121.; Zhong, L. Y. & Grabosky, P. N. The pluralization of policing and the rise of private policing in China. Crime, Law and Social Change, 2009, pp. 433-455.

109) Jiang, B. & Dai, Y. (1990). Mobilize all possible social forces to strengthen public security: A must for crime prevention. Police Studies, pp. 1-9.

대중의 참여와 대중이 지역사회에 사회 서비스를 제공하기 위해 동원되는 것에 초점이 맞춰져 있고, 공식적인 사회 통제는 경찰들이 사회 서비스 요구의 만족에 발 빠르게 응답하는 것에 초점이 맞춰져 있다. 이 두 전략이 통합이 이루어질 때 현재 중국 사회에 가장 알맞은 경찰 사회사업 제도가 정착될 수 있을 것이다.[110)]

사. 중국의 경찰사회사업

서구의 지역 치안은 그들이 얼마나 장비가 잘 갖춰지고, 훈련되어 있느냐에 상관없이 시민들의 능동적인 참여가 없이는 효율적일 수 없다는 사실을 보여준다[111)](Greene & Mastrofski, 1988). 중국의 개혁 이전 시기에는 경찰들의 '눈과 귀'가 되어주었던 긴밀한 사이의 이웃들과 자원봉사자들에게 의존하는 것과 같은 대중의 참여가 성공적인 치안의 가장 핵심적인 요소였다. 중국 경찰의 전문화가 이루어지는 개혁 시기에서도 효율적인 사회 통제의 기본적인 요소인 '대중의 참여'를 무시해서는 안 된다. 사회 통제가 효과적이기 위해서는 경찰과 지역사회 간의 의미 있고 긴밀한 협력이 필요하다. 지역 사회와의 긴밀한 파트너십은 대중들과 사회사업에 필요한 그들의 지원을 통합하는 것이 매우 중요하다.[112)] 특히 Ingraham(1987)이 말한 것처럼, 경찰 시스템에서 대중들과 긍정적인 관계를 맺는 것도 중요하다. 경찰과 대중 조직 간의 긴밀한 협력은 포괄적인 접근[113)]에 아주 중요하다. 그들의 24시간 가용성, 주어진 책임, 그리고 병력을 동원할 수 있는 능력을 고려하면, 경찰은 여전히 지역 사회에 social service를 제공할 수 있는 능력을 갖추고 있다.[114)] 중국이 요 근래

110) Johnson, E.H. Neighborhood police in the People's Republic of China. Police Studies, 1986, pp. 152-153.

111) Greene, J.R. & Matrofski S.D. Community policing: Rhetoric or reality. New York: Praeger Publishers, 1988, PP. 24-27.

112) Ingraham, B.L. The structure of criminal procedure: Laws and practice of France, the Soviet Union, China, and the United States. New York: Greenwood Press. 1987, pp. 132-134.

113) Ma, Y. The Police Law 1995: Organization, functions, powers and accountability of the Chinese police. Policing, 1995, pp. 113-135.

114) Walker, S., & Katz, C.M. The police in America: An introduction (6th ed.).

전문적인 사회사업가 시스템을 구축하긴 했지만 모든 사회사업 업무를 사회사업가에게 맡길 수는 없다. 이런 측면에서 경찰 인력을 사용하는 것 말고는 딱히 다른 방법이 보이질 않는다. 하지만 과거 개혁 이전 시기에 중국 경찰의 치안활동 경험은 시스템적인 측면에서 사회 구성요소들이 제공하는 사회사업에 의존하는 것이 필요하다는 것을 증명해준다. social service의 제공은 밀접한 관계의 사회 구성요소를 포함시키는 것이라고 간주할 수 있다. 이러한 시스템의 기본 구조는 전문가뿐만 아니라, 대중 기구들의 참여 또한 포함해야 한다. 그러므로 이러한 포괄적인 접근 방식은 경찰이 관련된 대중 기구들, 정부 기관, 그리고 다른 기관들과 긴밀히 협조하여 일할 것을 요구하는데, 사상적, 정치적, 경제적, 교육적, 법적 그리고 행정적 수단을 통해 효과적이고 효율적이며 social service의 경제적인 제공이 가능하고, 이로 인해 치안을 하는데 있어 더 나은 환경을 만들 수 있게 될 것이다.

Boston, Mass.: McGraw Hill. 2008, p. 45.

02절 한국의 경찰제도 및 경찰의 복지업무 사례

Ⅰ. 한국경찰제도의 특색

1. 경찰조직법과 경찰조직의 특색

1991년 5월 31일 경찰법이 제정되기 전까지는 경찰조직에 관해서는 일반법이 없어 정부조직법, 경찰공무원법, 경찰직무응원법, 용역경비업법, 청원경찰법, 전투경찰대 설치법 등 각종 단행법들이 경찰조직을 규율하고 있었다. 그러나 1991년 7월 31일자로 시행된 경찰법의 제정은 그 동안 각종 법률과 시행령에 산재하였던 '경찰조직'에 관한 사항을 하나의 법체계로 정비하였다는 법제도적 의의와 더불어 경찰조직의 숙원인 독립성 확보 문제를 부분적으로나마 해결하였다는 실질적 의의가 있다. 그러나 경찰행정조직의 문제로서 항상 지휘체계의 이원화가 대두되었다. 즉 경찰조직의 계선조직이 실질적 계선조직과 법제적 계선조직의 이원적인 체계를 갖고 있어 조직운용상의 비효율을 초래하였다.

법제적으로는 행정자치부장관 → 시・도지사 → 일선경찰서장의 계선조직을 가졌으나 실질적으로는 행정자치부장관 → 경찰청장 → 시・도경찰청장 → 일선경찰서장의 계선조직으로 이루어졌다. 그러나 경찰청 발족에 따라 계선조직의 지휘체계의 이원화 문제를 해결하여 경찰청은 중앙경찰행정기관으로서 행정자치부장관 소속하의 독립행정관청으로, 경찰청의 사무를 지역적으로 분담・수행하기 위한 지방경찰조직으로서 시・도지사의 소속하에 지방경찰청을 두도록 하였으며, 일선경찰서는 지방경찰청장의 소속으로 하였다. 따라서 경찰조직내부의 계선지휘 체계는 경찰청장 → 시・도 지방경찰청장 → 일선경찰서장으로 일원화하였다. 경찰청 발족과 더불어 합의제 행정기관인 경찰위원회가 경찰의 주요정책 및 경찰업무 발전에 관한 주요사항을 심의·의결하기 위하여 구성되어 경찰중립화를 위한 획기적 전기를 이루었다.

2. 경찰작용법의 특색

경찰작용법으로는 경찰관직무집행법이 사실상 일반법적 기능을 수행하고 있고, 그 밖의 집회및시위에관한법률, 사격및사격장단속법, 총포·도검·화약류단속법, 전당포영업법, 신용조사사업법, 도로교통법 등 다수의 단행법이 경찰작용을 규율하고 있다. 이 법령들의 성격은 경찰관직무집행법이 경찰작용에 관한 일반법적 기능을 수행하며, 다른 개별단행법들은 각각의 구체적인 개별목적을 위한 경찰작용에 대해 규율하고 있다. 개별의 단행법을 내용별로 살펴보면 보안에 관한 것으로 집회및시위에관한법률, 사격및사격장단속법, 총포·도검·화약류단속법, 전당포영업법, 신용조사사업법, 사행행위등규제법, 미성년자보호법, 경범죄처벌법 등이 있고, 교통에 관한 경찰작용법으로는 도로교통법, 교통사고처리특례법, 도로법 등이 있고, 경비에는 경찰직무응원법, 수난구호법, 청원경찰법 등이 제정·시행되어 있다.[115)]

3. 경찰기관의 특색

경찰법제의 중립성·민주성·능률성을 극대화하기 위해서는 하위 수단, 즉 기관의 존립형태를 어떤 구조로 취할 것인가가 중요하다. 우리나라에서는 이에 대한 장치로 심의·의결 기관으로서의 경찰위원회와 집행기관으로서의 경찰청으로 이원화 하여 각각 독립기관으로 두고 있다. 즉 경찰위원회는 심의·의결 기관으로서 경찰청은 집행기관으로서의 독자성을 부여하므로 궁극적으로 경찰의 정치적 중립 및 민주화를 기할 수 있는 장치를 제도화하고 있다. 다만 행정자치부 장관 소속하에 경찰위원회를 설치하도록 하였고 지방에서는 지방행정과 치안행정의 업무협조 기타 필요한 사항을 협의·조정하기 위하여 시·도

115) 김남철, 앞의 책, 1084쪽; 홍정선, 앞의 책, 423-428쪽.

지사 소속하에 치안행정협의회를 두도록 하였다. 지금까지 경찰은 행정자치부 보조기관의 지위에 있음으로써 경찰조직의 독자적 지위를 상실하고 정책결정 및 법집행의 적정화를 기하기 어려웠다. 더욱이 경찰이 선거를 관장하는 행정자치부장관 하에 속해 있음으로써 정치적 분위기에 휘말리게 되는 등 그 정치적 중립성이 제대로 보장되지 못하는 경우가 많았다.[116)]

한국의 경찰기관은 경찰위원회와 경찰청으로 구성되어 있다. 경찰위원회[117)]는 행정자치부에 설치된 경찰행정에 관한 주요정책 및 계획에 대한 최고의 심의의결기관으로서 그 기본직무는 경찰법 제9조 제1항에서 대강의 기준을 정하고 그 구체적인 범위는 대통령령에 위임(제10조 제3항)으로 ① 경찰의 인사·예산·장비·통신 등에 관한 주요정책 및 경찰업무발전에 관한 사항, ② 인권보호와 관련되는 경찰의 운영·개선에 관한 사항, ③ 경찰임무외의 다른 국가기관으로부터의 업무협조 요청에 관한 사항, ④ 기타 행정자치부장관 및 경찰청장이 중요하다고 인정하여 위원회에 부의한 사항이다. 경찰위원회 규정 제5조에서는 법 제9조 제1항 제1호 및 제2호에 대하여서만 구체적 범위를 정하고 있고 있는데 위원회의 심의·의결사항의 구체적 범위는 다음과 같다. ① 법 제9조 제1항 제1호의 구체적 범위(위원회규정 제5조 제1항)에 의거 ⓐ 경찰인사에 관계되는 법규·훈령·예규 및 운영기준에 관한 사항, ⓑ 경찰교육 기본

116) 김남철, 앞의 책, 1068쪽; 홍정선, 앞의 책, 405쪽; 박균성·김재광, 앞의 책, 95쪽.

117) 위원회의 구성 및 위원회의 임기는 위원장 1인을 포함한 7인의 위원으로 구성하며, 위원장 및 5인의 위원은 비상임, 1인의 위원은 상임으로 한다. 위원의 임기는 3년으로 하며, 다만 최초로 구성된 비상임위원의 임기는 2년으로 되어 있다. 위원의 임명 및 결격사유에 대해서 위원은 행정자치부장관의 제청으로 국무총리를 거쳐 대통령이 임명한다. 행정자치부장관은 위원을 제청함에 있어서 경찰의 정치적 중립의 보장되도록 하여야 하며, 위원 중 2인은 법관의 자격이 있는 자이어야 한다. 다음의 사유에 해당하는 자는 위원이 될 수 없다. 즉 ① 당적을 이탈한 날부터 3년이 경과되지 아니한 자, ② 선거에 의하여 취임하는 공직에서 퇴직한 날부터 3년이 경과되지 아니한 자, ③ 경찰·검찰·국가안정기획부직원 또는 군인의 직에서 퇴직한 날부터 3년이 경과되지 아니한 자, ④ 국가공무원법상의 공무원임용의 결격사유에 해당하는 자 등은 위원이 될 수 없다고 명시하였다. 위원은 정당에 가입하거나 선거에 의하여 취임하는 공직 또는 경찰·검찰·국가안전기획부직원 또는 군인의 직에 취임 또는 임용되거나 국가 공무원임용의 결격사유에 해당하게 된 때에는 당연히 퇴직된다. 그런데 위원은 중대한 심신상의 장애로 직무를 수행할 수 없게 된 경우를 제외하고는 그 의사에 반하여 면직되지 아니하는 신분보장을 받게 되어 있다.

계획, ⓒ 경찰장비와 통신의 개발·보강 및 운영에 관한 기본계획, ⓓ 경찰예산편성 기본계획, ⓔ 경찰 중·장기 발전계획에 관한 사항과, ② 법 제9조 제1항 제2호의 구체적 범위(위원회규정 제5조 제2항)에 의거 ⓐ 국민의 권리·의무와 직접 관계되는 경찰행정 및 수사절차, ⓑ 경찰행정과 관련되는 과태료·범칙금·기타 벌칙에 관한 사항이다.

경찰법 제1조의 목적에서 규정된 경찰의 민주적 관리·운영과 효율적 임무수행의 방향제시의 취지와 동법 제9조 경찰의 인사·예산·장비·통신 등의 주요정책과 경찰발전에 관한 사항 그리고 인권보호와 비민주적·효율적이라고 판단될 경우에는 경찰위원회가 적극적 주문심의를 요청하고 이를 의결화할 수 있다는 것이다. 이는 집행청인 경찰청의 심의·의결의 기피·방해를 방지하기 위한 법적 안정성 확보장치 측면에서도 더욱 그러하다고 보고 있다.

집행기관이란 경찰위원회에서 심의·의결된 사항 및 일상적 경찰사무, 즉 보안 및 봉사 경찰사무를 주된 관장사무로 하는 경찰기관을 말한다. 다시 말하면 이는 보통경찰기관으로서 그 자체가 하나의 독립행정부문을 형성하여 사회공공의 안녕질서를 유지하는 경찰작용을 주된 관장사무로 하는 경찰기관을 말한다. 집행기관은 그의 기능에 따라 보통 형태의 집행기관과 특별관청 형태의 집행기관으로 나눌 수 있다. 보통 경찰관청은 경찰행정에 관한 의사를 결정·표시하는 권한을 가진 경찰행정기관을 말한다. 현행 정부조직법은 경찰청장을 중앙 보통 경찰관청으로 하였다. 경찰관청은 상급경찰관청으로서의 경찰청장, 중간경찰관청으로서의 각 시도 지방경찰청장, 일선경찰관청으로서 경찰서장이 있다. 그리고 이 관청의 명을 받아 집행을 담당하는 사실상의 집행기관으로 경찰공무원이 있다. 이들은 특정직 국가공무원으로서 치안총감에서부터 순경에 이르기까지 다양한 계급구조로 형성되어 있다.

특별경찰관청 및 기관은 일반경찰작용 중에서도 특정한 분야의 경찰작용에 관한 의사결정·표시 및 집행을 담당하는 기관으로 이에 해양경찰 등이 있다.[118)]

118) 이상안, 경찰행정학, 서울: 대명출판사, 2005, 189-197쪽(재구성).

Ⅱ. 한국의 경찰직무의 특징[119)]

한국 경찰은 1894년 갑오개혁 이래 대륙법계 경찰제도를 도입하여 중앙집권적 국가경찰제로 일관해 왔다. 1948년 8월 정부 수립 후에는 치안국, 치안본부, 그리고 1991년 경찰청 발족 이래 오늘에 이르기까지 경찰제도나 직무 면에서 능률성 위주의 집권적 국가경찰제가 시행되고 있다.

1991년 경찰법 제정으로 분산되어 있던 경찰조직에 관한 법령이 일원화되고 경찰 직무도 새로이 규정되었다. 그 외에도 자치성 내지는 민주성의 가미라는 경찰제도상의 새로운 경향에 따라 경찰위원회제도가 도입되었다. 이보다 앞서 1970년대에는 민간조직의 활용을 위한 청원경찰법과 용역경비업법이 제정되었고, 1995년에는 용역경비업법의 전면 개정으로 민간경비의 업무영역이 크게 확대되었다. 이러한 시대적 흐름에서 우리나라의 경찰직무의 특징적인 면을 살펴보면 아래와 같다.

첫째, 경찰 직무의 모호성이다. 경찰의 직무에 대하여 현행 법규에서는 임무, 직무, 사명 등으로 규정하여 혼란이 초래되고 있으며, 시대의 변화에 따라 그 범위도 축소 또는 확대되어 왔다. 따라서 경찰의 직무범위가 어디까지인가에 하는 의문점이 제기되기도 하며, 자칫 경찰이 만능인 것처럼 비추어지고 있어 과도하게 경찰력에 의존하려는 경향까지 나타나고 있으며, 또한 고유 업무가 소홀해져 왔던 것도 사실이다.

현행법에서 경찰의 직무에 대한 법적 근거는 경찰법, 경찰관직무집행법, 경찰공무원복무규정 등에 규정되어 있다.

경찰의 임무는 행정조직법상의 보통경찰기관을 전제로 한 개념이다. 경찰의 임무는 행정조직법상의 경찰기관, 즉 보통경찰기관(형식적 의미의 경찰)을 전제로 한 개념이다. 경찰법 제3조는 국민의 생명·신체·재산의 보호, 범죄예방·진압 및 수사, 치안정보의 수집, 교통의 단속, 공공의 안녕과 질서유지를 그 임무로 한다고 정하고 있다.

---

119) 정진환, 경찰행정론, 서울: 대영문화사, 2000, 187-192쪽.

민주주의적 경찰의 이념 하에 국민의 생명·신체 및 재산의 보호가 강조되기는 하였으나, 국민의 생명·신체 및 재산의 보호 등은 공공안녕의 일부분이므로, 경찰의 궁극적인 기본적 임무는 '공공의 안녕과 질서에 대한 위험의 방지'라고 할 수 있다.

어떠한 법익에 대한 손해가 발생한 경우에는 경찰위반의 상태가 되고, 경찰위반의 상태가 형법 또는 행정법규에 위배되는 범죄의 구성요건을 충족시키는 경우에는 경찰의 수사대상이 된다. 그리고 오늘날 전통적인 임무뿐만 아니라, 경찰에게는 적극적인 서비스 활동을 통해 국민에게 봉사하는 역할의 중요성이 강조되고 있다. 결국, 경찰의 3가지 기본임무에는 위험의 방지, 범죄의 수사 및 대국민 서비스 활동이 있다.

「경찰법」 및 「경찰관직무집행법」상의 경찰직무는 〈표 3-2〉와 같다.

〈표 3-2〉 경찰법과 경찰관직무집행법

경찰법(경찰조직에 관한 기본법) 제3조	경찰관직무집행법(경찰작용에 관한 기본법) 제2조
1. 국민의 생명·신체 및 재산의 보호 2. 범죄의 예방·진압 및 수사 3. 경비·요인경호 및 대간첩·대테러 작전 수행 4. 치안정보의 수집·작성 및 배포 5. 교통의 단속과 위해의 방지 6. 외국 정부기관 및 국제기구와의 국제협력 7. 그 밖의 공공의 안녕과 질서유지	1. 국민의 생명·신체 및 재산의 보호 2. 범죄의 예방·진압 및 수사 3. 경비·주요인사 경호 및 대간첩·대테러 작전 수행 4. 치안정보의 수집·작성 및 배포 5. 교통의 단속과 위해의 방지 6. 외국 정부기관 및 국제기구와의 국제협력 7. 그 밖에 공공의 안녕과 질서유지

* 경찰법 [전문개정 2011.8.4] 경찰관 직무집행법 [시행 2014.11.21] [법률 제12600호, 2014.5.20, 일부개정]

경찰법 제3조에서는 경찰의 직무를 국민의 생명·신체 및 재산의 보호와 범죄의 예방 진압 및 수사, 경비·요인경호 및 대간첩·대테러 작전 수행, 치안정보의 수집·작성 및 배포, 교통의 단속과 위해의 방지, 외국 정부기관 및 국제기구와의 국제협력, 그 밖의 공공의 안녕과 질서유지로 규정하고 있다. 또한 경찰관직무집행법 제2조에서는 경찰의 직무범위를 국민의 생명·신체 및 재산의 보호, 범죄의 예방진압 및 수사, 경비·주요인사 경호 및 대간첩·대테러 작전 수행, 치안정보의 수집·작성 및 배포, 교통의 단속과 위해의 방지, 외국 정부기관 및 국제기구와의 국제협력, 그 밖에 공공의 안녕과 질서유지로 규정하고 있다. 그리고 경찰공무원 복무규정 제3조에서는 경찰 사명을 경찰공무원은 국가와 민족을 위하여 충성과 봉사를 다하며, 국민의 생명·신체 및 재산을 보호하고, 공공의 안녕과 질서를 유지함을 규정하고 있다. 이러한 규정의 내용에는 사회의 안녕질서의 유지와 국민의 생명·재산의 보호라는 추상적인 표현[120]으로 나타나 있다. 이는 경찰의 활동내용에 따라 근거규정이 다르고, 근거규정이 있더라도 임무의 성질에 따라 개입여부가 결정되며, 개입여부에 대한 결정에 따라 배상책임 등의 문제가 발생할 수 있기 때문에 실정법상 한국 경찰직무의 내용과 범위는 모호하다 할 것이다.[121]

둘째, 국가보위의 직무이다. 영·미·일 등 많은 나라의 경찰이 경찰 본연의 임무인 사회 치안에 주력하고 있는 반면, 한국경찰은 사회치안은 물론 남북의 분단·대치로 인하여 국가보위와 직결되는 분야인 국가 치안에도 주력하지 않을 수 없는 여건에 있다. 국가보위 활동으로서의 국가 치안은 국가 목적 치안[122]이라고도 하며, 대간첩작전과 간첩 색출 및 대간첩 태세의 확립, 주요시설의 경비, 용공좌경 분자의 검거, 불법 집단행동의 억제, 그리고 국가원수 등 요인경호 등의 직무를 말한다. 이와 같은 직무가 직접 또는 간접으로 경찰에 주어지는 경우가 외국에서도 없지는 않으나[123] 그것은 예외적이고 부수적인데

120) 이황우, 경찰정신사와 경찰상 정립, 경찰 창설 50주년과 경찰의 좌표, 치안연구소, 1995, 41-42쪽.
121) 김남철, 앞의 책, 1067쪽; 홍정선, 앞의 책, 372쪽; 박균성, 앞의 책, 576-577쪽; 박균성·김재광, 앞의 책, 3쪽.
122) 이황우, 앞의 책, 32쪽.
123) John L. Sulivan, Introduction to Police Science, New York: McGraw Hill, 1977, p.

반하여 한국에서 경찰의 국가보위 직무는 경찰 직무 중 중요한 위치를 차지하고 있다. 한국의 국가보위 직무는 대간첩작전 업무, 방첩업무, 국가원수의 경호업무를 들 수 있다.

셋째, 과다한 행정협조 업무이다. 영·미법계 국가의 경찰보다 대륙법계 국가의 경찰이 더 많은 행정기능이나 타 행정부서에 대한 협조기능을 수행하고 있는 것은 사실이다. 그러나 한국 경찰의 경우 과거는 행정협조 업무가 너무나도 과도하다. 이것은 일제 치하의 헌병경찰 시대 이래로 이른바 '정치·행정의 경찰의존성'[124]이 광복 이후에도 그대로 답습되고 아울러 국립경찰 시대에도 역대정권이 능률성을 지나치게 강조한 데 기인한다. 그 위에 국가안보와 시국 치안 위주의 국가정책도 경찰의 행정협조 기능을 확대시키는 요인으로 작용하였다고 할 것이다.[125]

「경찰연보」, 「경찰백서」 등에 나타난 각종 통계를 종합하여 공식적인 경찰업무의 배치 비율을 보면 〈표 3-3〉과 같다.

〈표 3-3〉 한국 경찰업무의 기능별 배치 비율(2014)

(단위 : %)

기능별 / 비율	생활안전 (봉사)	파출소· 지구대 (순찰)	수사 (법집행)	경비 (질서유지)	교통	타부서 (행정업무)
비율	8.5	42.2	17.6	10.3	9.0	12.4

* 자료 : 헤럴드경제, "순찰인력 부족 심각…경찰 민생중심 재배치를", 2014.2.3

경찰청에서 2014년 2월 파악한 자료에 따르면, 경찰은 지구대·파출소 순찰인력을 포함한 생활안전 기능에 50.7%의 인력을 배치하고 있다. 수사(17.6%),

29. 미국 FBI의 안보 위반행위에 대한 단속과 검거활동, 프랑스 국토감시국의 정보수집 및 간첩 색출활동, 그리고 독일 국경수비대의 국경 3㎞ 이내의 치안업무 관장 등은 모두 경찰의 국가치안 활동이라 할 수 있다.

124) 정진환, 한국 질서행정 발달에 관한 연구 Ⅱ, 인천대 논문집, 제20집, 1995, 348쪽.

125) 김남철, 앞의 책, 1066쪽; 홍정선, 앞의 책, 373-374쪽.

경비(10.3%), 교통(9.0%)은 뒤를 이었다. 또 생활안전 기능 가운데 일선 지구대·파출소에 소속된 인원은 42.2%를 차지했다.[126]

해외의 경우, 미국은 모든 경찰관의 65%, 캐나다는 64%, 영국 56%, 호주 54%가 순찰 부서에서 근무한다. 이에 한국 경찰의 생활안전 기능이 차지하는 비중은 외국에 비해 10% 이상 낮은 것으로 나타났다.

아울러 순찰 인력의 부족은 정원과 현원의 불균형에서도 드러났다. 경찰청과 경찰서 인력은 정원을 초과하고 있는 데 비해 지구대·파출소 인력은 정원 대비 현원 부족 현상을 보이고 있다. 이 같은 현상은 풀뿌리 치안을 담당하는 일선 지구대·파출소에 배치된 경찰 인력이 전체 경찰 수의 40%대에 불과해 증원이 필요하다는 지적이 나온다.

향후 5년간 경찰 인력 2만 명 증원계획[127]은 〈표 3-4〉에서 나타난 바와 같이 2013년 2,955명, 2014년 3,520명, 2015년 3,760명, 2016년 3,520명, 2017년까지 3,760명이 증원되어 '경찰 1인당 담당인구 수가 선진국 수준으로 감소하더라도 기능별 인력 배치가 적정해야 증원 효과를 볼 수 있다는 분석이다.

〈표 3-4〉 2013~2017 연도별 경찰인력 증원계획

(단위 : 명)

<table>
<tr><th>계</th><th>2013</th><th>2014</th><th>2015</th><th>2016</th><th>2017</th></tr>
<tr><td rowspan="2">18,800</td><td>2,955</td><td>3,520</td><td>3,760</td><td>3,520</td><td>3,760</td></tr>
<tr><td>전년도에 소요정원으로 인정된 (1,045명 포함 시 4,000명</td><td>해경 (480명 증원)</td><td colspan="3">매년 국민안전처 소속(해경) 240명 증원</td></tr>
</table>

* 출처 : 경찰청일보, 2013.11.11

126) 헤럴드경제, "순찰인력 부족 심각…경찰 민생중심 재배치를", 2014-02-03, 사회 2면.

127) 곽영걸·조동운, 한국자치경찰학회·한국복지경찰연구학회, 추계정기학술세미나 자료집, 2013, 42쪽(재인용).

이는 과거의 경찰활동은 범죄인지 능력과 범인검거 능력을 향상시켜 많은 범죄를 신속하게 해결하는 것을 목표로 하였던 전통적인 법집행 경찰활동이었지만, 현대의 경찰활동은 지역사회공동체의 모든 분야와 협력하여 범죄발생을 예방하고 범죄로부터 피해를 줄이는 것을 목표로 하는 지역사회 경찰활동으로 전환하고 있다.[128] 지역사회 경찰활동(community policing)은 지역사회구성원들과의 시민들을 대표하는 시민조직과의 파트너십을 개발하는 것으로 정의할 수 있다.[129] 지역사회로부터 여러 요구나 생각을 경청하는 것이야말로 복지경찰로서의 가장 좋은 전략이다. 지역사회경찰활동은 경찰과 국민을 좀 더 가까이 하기 위해 여기에는 도보순찰, 봉사, 지역사회 조직화, 시민친화적 접촉순찰(citizen contact patrols) 등이 포함된다.[130]

우리나라는 세계적으로 치안이 안정된 국가로 알려져 있다. 경제협력개발기구(OECD) 범죄관련 통계에서도 범죄로부터 안전한 국가로 분류되어 있고, 이 같은 범죄예방의 노력은 범죄문제의 해결을 위해 노력의 결과 인 것이다. 따라서 범죄예방활동은 바로 국민의 생명·신체 및 재산의 보호에 직결되고, 또한 경찰과 지역사회공동체와의 접점을 이룬다는 측면에서 복지경찰의 그 중요성이 더욱 높아져 가고 있다.

Ⅲ. 한국경찰의 복지업무 사례

한국의 복지경찰 업무는 다양하게 나타난다. 특히 생활안전경찰이라는 개념하에서 경찰청 생활안전국 내에서 다수의 사례를 발견할 수 있다. 생활안전경찰의 특성은 직무의 전반성(작용의 다양성 및 대상의 광범성), 대상의 유동성,

128) Peak, K. & Glensor, R., Community Policing & Problem Solving : Strategies & Practices 2nd Ed., New Jersey: Prentice Hall, 1999, p. 67.

129) Skogan, W. G. & Steiner, L, Community Policing in Chicago : Year Ten, Criminal Justice Information Authority, Chicago, IL, 2004, p. 28.

130) W. Eck, Agrippina, die Stadtgründer in Kölns. Eine Frau in der frühzeitlichen Politik(Cologne, 1993); R. G. Lewis, p. 66.

주민과의 접촉성, 관계법령의 다양성·전문성을 들 수 있다. 따라서 생활안전경찰은 사건의 초동조치 대응빈도가 높은데 이와 같은 업무에서는 긴박성과 즉효성을 요구한다.131)

1. 여성·아동보호업무 : 지킴이집, 수호천사 활동132)

가. 추진배경

2007년 12월 안양 초등학생 납치·성폭력·살인 사건과 2008년 3월 일산 초등학생 납치미수 사건 등 아동을 대상으로 한 강력 범죄가 연달아 발생하면서 국민들의 불안이 크게 고조되었다. 이에 경찰에서는 아동보호에 대한 사회적 공감대를 형성하여 놀이터·통학로 등에서의 아동안전을 확보하기 위해 지역사회와 경찰이 함께 하는 아동안전 지킴이집과 아동안전 지킴이 제도를 도입하게 되었다.

나. 운영근거 마련

법률의 근거 없이 대통령 지시, 국정과제로 추진, 예산을 긴급편성 받아 운영되었으나, 2011년 보건복지부와 공동으로 아동복지법에 두 제도의 설치와 운영에 대한 근거를 마련하였다. 2011년 6월 29일 국회의결을 거쳐, 「아동복지법」이 제정되었고, 2012년 8월 5일부터 시행령과 시행규칙의 공포·시행으로 범죄경력조회 확인 등 운영근거를 마련하여 내실화를 기하게 되었다.

다. 추진 경과

2008년 4월 경찰은 초등학교 통학로 주변에 있는 문구점·약국·편의점 등 2만 4천여 개소와 연계하여 아동안전 지킴이집 운영을 시작하였다. 2009년에는 시행 초기 홍보·관리 등 일부 추진상의 문제점을 보완하기 위해 지킴이집 로고를 상표 출원(업무표장)하여 아동이 안전할 수 있음을 알렸으며, 편의점

131) 하상군·김종길·조성택, 앞의 책, 294쪽.
132) 경찰청, 경찰백서, 2014, 65-70쪽.

협회(2009년 2월)·대한약사회(2009년 5월)와 각각 운영 협약을 체결하여 신뢰할 수 있는 업소를 지킴이집으로 위촉하고 각 업주를 대상으로 교육을 실시하는 등 내실을 기하였다.

또한 2009년부터는 지킴이집의 사각지대를 보완하고자 '움직이는 지킴이집'이라 할 수 있는 「아동안전 수호천사」를 도입하였다. 2010년에는 야쿠르트배달원, 우편배달원 등 22,000여 명을 아동안전 수호천사로 위촉하였고, 2011년에는 태권도사범, 모범택시기사를 위촉하여 2012년 이후 25,000여 명이 활동하고 있다.

라. 주요 활동사항

아동을 범죄로부터 보호하기 위해 대한민국 재향경우회·대한노인회 소속 회원 위주로 2,270명을 선발하여 2008년 11개 경찰서에서 시범운영을 거친 후 그 효과가 인정되어 2009년 3월 2일부터 전국 대도시 101개 경찰서, 2011년에는 전국 174개 경찰서, 2012년 249개 경찰서, 855개 지구대·파출소로 확대되었다. 2013년 말 전국적으로 21,000여 개소의 지킴이집과 21,000여 명의 수호천사에 대해 전담 지역경찰관을 지정, 매월 1회 이상 지킴이집을 방문, 봉사활동에 대해 격려와 교육을 하였으며, 경찰은 지킴이들에게 위급사항 발생 시 조치요령을 교육하고 명확한 임무를 부여하는 등 체계적으로 관리하고 있으며, 지킴이는 책임감과 사명감을 가지고 하교시간에 학교주변·놀이터 등을 순찰하고 신고하여 접수된 사건에 출동하는 등 부족한 경찰인력을 보있다.

또한 경찰청 '실종아동찾기센터'에 지킴이집 관리지원팀을 신설하고 전국 지킴이집에 대한 문자메시지 전송시스템을 구축하여 정보 제공 및 현장 의견 수렴, 아동과 학부모·업주를 상대로 한 만족도·인지도 설문조사 등에 활용하여 아동안전지킴이집 운영에 반영하였다.

아동교육용 애니메이션(DVD)을 제작하여 전국 초등학교 및 유치원에 배부(1,000개)하여 교육자료로 활용토록 하였으며, 범죄예방교실을 개최하여 지킴이집의 취지를 홍보하고 이용방법 등을 교육하였다. 아동보호 관련 지식·정보를 공유하기 위해 여성청소년 관련 소식지를 제작하여 전국 지킴이집에 배부하는 등 현장과의 소통을 통해 아동보호에 대한 공감대를 형성하였다. 지방경찰청별로 가방·알림장·시계 등 아동 친화적 홍보물을 배포하거나 LED 전광판·지역신문·캠페인 등을 홍보에 활용하는 등 제도에 대한 이해를 높이기 위하여 노력하였다.

아울러 범인검거 등에 기여한 우수 업주에 대한 감사장과 포상금을 수여하고 현장 간담회 등을 통해 기념품을 전달하는 등 지킴이집 운영자들의 사명감과 자긍심을 고취시키기 위한 노력도 병행하였다.

마. 운영성과 및 향후 계획

2008년 4월 최초 운영 이후 2014년까지 성추행범 등 범인 1,804명을 직접 검거하거나 지원하고 83,268명의 아동을 보호하였다.[133] 2008년 9월 총리실 주관 정부합동 현장점검에서 '지역특성에 맞는 다양한 운영으로 효과적인 아동보호 제도로 단시간 내 정착되었다'는 평가를 받은데 이어, 초등학교 국정 교과서에 지킴이집과 관련된 내용이 게재되는 등 아동보호를 위한 경찰의 핵심 제도로 자리 잡아 가고 있다.

〈표 3-5〉 지킴이집·수호천사 운영성과

연도	총계	범인검거 및 지원						범죄예방 및 보호				
		계	성폭력범	학교폭력	납치유인	강·절도	기타사범	계	폭력예방	실종예방	비행선도	기타
~'11년	10,590	99	17	21	6	41	14	10,491	2,255	1,138	4,154	2,944
'12년	6,794	22	-	3	-	-	19	6,772	1,143	494	3,356	1,529
'13년	28,685	1,238	11	158	4	14	1,051	22,447	3,886	426	11,081	12,054
'14년	40,362	1,804	78	318	-	213	714	38,558	7,500	850	15,518	14,990
총계	83,461	3,163	106	500	10	268	1,798	83,268	15,054	2,908	33,789	31,517

* 자료 : 경찰청, 경찰백서, 2015, 127쪽.

133) 경찰청, 경찰백서, 2014, 69쪽.

〈표 3-5〉에서와 같이, 2014년도 공원 지킴이 활동 중 초등학생(11세, 여)으로부터 성추행 당한 사실을 신고 받고, 전자발찌 대상자인 성폭행범 검거 지원 등, 범인검거(지원) 1,804건, 범죄예방 및 보호실적이 38,558건 등 총 40,362건의 아동을 보호하였다. 2014년 지킴이집과 수호천사 운영에 대한 인지도, 만족도 등 설문조사 결과, 인지도가 대폭 향상된 것을 확인할 수 있었고, 아동안전에 도움이 되었으며, 추가확대가 필요하다는 응답이 높았던 만큼 보다 촘촘한 안전망 구축과 적극적인 예방활동으로 우리나라의 미래인 아동들이 보다 안전한 사회에서 성장할 수 있도록 지킴이집과 수호천사를 점진적으로 확대·증원해 나갈 방침이다.

2. 여성안전 특별치안대책 추진

2016년 5월 강남역 묻지마 살인사건 및 전남 신안의 섬 지역에서 학부모 2명이 포함된 주민 3명이 여교사를 성폭행하는 사건을 계기로 사회적 관심이 높아진 여성안전에 대한 국민들의 불안감을 해소하기 위한 가시적·능동적인 방범활동의 전개의 필요성에 따라 '여성안전 특별치안대책을 시행하였다.

가. '여성불안신고' 신고코너 신설

우선 수요자(여성)를 중심으로 기존구역의 존치 필요성 판단 등을 통해 여성안심구역 재정비 및 환경개성을 독려하고, '경찰청스마트 국민제보- 목격자를 찾습니다' 앱을 개편 여성 불안 신고[134]를 추가해 112 긴급신고뿐 아니라 신고된 '여성불안지역'에 대해서 여성의 불안장소를 반영하여 구역내 순찰선·거점근무지 조정하는 한편, 범죄예방진단팀을 범죄 취약요소 및 시설의 문제점을 진단하고 교육부·지자체 등과 CCTV·보안시설 등 방범시설물을 지속확충할

134) 여성안전특별치안 대책의 일환인 2016년 '스마트 국인 제보앱'에 신설하는 '여성 불안 신고코너'의 홍보를 강화, 신고 활성화로 추진하게 되었다.
'지역신고'와 '대인신고'로 나누어 개설하되, 대인신고의 경우 개인정보보호를 위해 영상·사진은 등록되지 않도록 운영하며, 긴급신고는 112음성 또는 112문자신고로 연계 조치와 함께 신고접수 즉시 관할경찰서 및 담당자에게 자동 배정되어 수사가 개시된다.

계획이다.

나. 범죄 위험 의심 정신질환자 체크리스트(案) 개발 추진

1) 추진배경

정신질환자로서 타인에게 해를 끼칠 위험이 있다고 의심되는 사람에 대해 경찰관이 관련 의료인에게 진단·보호를 신청 요청할 수 있는 취지로 「정신보건법」 개정(§44 ②)을 근거로 정신질환자를 범죄를 대응하는 현장(지역경찰·형사)에서 '진단 및 보호 신청 필요성 여부'를 판단하는 체크리스트의 필요성으로 추진한다.[135] 즉 자신이나 타인에게 위해를 가할 수 있는 정신질환자는 응급입원 등 경찰단계에서 적극적인 조치를 취하고 정신질환자의 인권 침해 우려를 감안해 보호조치·응급입원의 구체적인 판단기준을 적시한 매뉴얼도 보급한다.

2) 연구 방식

심리학 전문가인 프로파일러(범죄분석관)으로 TF를 구성, 정신질환자 범행 사례 분석하여 유형·특징을 체계화하며, 정신의학 관련 학회 등 의부기관과 협업·공동 논의로 향후 정책연구 과제로 신청, 용역을 진행할 예정이다.

3) 연구 결과 활용

사건 처리하는 현장(지역경찰·형사)에서 쉽게 판별할 수 있는 쉬운 문장과

'여성 불안 신고 코너' 처리절차

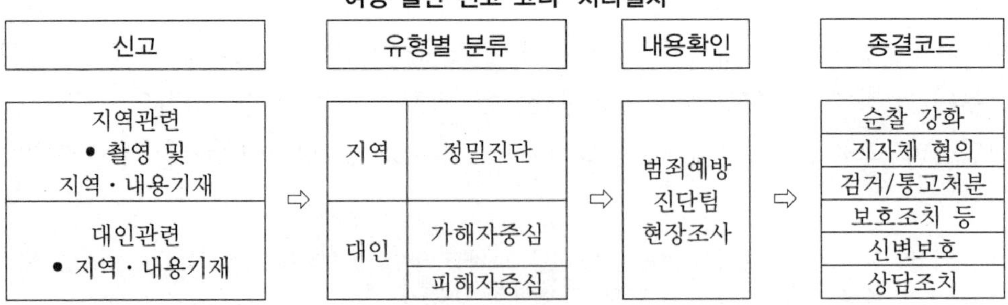

※ 조치사항은 7일 이내 신고자에게 통보, 불가피할 경우 7일 연장(최대 14일)

※ 자료 : 경찰청일보, 2016.5.30.

135) 경찰청일보, 2016.5.23.

간명한 형식으로 체크리스트를 개발(2016년 11월 中)하여 정신보건법 개정에 따른 업무 신청 절차에 반영하여 현장에서 활용한다.

3. 학교폭력업무 : 소년범 조사시 전문가 참여제

비행청소년은 인격형성의 과정에 있기 때문에 정신적으로 성숙되지 못하였을 뿐만 아니라 순화가능성이 있다는 점을 감안하여 그들에게 형벌보다는 교육에 중점을 두고 있는 것이 세계적 추세이다.[136] 이러한 관점에서 우리나라에도 소년법에서 소년의 비행을 일반 범죄와는 달리 처분하는 절차를 규정하고 있으며, 소년범죄에 대하여는 일반적인 형사소추 절차에 의한 형사처벌 이외에 비행소년의 교육과 선도에 중점을 두고 있다.

비행소년의 공식적 처리기관으로는 경찰, 검찰, 법원(가정법원 또는 지방소년법원) 등이 있고 비행소년 교정기관으로는 소년분류심사원, 소년원, 소년교도소 등이 있다.[137]

경찰단계에서의 처리과정을 살펴보면, 경찰은 소년법상의 비행소년은 물론이고 아동복지법상의 요보호 아동과 미성년자 보호법상의 불량행위소년을 대상으로 주로 선도보호의 차원에서 훈방하거나 통보한다. 비행청소년에 대한 처리는 범죄소년과 촉법소년, 우범소년의 발견과 처리로 분류할 수 있다.

범죄소년은 범죄내용과 신상관계, 환경 등을 조사한 후 검찰에 송치하며, 10세 이상 14세 미만 형사미성년자(촉법소년) 및 10세 이상 19세 미만 우범소년이 발견되면 경찰에서는 범죄내용과 신상관계, 환경 등을 조사하여 가정법원 소년부에 송치하고 14세 이상 범죄소년은 형사사건으로 검찰에 송치한다. 1986년 7월부터 경찰은 소년수사전담반을 구성, 소년범죄를 전담하도록 하고 있으며 소년에 대한 정확한 조사를 위해 2003년 10월부터 2개 경찰서(서울송파, 수원남부)에서 소년범 조사시 범죄심리사 등 전문가를 참여시켜 소년의 재범 위험성 등에 대한 검사를 시범실시하고 있다.

136) 하상군 · 김종길 · 조성택, 앞의 책, 45-48쪽.
137) 문화체육부, 청소년백서, 2013, 425쪽.

19세 미만의 소년범이 해마다 급증해 심각한 사회적 문제를 낳고 있어 적극적인 대책 마련이 시급하다. 소년범의 재범률이 35%에 이르는 등 교정 행정에 난맥상을 드러냈다. 전문가들은 비행 청소년에 대해 재범률을 낮추는 등 실효성 있는 대책 마련을 강조한다.

〈표 3-6〉 5년간 소년범 범죄 현황

(단위 : 명)

구분	'10	'11	'12	'13	'14
계	**94,862**	**86,643**	**107,018**	**90,694**	**78,794**
형법범	74,368	59,706	73,652	74,483	63,625
특별법범	20,494	26,937	33,366	16,211	15,169

* 소년법 개정에 따라 2008년 이후는 10세 이상 19세 미만, 2008년 이전은 12세 이상 20세 미만에 의한 범죄임.
* 자료 : 경찰청, 경찰백서, 2015. 63쪽.

〈표 3-6〉과 같이 소년범죄는 청소년 인구의 감소 등으로 지속적인 감소추세를 보였으나 2012년에는 학교폭력 근절활동에 집중한 결과 다소 증가하였다. 하지만 학교폭력이 안정화 단계에 들어선 2014년에는 강력범은 총 2,630명으로 전년 3,081명 대비 14.6% 감소하였으며, 절도(20.1%)·폭력(11.7%) 등 전체 범죄도 전년도에 비해 전반적으로 감소하였다.

경찰청의 비행예방 업무는 청소년 비행예방 대책의 목표는 청소년 건전육성을 위한 가정, 학교, 지역사회 및 국가의 역할 증대, 지·체·덕·예를 고루 갖춘 전인적 민주시민의 자질 함양, 청소년이 밝고 건강하게 성장할 수 있는 건전한 사회환경의 조성, 세계화 주역이 될 수 있는 국제활동 증대의 4가지로 제시하고 있다.[138] 이를 위한 주요시책으로는 청소년 건전육성을 위해 가정과

138) 문화체육부, 청소년백서, 2014, 425쪽.

학교의 역할증대를 위한 노력, 청소년 보호 및 선도 강화, 건전한 청소년 활동 지원 강화, 세계화를 위한 청소년 교류 활성화, 청소년 건전육성을 위한 국민 참여 증대, 청소년육성 추진체계 강화이다. 주요 추진 방침으로 비행청소년 선도보호활동 개시, 미아 및 가출인 첨단화상시스템 추진, 학교폭력 및 청소년 유해업소 정화단속, 소년경찰 전문화 및 육성책 강구 등을 들 수 있다.

비행소년을 단순히 사회로의 복귀보다는 일정한 선도조치를 취하는 것이 보다 타당하다는 인식 하에 경찰에서는 청소년 선도·보호활동으로 '소년범 조사 시 전문가 참여제'를 운영하고 있다. 그러나 이러한 훈방에 결부되어 선도조치를 부과하는 것이 과연 허용될 수 있는 것인지에 대하여는 검토를 필요로 한다.

가. 소년범 조사 시 전문가 참여제 운영

「소년범 조사 시 전문가 참여제」는 소년범의 조사과정에 범죄심리사 등 심리전문가가 참여하여 가정·학교환경 등 43개 비행촉발 요인과 공격성·반사회성 등 344개 인성평가 항목에 대한 심층 분석 결과를 바탕으로 소년범의선도 및 재범 가능성을 판단하여 소년범에 맞는 선도프로그램을 연계함으로써 재비행 방지효과를 제고하는 제도이다.

2003년 9월부터 2005년 7월까지 조사과정에 전문가가 참여한 소년범(386명)에 대하여 재범여부를 확인한 결과, 전문가가 재범 가능성이 높다고 판단한 고위험군 소년범의 재범률은 40%로, 저위험군 소년범의 재범률 4.5%보다 높게 나타나면서 재범여부에 대하여 비교적 정확히 예측하는 것으로 확인되었다.

이러한 전문가의 분석결과는 선도심사위원회의 심의자료로 제공되어 경미한 소년범에 대한 훈방·즉결심판 등 처분 시에 활용되며, 사랑의 교실 등 선도프로그램 연계 시 재비행 예측결과 등을 반영한 맞춤형 선도프로그램을 진행하는 등 개별 소년범 특성에 맞는 선도 교육을 통해 청소년 선도효과 제고에 기여하고 있다.

〈표 3-7〉 소년범 조사 시 전문가 참여제 운영 현황

구분	'10	'11	'12	'13	'14
운영관서	70개	100개	120개	137개	180개
참여소년범	7,172명	7,639명	10,258명	11,548명	8,938명
전체소년범	94,862명	86,643명	107,018명	90,694명	78,794명
참여비율	7.6%	8.8%	9.6%	12.7%	11.4%

* 자료 : 경찰청, 경찰백서, 2015. 67쪽.

〈표 3-7〉에서 살펴보면 2014년에는 전체 소년범의 11.4%에 해당하는 8,968명이 전문가 참여조사를 받았으며, 앞으로 더 많은 소년범이 전문가의 과학적인 분석에 근거한 선도교육을 받을 수 있도록 전문가 참여제를 연차적으로 확대해 나갈 계획이다.

나. 선도심사위원회 운영

선도심사위원회[139]는 소년범 특성에 따라 선도 중심의 맞춤형 처리를 위해 외부 전문가가 참여하는 위원회로, 죄질이 경미한 범죄소년(만 14세 이상 19세 미만) 사건 중 즉결심판 사건을 대상으로 처분(훈방・즉결심판 청구 또는 입건・검찰 송치 여부) 및 선도방향(사랑의 교실,[140] 자체 선도프로그램[141] 또는

139) 선도심사위원회는 위원장을 경찰서장으로 하여 NGO 등 청소년 선도에 학식과 경험이 풍부한 전문가 중 경찰서장이 의사, 변호사, 교수, 교사 중 외부위원(3인 이내)을, 여성청소년・생활안전・형사・청문감사관 중 내부위원(2인 이내)을 위촉하여 구성한다.

140) 사랑의 교실 : 관서별 실정에 따라 1989년 서울경찰청에서 처음으로 시범실시 된 이래 비행청소년 재범방지를 위해 역할극・미술치료・봉사활동・심리검사 등을 청소년상담 복지 센터 등 전문단체에 위탁하여 운영되고 있다. 범죄소년이나 촉법・우범소년 등 비행 청소년에 대한 교육을 실시하여 또다시 비행에 빠지는 것을 사전에 차단하고 조속한 재사회화를 이루기 위한 목적으로 사랑의 교실에 참가하는 대상소년은 검찰에 송치할 대상자에서 제외된 촉법소년 또는 우범소년, 가정법원에 송치할 대상자에서 제외된 촉법소년 또는 우범소년, 즉결처분의 대상이 되는 비행을 범한 13세-18세의 자, 기타 형벌법규에 저촉되지는 않으나 자기 또는 타인의 위생 또는 덕성에 해로운 불량행위를 한 13-18세 미만의 소년으로서 특히 교육이 필요하다고 인정되는 자 등이다. 교육을 이수한 후 재범 시는 교육대상에서 제외된다.

기타 NGO연계 등)을 결정하는 역할을 수행하고 있다.

2012년 3월부터 학교폭력 자진신고 가해학생 등 학교폭력 사건에 대해 선도심사위원회를 거쳐 훈방·즉결심판으로 처분하기 시작하였고, 2013년에는 모든 소년사건으로 대상을 확대[142]하였다.

다. 선도프로그램 운영

경찰은 소년범 특성을 고려한 맞춤형 선도프로그램을 운영하여 소년범의조기 선도를 통한 재범방지 및 청소년 건전육성에 기여하고 있다. '사랑의 교실(외부 전문단체 위탁)'과 경찰관서 자체 선도프로그램 운영을 병행, 경찰단계에서 절차가 종료되는 훈방·즉결심판 청구 대상자를 중심으로 선도심사위원회에서 소년범 특성에 맞는 선도프로그램에 연계[143]한다. 선도프로그램을 이수한 소년범 사건에 대해서는 수사서류에 결과보고서 또는 수료증을 편철하여 송치, 사법처리 단계에서 참고자료로 활용할 수 있도록 조치하고 있다. 최근 학업에 대한 부담감이나 가정불화 등을 이기지 못하고 가출하는 청소년이 늘

〈표 3-8〉 사랑의 교실 프로그램

진행구분	프로그램 명	운영시간	진행자	교육시간	비 고
여는 시간	시작의 시간 오리엔테이션	14:00-14:30	담당자	30분	다함께
함께하는 시간	레크리에이션	14:30-15:00	레크리에이션강사	30분	다함께
체험의 시간	사회심리극	15:00-17:00	심리극 전문가	2시간	
	심리극		심리극 전문가		
	인간관계 개선훈련		전문강사		
정리의 시간	설문지 작성 마침의 시간	17:00-17:30	담당자 보조강사	30분	다함께

* 자료 : 경찰청, 2013, 내부자료(재인용).

141) 경찰관서 자체 선도프로그램 : 2012년부터 관서별 체험·봉사, 재범 방지교육, 심리상담 등 지역사회와 연계한 자체 선도프로그램 개발·운영.

142) 선도심사위원회 1,020회 개최 및 즉심 586명, 훈방 1,838명 실시.

143) 선도프로그램 운영성과(2013년) : 사랑의 교실 6,659명, 자체선도프로그램 16,061명.

어가고 있다. 가정과 학교를 벗어난 청소년들은 상대적으로 쉽게 범죄와 접하게 됨에 따라, 경찰은 가출 청소년이 주로 배회하는 대도시의 주요 역·터미널·유원지 등에 경찰관·관련단체 등 상담요원을 배치하여 가정 및 신상상담을 실시하고 있다. 가출 청소년을 조기에 발견해서 보호 및 귀가조치를 하는 한편, 특히 학기 초, 방학기간, 수능시험 전·후, 연말연시 등 청소년들의 탈선이 우려되는 시기에는 「청소년 유해환경 단속 및 청소년 선도·보호활동」 등의 강화가 필요하다 할 것이다.

4. 가정폭력업무

가정폭력(domestic violence or family violence)이란 가정구성원의 갈등양상이 사적 생활 관계를 뛰어넘어 한 인간으로서의 인격과 존엄성을 침해하고 개인의 안전을 위협하는 단계에까지 이른 것으로서,[144] 이를 사법적 관점에서 보면 일종의 범죄발생 상황이라고 말할 수 있지만, 사회학적 혹은 심리학적 관점에서 보면 가족구성원의 안정적 생활을 위협하는 가족위기의 발생상황이라고 말할 수도 있다. 즉, 가정폭력이 행해졌다는 것은 달리 말하면 '가족위기'가 발생했다는 의미로도 해석할 수 있는 것이다. 가족위기란 '가족의 일부 혹은 전체가 어떤 사건에 직면하였을 때 여러 가지 이유로 이러한 균형상태가 깨어져 정서적인 혼란 상태를 경험하게 되는 것'이라고 말할 수 있기 때문이다.[145]

경찰이 가정폭력 위기상황에 개입한다는 것은 가정폭력을 일종의 범죄행위로 파악하고, 이에 대한 실체적 진실을 밝히기 위하여 증거를 수집하고 범인을 체포하는 일종의 사법적 활동으로서의 측면이 있는가 하면, 범죄피해자 및 다른 가족 구성원의 안전을 확보하는 위험예방 활동으로서의 측면과 신속한 피해회복을 도와주기 위하여 적절한 지원을 행하는 등 피해자에 대한 서비스 제공 활동으로서의 측면도 가지고 있다.[146] 특히 위험예방 활동과 피해자 지

144) 김병주, 가정폭력, 엠-에드, 2004, 7-182쪽; 형사정책, 제18권 제2호, 2006, 25쪽.
145) 김기태, 위기개입론, 서울: 대왕사, 1999, 254-255쪽.

원활동은 가정폭력 문제를 단순히 어떠한 개인의 범죄행위로만 파악하는 것이 아니라 그 개인이 소속된 사회전체의 문제로서 경찰을 포함한 국가기관과 지역공동체가 함께 해결해 나가야 할 사안으로 바라보는 시각과 밀접하게 관련되어 있다.[147)]

가정이라는 것은 사회구성의 기초단위로서 여기에서 발생하는 폭력행위는 일반폭력범죄와 동일하게 다루기가 어려운 성질을 가지고 있기에 각 나라에서는 가정폭력관련 특별법을 마련하고 여기에 각종 특례조항들을 마련해 놓고 있는 것이 보통이다. 우리나라의 경우에도 1997년 '가정폭력 범죄의 처벌 등에 관한특례법'(이하 '가특법'이라 한다)을 만들어 그 이듬해부터 시행해 오고 있다. 이는 경찰이 가정폭력에 대하여 더 이상 소극적 대응을 해서는 안 되고 적극적 위기개입을 해야 한다는 의지의 반영이기도 하였다. 그러나 가특법은 경찰의 가정폭력상황에 대한 성공적 위기개입을 저해하는 몇몇 규정들을 담고 있다. 특히 경찰의 위험예방적 활동을 경시한 채, 지나치게 가정폭력사건을 형사사법적 시각만으로 다루려고 함으로써 경찰의 효과적 위기개입을 촉진할 수 있는 적정한 법적 근거를 제시하지 못하고 있는 점, 경찰권발동을 위한 일반법적 근거라고 할 수 있는 경찰관직무집행법(이하 '경직법'이라 한다) 조차도 가정폭력에 대한 위기개입에 있어서 크게 도움을 주지 못했었다. 가정폭력은 '집안 내부의 문제'가 아닌 '사회적 범죄'라는 인식이 점차 확산되고 있으며, 가정폭력 직무교육과 인식전환 교육으로 인해 경찰의 적극적인 현장대응이 눈에 띄게 증가했다. 〈표 3-9〉에서와 같이 긴급임시조치(2011년 10월) 및 현장출입·조사(2012년 5월) 신설로 인해 가정폭력범죄 사법처리가 급증하면서 2005년(11,595명) 이후 지속적으로 감소하던 검거인원이 2014년에는 10년 간 가장 높은 검거 수치(17,557건)를 기록하였다. 또한 가해자 폭력성행 교정을 위한 가정보호사건 송치인원(2,819명)도 증가하였다.

이는 현 가정폭력특례법 규정 중심으로 그러한 법규정들이 갖고 있는 문제

146) Moriarty, Laura J., Policing and Victims. Prentice Hall, 2002, p. 18.
147) Morash, Merry et al, The Move to Community Policing ; Making Change Happen, Thousand Oaks, CA: Sage, 2002, pp. 184-185.

점이 부각되면서 효과적인 경찰의 위기개입을 가능하도록 하는 방향이 「가정폭력방지 종합대책」으로 제시되었다.

2014년 경기 안산 부인 살해 암매장, 인질살해 사건 등 연이은 강력사건[148)]의 원인이 가정폭력과 관련되어 이에 세밀한 관리를 위한 대응체계의 개선이 필요하였다. 우선 긴급임시조치 및 피해자보호명령제도를 적극 활용하여 피해자 보호를 강화하게 되었는데 상습・재발 우려가 있는 경우 긴급임시조치를 적극 신청하나, 피해자가 원치 않을 경우, 적극적 설득 또는 여성긴급전화(1366) 등 보호시설 인계로 2차 피해방지로 가정폭력피해를 최소화한다. 만일 가해자가 긴급임시조치 위반 시 적극적 과태료부과(2015년 7월 시행)를 요청, 임시조치 위반시 과태료 외 임시조치 5호(유치장 유치) 병행신청을 적극 활용한다.

〈표 3-9〉 가정폭력범죄 검거・조치현황

(단위 : 명, 건)

구분	검거건수	검거인원			가정보호사건 송치인원
		계	구속	불구속	인원
'05년	11,595건	**12,775명**	181명	11,800명	2,022명
'06년	11,471건	**12,837명**	113명	12,011명	1,903명
'07년	11,744건	**13,165명**	87명	12,587명	1,629명
'08년	11,461건	**13,143명**	77명	12,748명	1,044명
'09년	11,025건	**12,493명**	87명	12,064명	756명
'10년	7,359건	**7,992명**	60명	7,719명	450명
'11년	6,848건	**7,272명**	51명	6,925명	341명
'12년	8,762건	**9,345명**	73명	9,272명	494명
'13년	16,785건	**18,000명**	262명	17,738명	1,579명
'14년	17,557건	**18,666명**	250명	18,416명	2,819명

148) 2014.12.29 서울 금천구, 夫에게 프라이팬과 등산용 스틱으로 폭행당하여 피투성이가 된 채 살려달라는 딸 발견, '현장출입조사권' 발동하여 즉각 조치함('폭력 아빠' 현행범 체포, 경찰 '현장출입조사권' 발동, 서울신문, 2014.12.11).

* 자료 : 경찰청, 경찰백서, 2015. 73쪽.

2015년 2월 5일 전국 149개서 경찰서에 '여성청소년 수사팀'을 발족 현원 1,913명으로 가정폭력 대응 강화를 위해 '여성청소년 수사팀'이 모든 가정폭력 신고에 대해 직접 현장출동(전화코칭)하고, 초동조치부터 수사 및 재발방지를 위한 사후관리까지 가정폭력 처리를 일원화하며, 이외 성폭력, 학교폭력, 실종에 이르기까지 여성청소년수사팀 대상 피해자보호를 위해 대응강화교육을 실시하고 있다.

그러나 가정폭력 사건 재발을 막기 위해 재발 우려 가정에 대해 사후관리를 실시하고 있지만 이에 따른 전담인력이 턱없이 부족해 가정폭력 재발방지의 실효성이 우려되고 있다. 이에 현재 부족한 일력을 대신할 방편으로 위험군 가정에 한해 각 관내 지구대에 단장을 지정하고 각 가정마다 담당을 정해 주기적으로 문안순찰을 통해 모니터링을 진행하고 있다.

5. 성폭력 피해지원을 위한 성폭력피해자통합지원센터 운영

가. 사업목적 및 법적 근거

1) 사업목적

경찰은 그 동안 성폭력 범죄로부터의 안전에 대한 국민의 요구에 부응하기 위해 의미 있는 제도를 선도적으로 도입, 시행해 왔다. 특히, 경찰은 성폭력 범죄로 인한 피해를 조사하는 과정에서 발생하는 제2차 피해의 심각성을 인식하고, 성폭력 피해자에 대하여 의료지원, 상담지원, 심리치료지원, 법률・조사지원이 단 한 번의 방문으로 가능하도록 2005년 8월 31일 경찰병원[149]에 「여

149) 2005년도 개소당시는 경찰관 7명, 상담사 1명, 전문의1명이 상주하여 24시간 수사 및 의료지원을 하고 변호사 50명을 무료 법률지원단으로 구성하여 법률상담 및 소송을 지원하였으나, 2011년 도가니 열풍에 따른 대책으로 원스톱지원센터 등이 멀어 피해자가 이를 이용할 수 없는 경찰서를 위주로 전국에 설치, 2016년 6월 현재 전국 26개소가 설치되어 267명(경찰관 97명, 상담사 114명, 행정요원 28명, 간호사 28명)이 근무하고 있다.

성·학교폭력 피해자 ONE-STOP지원센터」를 시작[150]으로 2014년 이후 성폭력 피해자통합지원센터로 변경하여 전국에 26[151]개소(이중 해바라기와 통합된 곳은 7[152]개소)가 있다. 여성경찰관·상담사·간호사 등이 24시간 상주하면서 성폭력·학교폭력·가정폭력·성매매 피해자들에게 의료·상담·수사·법률 등의 통합서비스를 무료로 제공하고 있다.

2) 법적 근거 : 성폭력 방지 및 피해자 보호 등에 관한 법률

• 법률 제18조 (피해자를 위한 통합지원센터의 설치·운영) ① 국가와 지방자치단체는 성폭력 피해상담, 치료, 그 밖에 피해구제를 위한 지원업무를 종합적으로 수행하기 위하여 성폭력 피해자통합지원센터(이하 "통합지원센터"라 한다)를 설치·운영할 수 있다.

150) 연도별 설치현황은 다음과 같다.

〈표 3-10〉 연도별 성폭력피해자 통합지원센터 설치 현황

연도	합계	원스톱지원센터	해바라기 여성아동센터	해바라기 아동센터
2004	1개소			1개소
2005	5개소	2개소('05.8. 경찰병원 최초 설치)		3개소
2006	17개소	14개소		3개소
2007	18개소	15개소		3개소
2008	20개소	16개소		4개소
2009	28개소	18개소		10개소
2010	30개소	17개소(▽1:부산 1개소 →통합센터로 변경)	4개소	9개소(부산 1개소 △)
2011	31개소	16개소(▽1:울산 1개소 →통합센터로 변경)	6개소	9개소
2012	30개소	15개소(▽1:부산 1개소 →통합센터로 변경)	7개소	8개소(강원 1개소 △)
2013	33개소	18개소(△3: 인천성모병원 개소 〈5.9〉 경기안산한도병원 〈7.24〉, 부산의료원 〈8.27〉	7개소	-

* 자료 : 경찰청, 경찰백서, 2014. 91쪽.

151) 성폭력피해자통합지원센터 현황은 다음과 같다

• 시행령 제6조 (피해자를 위한 통합지원센터 설치 · 운영) 법 제18조 제2항에서 "대통령령으로 정하는 기관 또는 단체"란 다음 각 호의 기관 또는 단체를 말한다.

1. 국가나 지방자치단체가 설치 · 운영하는 여성정책 관련 기관
2. 『의료법』에 따른 종합병원
3. 『지방의료원의 설립 및 운영에 관한 법률』에 따른 지방의료원
4. 그 밖에 성폭력방지 및 피해자 보호를 주된 업무로 하는 비영리법인 또

〈표 3-11〉 성폭력피해자통합지원센터 현황(26개소)

지역별	수탁기관	개소일	소재지
서울	경찰병원	'05. 08. 31	서울 송파구
	서울대병원	'10. 12. 03	서울 종로구
	보라매병원	'08. 12. 03	서울 동작구
부산	부산의료원	'13. 08. 27	부산 연제구
대구	대구의료원	'06. 05. 09	대구 서구
인천	인천의료원	'06. 03. 31	인천 동구
	인천성모병원	'13. 05. 09	인천 부평
광주	조선대병원	'06. 09. 04	광주 동구
대전	충남대병원	'06. 09. 07	대전 중구
경기	아주대병원	'06. 11. 10	경기 수원
	의정부의료원	'07. 09. 18	경기 의정부
	안산한도병원	'13. 07. 24	경기 안산
충북	청주의료원	'06. 02. 08	청주 흥덕구
충남	단국대병원	'10. 01. 13	충남 천안
전북	전북대병원	'06. 02. 28	전주 덕진
전남	성가롤로병원	'10. 01. 28	전남 순천
경북	안동의료원	'06. 01. 12	경북 안동
경남	마산의료원	'06. 12. 01	경남 마산
제주	한라병원	'06. 12. 08	제주 제주

* 자료 : 경찰청, 경찰백서, 2015. 57쪽.

152) 경찰청, 경찰백서, 2014, 57쪽.

152) 해바라기여성 · 아동센터의 현황은 다음과 같다.

는 단체

나. 운영 현황

〈표 3-12〉에서 성폭력피해자통합지원센터 운영성과를 살펴보면, 2014년 한 해 동안 원스톱지원센터는 성·학교·가정폭력 등 19,870명의 피해자를 대상으로 상담 48,588건, 진료 19,241건, 증거채취 4,963건, 진술녹화 8,109건, 피해자조서 작성 12,102건, 진술분석 전문가 참여 2,930건 등을 지원하였다.

그 외 해바라기아동센터[153]와 원스톱지원센터를 통합하여 성폭력·가정폭력·성매매 피해자 및 19세 미만 성폭력 피해 아동·청소년과 지적 장애인에 대하여 24시간 상담, 의료,[154] 법률, 수사지원[155] 서비스를 제공한다.

〈표 3-12〉 해바라기여성·아동센터 설치 현황(7개소)

지역별	수탁기관	개소일	소재지
서울	서울대학교병원	'10. 12. 03	서울 종로
부산	동아대학교병원	'10. 02. 09	부산 서구
울산	울산병원	'11. 12. 14	울산 남구
강원 영동	강릉동인병원	'10. 09. 08	강원 강릉
강원	강원대병원	'12. 12. 12	강원 춘천
전남	목포중앙병원	'10. 09. 29	전남 목포
경북	선린병원	'11. 11. 29	경북 포항

* 자료 : 경찰청, 생활안전국 자료

153) 2004년도부터 아동성폭력피해자를 지원하기 위해 설치되어 2013년 1월 현재 전국에 8개소가 설치되어 있고 19세미만 성폭력 피해 아동·청소년, 정신지체 장애인에게 의학적 진단과 평가 및 치료, 사건조사, 법률지원서비스, 지지체계로서 가족기능 강화를 위한 상담 서비스 등을 제공하고 있다

154) 성폭력 피해자의 치료비 관련, 여성가족부는 보도자료를 발표(2012.10.24)하여 개선된 제도를 2012.10.25부터 시행하고 있다. 구체적인 내용으로 1) 그간 성폭력 피해자에 대한 의료비가 연간 500만 원 이상 소요되는 경우 지자체의 심의를 거치도록 했던 절차를 폐지하여 의사의 처방만 있으면 금액과 상관없이 모든 의료비를 지원받을 수 있게 하였고(단, 의료지원기간이 2년을 초과할 경우 의료지원기관과 지자체가 협의를 통해 계속지원여부를 결정하되, 의사소견서를 첨부), 2) 그 동안 19세 미만의 피해자 부모나 보호자에 한정하여 지원하였던 가족 의료비를 피해자 연령과 상관없이 형제·자매를 포함한 모든 가족(직계 존비속, 형제 및 자매, 배우자 및 보호자)으로 확대하여 성폭행피해 후 피해자 본인뿐만 아니라 부모와 가족이 겪는 심각한 후유증상에 대한 심리 치료비도 전액 지원하고 있다.

155) 아동성폭력의 경우 일반 성폭력피해자와 달리 피해자가 고소를 하는 경우 ① 법의학적 면

〈표 3-13〉 최근 3년간 성폭력피해자통합지원센터 운영실적

구분	방문자수(명)						지원내용(건)						
	계	성폭력	가정폭력	성매매	학교폭력	기타	계	상담	진료	증거채취	진술녹화	피해조서	전문가참여
'12	14,423	11,032	2,020	127	294	950	69,376	36,810	13,066	3,693	5,528	8,302	1,977
'13	19,655	14,572	3,303	156	238	1,386	90,308	47,183	16,532	4,509	7,990	11,550	2,594
'14	19,870	14,187	4,163	145	65	1,310	95,933	48,588	19,241	4,963	8,109	12,102	2,930

* 관할 구분 없이 이용토록 개선 및 홍보강화로 '14년 95,933건을 지원 '13년에 비해 6.29%(5,575건) 증가하였음.

* 자료 : 경찰청, 경찰백서, 2015. 58쪽.

이러한 성과를 바탕으로 성폭력피해자통합지원센터는 일본에서도 성폭력 피해자 지원을 위한 우수제도로 보도되고 있으며 미국 등 여러 국가에서 견학을 위해 방문할 만큼 여성·아동 범죄피해자 보호를 위한 최적의 모델로 평가받고 있다. 경찰청은 성폭력 피해자의 보호·지원강화를 위해 원스톱 지원센터 확대설치를 추진하고 있으며, 2017년까지 연차별로 38개소를 추가하여 총 60개소로 확대할 계획이다.

경찰의 성폭력 수사는 지방경찰청 단위로 여성청소년계에 수사요원을 배치하여 아동 및 장애인 성폭력사건 등 중대한 사건을 처리하는 것 외에는 여성청소년 기능에서 피해자 조사를, 형사기능에서 가해자 수사를 하도록 하여 이원화하였던 체제(2013. 8월까지)를 통합한 성폭력피해자통합지원센터[156]를 운

담 내용 및 녹화자료, ② 의학적 신체검사 결과, ③ 피해자의 진술 능력 평가(지능 및 인지능력), ④ 법의학적 면담(피해자 진술)의 CBCA(Criterion-Based Content Analysis)에 의한 진술분석을 하여 진술 신빙성 평가, ⑤ 정신의학적 피해 정도(정신적인 장애, 후유증 등), ⑥ 종합평가로 구성된 해바라기아동센터 등의 의견서를 제출받게 된다.

156) 현재 경찰은 원스톱지원센터, 여성가족부 및 여성·아동폭력피해 중앙지원단에서는 경찰과 달리 성폭력피해자 통합지원센터라고 지칭하고 있다. 다만 최근 보도에 따르면 향후 센터명칭은 원스톱지원센터로 통일하기로 잠정적 협의가 이루어 졌다고 한다. 세계일보, "검거일변도 성범죄 대응 사후관리로 변화 - 경찰, 유관기관 협력 관리체계 확대", 2013.10.23. 여기서는 구분의 편의상 원스톱지원센터·해바라기아동센터·해바라기아동·여성센터를 구분하

영하고 있다.

이에 따라 성폭력수사뿐만 아니라 피해자에 대하여 종합적이고 체계적인 대처가 곤란했었다. 이러한 과거 수사체계 개선에 큰 영향을 준 사건 중 하나가 바로 밀양여중생 집단 성폭력사건이었다.

다. 밀양여중생 집단 성폭력사건과 전담조사제

2004년 12월 발생한 밀양여중생 집단 성폭력 사건은 대질신문의 문제와 피해자 명예훼손 등의 문제점도 지적되었지만 조사과정에서 경찰관의 모욕적인 발언과 함께 여성 경찰관의 수사전담요청에도 남성 경찰관의 전담 조사가 문제가 되었다. 이에 따라 (구)성폭력범죄의처벌및피해자보호등에관한법률은 전담경찰관을 지정하여 조사하도록 한 규정을 도입한 이래 2013년 11월부터 전국에 총 1,214명을 전담조사관으로 지정하여 운영 중이며, 평소에는 소속부서(2013년 현재 형사기능 699명, 생활안전기능 436명, 교통기능 30명 등 근무)에서 근무하면서 성폭력사건 발생 시에 조사를 하고 있다.

또한 성폭력전담수사대를 각 지방경찰청 및 주요 경찰서 중심으로 확대·시행하고 있다. 이와 같은 제도적 개선과 더불어 경찰은 성폭력 피해자 보호를 위한 아동 성폭력 피해자 진술의 신빙성을 객관적으로 평가하고 수사과정에서의 심리적 충격 등 제2차 피해를 방지하기 위해 아동 성폭력 사건의 수사 초기부터 심리전문가 참여 제도를 도입하였다.

이 제도 도입을 위해 경찰은 2008년 '전문가 참여제 및 행동·진술 분석제'를 2년 여 동안 시범운영하였고, 2010년부터 성폭력피해자통합지원센터에 도입함으로써 성폭력의심 사건의 피해아동 진술을 분석·판단하고 있다. 특히, 아동 대상 성폭력 사건수사 시 아동 진술의 신빙성을 확보하기 위해서는 조사초기부터 아동의 특성을 고려한 조사가 이루어져야 한다는 판단 하에 피암시성이 높은 피해자로부터 오염되지 않은 자발적인 진술을 끌어내기 위해 성폭력피해자통합지원센터 등 성폭력피해자 전담조사관들을 대상으로 아동면담기

여 사용하고 전체를 다 지칭할 때는 성폭력피해자 통합지원센터라는 명칭을 사용하기로 한다.

법(NICHD)을 훈련시키고 있다. 아동 전담 수사면담은 아동 진술의 신뢰성 확보와 범죄 사건의 올바른 판결에 매우 중요한 역할을 담당한다. 아동 진술이 성폭력, 신체 학대 등 가혹한 범죄 사건의 해결에 실증적 증거로 채택되는 사례가 증가하면서 「아동학대범죄의 처벌에 관한 특례법」 개정안이 2016년 5월 19일 국회 본회의를 통과[157]함에 따라, 주요내용 매뉴얼 개정 등을 추진하는 한편, 국외에서는 바람직한 수사면담 시행을 위한 면담 훈련의 필요성과 그 중요성에 관심이 주목되고 있다.

6. 범죄피해자 심리전문요원 운영

가. 범죄피해자 보호활동

경찰이 범죄 피해자 보호와 지원을 강화하기로 하면서 전담조직을 신설하고 인력을 대폭 증가할 계획으로 우선 2015년 1월 서울과 경기청에 "피해자보호계"를 신설하고 나머지 지방경찰청에는 "피해자보호팀"을 신설할 계획이다. 이에 앞서 2006년부터 지방경찰청단위로 심리학 전공자 및 관련분야 경력자 29명[158]을 '피해자심리전문요원'(일명 CARE팀 : Crisis-intervention, Assistance & REsponse 위기개입 지원・대응팀)으로 특채하여 경기 3명. 부산・대구・제주・인천에 각 1명, 기타 12개청에 각 2명씩 배치하고 있다.[159]

157) 새누리당 안홍준 의원 대표발의(2015년 8월 10일), 법사위 수정・가결(2016년 4월 28일).
158) 2006년 4월 피해자 심리전문요원 특별채용 계획을 수립하여 동년 8월에 11명을 채용하여 2007년 3월에 치안수요가 많은 5개청(서울・부산・대구・인천・경기)에 先배치하고 2009년 11월 추가 충원계획(24명)을 수립하여 2010년 10월에 11명, 2011년 6월에 13명을 특채하여 운영 중이다.

〈표 3-14〉 피해자심리전문요원(CARE) 운영 현황

계	서울	부산	대구	인천	광주	대전	울산	경기	강원	충북	충남	전북	전남	경북	경남	제주
29	2	1	1	1	2	2	2	3	2	2	2	2	2	2	2	1

＊자료 : 경찰청 생활안전국 내부자료.

이 제도는 2006년 8월 처음으로 심리학전공자 및 상담 경력자를 경찰관(경장)으로 특채하여 강력범죄 발생 초기부터 전문적인 피해자 상담 및 지원을 가능하게 한 제도로 2007년 3월부터 2014년 8월말까지 총 1,502명의 피해자에게 심리검사·상담 등 총 3,554회의 서비스를 제공하였다. 원스톱지원센터는 피해자의 심리상담(68%)를 주로 실시해서 피해자를 안정시키고 있으며, 이 외에도 지원단체를 연계해 주고 있다. 피해자심리전문요원의 채용시 자격요건은 경찰공무원의 채용기준과 동일하나 추가로 ① 심리학전공 학사학위 이상 소지자이거나, ② 심리상담 분야에서 근무경력 또는 연구경력이 3년 이상인 자의 요건 중 하나 이상을 충족하여야 하는 것으로 되어 있다.

주요 임무로는 강력사건 발생 시 현장출동, 피해자 심리평가·상담, 해당 사건 수사지원 및 전문기관 연계 등으로 피해자의 심리안정을 유도하고 평상시에는 경찰관·민원인 인권상담, 피해자에 대한 사후관리, 피해자 지원단체 연락체제 유지 등이 있다.

또한 경찰청은 2004년 9월부터 살인·강도 등 강력사건의 담당형사를 '피해자서포터'로 지정·운영하고 있으나 2014년 12월 세종 엽총살인 사건 및 경기 엽총살인 사건 등으로 유가족 및 목격자가 공황장애 및 불안증상을 호소하자 심리상담요원 29명 규모였던 이들 전담인력을 경찰의 범죄 피해자 보호 역량을 강화하기 위해 2015년 2월 12일 전국에 209명으로 "피해자전담경찰"[160]을 배치하였다.

피해자전담경찰관은, 일선 현장에서 살인·강도·방화 등 강력사건과 체포·감금 등 주요 폭력사건, 교통사망사건 등의 피해자를 대상으로 사건 접수시부터 사후 회복까지 전 과정에 걸쳐 보호 및 지원 업무를 전담하며 피해자의 신속한 피해회복과 일상 복귀를 돕게 된다. 피해자 보호·지원활동은 경찰

159) 경찰청, 생활안전국 내부자료.

160) 피해자전담경찰은 상담심리·사회복지 전공자 및 관련 자격증 소지자, 수사부서 근무 경력자 등 관련 분야 경력자를 중심으로 선발하였는데, 경찰청 11명, 전국 지방청 57명, 치안수요가 많은 1급지 경찰서 141명(141개 全 1급서 각 1명씩) 총 209명을 신규배치하였다. 지방청·경찰서 선발인력 중 66명(33.5%)이 피해상담사 등 심리상담 관련 자격증 1개 이상 보유, 65명(32.5%)이 수사부서 경력자이다.

청에서 설계한 「피해자 보호활동 3 STEP(공감 → 지원 → 안정)」을 중심으로 이루어지는데, ① 공감단계는 사건 초기, '위기상담'을 통해 피해자와 공감, 심리적 안정 및 경제적·의료적 지원에 대한 정보를 제공하고, ② 지원단계는 사건 진행단계에서는 필요시 신변보호 조치, 피해회복을 위한 맞춤형 지원방안을 설계하여 유관기관과 연계를 실시한다. ③ 안정단계는 사건처리 이후에도 주기적인 연락과 지속적인 관심을 통해 정상적 생활로의 복귀를 돕는다. 아울러, 현장 경찰관들을 대상으로 직무교육 및 홍보활동을 실시하여, 피해자에 대한 인식전환을 통하여 보통 사람과 다른 심리적·사회적 상태에 놓여 있는 피해자의 충격을 최소화할 수 있는 대화 및 행동기법을 체질화시키는 역할도 수행하게 된다. 범죄 피해자를 가장 먼저 접하고 피해자 보호의 골든타임을 담당하는 경찰이 피해자 보호가 경찰의 기본임무를 깊이 인식하여 그들의 아픔에 공감하고 눈물을 닦아 주는 등 피해자 보호에 최선을 다해야 하며 피해자 전담경찰관은 추가적이고 전문적인 보호·지원·상담·연계서비스를 체계적으

〈표 3-15〉 피해자 보호활동 3 STEP

단계별	지원활동
사건초기 (공감)	▸강력사건 등 발생 시 초기상담을 통해 피해자의 아픔에 공감, 심리적 안정 유도하고 needs를 파악(필요 시 현장 출동)하여 형사절차상 피해자의 권리 안내 및 관련 정보 제공.
사건진행 (지원)	▸강력사건 현장검증·임시숙소 입·퇴실 관련, 필요 시 동행 ▸피해회복을 위한 다양한 지원 제도를 맞춤형으로 설계하여 지원기관·단체 등에 연계, 경제적·심리적·법률적 측면을 망라한 종합적 지원 제공 – 경제적 지원 : 범죄피해자 구조금, 긴급지원제도, 범죄피해자지원센터 지원비, 교통사고 피해자 구조제도, 성·가정 폭력 피해자 치료비 지원제도 등 연계 – 심리적 지원 : CARE 요원 상담지원, 스마일센터 연계 등 – 법률적 지원 : 대한법률구조공단 연계, 법정동행 등 – 기타 지원 : 범죄현장 정리, 거주이전지원 연계 등 ▸노인·아동 등 사회적 약자에 대해서는 단순 연계에 그치지 않고, 직접 동행하거나 신청절차 대행
사건후기 (안정)	▸주기적인 연락과 관심을 통하여 정상적인 생활 복귀 도모 ▸트라우마를 겪는 피해자는 6월 이상의 지속적인 사후관리로 심리회복 및 안정화 단계 정착에 도움

* 자료 : 경찰청 피해자보호담당관실 내부자료.

로 제공하여 피해자보호에 적극적으로 나서겠다는 의지로 피해자들의 정보접근성이 강화될 전망이다.

나. 범죄피해자 대상 무료검진

2016년 6월부터 11월간 경찰청과 한국건강관리협회 업무협약[161]에 따라 범죄피해자 및 그 가족들의 건강증진을 위해 무료건강검진을 실시했다.[162]

주요내용을 살펴보면

1) **지원대상** : 범죄피해자 및 가족을 대상으로 생명·신체 피해뿐 아니라 심리적·경제적 피해를 포함한다.

2) **시행시기** : 2016년 6월 1일~11월 30일 6개월간

3) **검진기관** : 건강관리협회 소속 전국 16개 건강검진센터

4) **검진내용** : 기초검사, 혈액·요검사 등 기본건강검진과 간, 담낭, 췌장, 신장, 비장 등 상복부초음파

5) **검진절차** : 지원 대상자 선정 → 바우처 및 건강검진 문진표 지급 → 검진센터 예약 → 피해자 방문 → 바우처 제출 → 건강검진 실시

7. 노인학대 관심 촉구를 위한 노인학대 집중신고기간 운영

노인인구의 증가 및 고령화 사회[163] 진입에 따라 노인학대 치안수용 급증 전망으로 노인학대에 대한 인식 전환 및 관심 촉구를 위한 신고활성화의 필요이다.[164]

가. 추진배경

노인인구의 증가 및 고령화 사회 진입에 따라 아동학대에 이어 노인학대가 신규치안수요로 급부상될 것으로 전망되고 있으며 노인학대 신고는 꾸준히 증

161) 2016년 5월 12일 경찰청-한국건강관리협회와 '범죄피해자 건강증진을 위한 무료건강검진 업무협약' 체결.

162) 경찰청 일보, 2016년 5월 30일.

163) 65세 이상 인구수 : 7% 이상 고령화, 14% 이상 고령.

164) 경찰청일보, 2016년 5월 30일.

가 추세에 있으나 인식 및 관심부족으로 실제 발생 대비 신고율은 극히 저조한 상태로 알려지고 있다.[165)]

나. 운영개요

1) 노인학대 집중신고기간 운영(2016.6.1~6.30)

대상범죄로는 노인에 대하여 신체적·정신적·정서적·성적 폭력 및 경제적 착취 또는 가혹행위를 하거나 유기·방임하는 행위이다. 이에 경찰수사는 가정 內 노인학대는 여청수사팀이며, 가정 外 노인학대는 기존 관서별 업무분장에 의해 여청·수사·형사에서 처리함과 함께 수사사항은 반드시 학대전담경찰관에게 통보한다. 또한 피해자 보호·지원 등 학대전담경찰관을 중심으로 자발적 피해회복이 어려운 노인에 대해 통합솔루션을 개최하여 다각적 지원 방안을 강구한다.

2) 복지부 주관, 시설 內 노인인권실태조사(2016.5.23~6.30)

학대의심 노인학대 사례 발굴하여 고발 등 수사 협조 요청 시 대응할 수 있도록 적극 협조한다.

3) 다각적 지원방안을 강구

집중신고기간 동안 노인복지시설 등을 방문하여 노인학대 예방 및 인식 전환을 위한 교육활동을 전개하며 신고기간 운영 결과를 분석하여 '노인학대대응 매뉴얼 제작 및 노인학대 관련 정책 추진방향 등을 설정하여 피해자 지원방안으로 사회적 약자 보호에 다각적 지원방안을 강구해야 할 것이다.

165) 2014년 노인실태조사시 학대 경험률이 있다고 응답한 경우는 전제의 9.9% 학대 신고 및 사례 판정률은 0.5% 수준(노인보호전문기관 통계).

03절 한국경찰의 복지업무의 문제점

현재 전 세계적으로 복지정책은 이 시대가 당면한 가장 중요한 국가의제(National Agenda)로 대두되고 있다. 복지문제를 둘러 싼 논쟁은 보편적(차별 없는) 복지와 선택적(선별형 또는 맞춤형) 복지를 두고 학계와 정치권에서의 논쟁도 뜨겁다. 그리고 경찰 역시 복지정책의 기조(stance)에서 복지경찰제도 도입으로 복지경찰법 제정을 통해 경찰의 역할과 복지업무 간의 우선순위와 조화방안, 복지경찰안전망(Social Safety Net)의 수준을 어디까지 확장할 것인지 등 새로운 경찰제도상의 복지패러다임에 관한 논의도 고려해 보아야 할 시점이기도 하다.[166]

앞에서 살펴본 경찰법, 경찰관직무집행법, 그리고 범죄수사규칙 등을 통해 경찰의 업무지침에는 지역사회와의 관계, 수사대상자와 피해자에 대한 존엄과 보호, 청소년들에 대한 특별한 선도, 보호관찰의 역할 등 서비스 기관으로서의 가치와 역할이 비교적 자세히 명시되어 있다.

그러나 초기 전 국민의 전폭적인 지지와 성원 하에 출발한 성폭력피해자를 보호하기 위한 '성폭력피해자통합지원센터' 같은 제도들이 시행된 지 이미 적게는 3년에서 10년이 지나고 있다. 그럼에도 제도시행 이후 최근까지 그 효과에 대한 실증적인 검증이 이뤄지지 못함에 따라 각 제도들이 본래 도입 취지에 맞게 운용되고 있는지에 대한 비판이 제기되고 있다.

첫째, 전문가 부족이다. 그 단적인 예로 최근까지 경찰청에서 시행한 제도 중 일부에 대해서는 충분한 예산적 지원이 없고, 이로 인하여 역량 있는 전문가의 채용·육성방안이 체계적으로 시행되지 못하자 장기적인 발전방안이 마련되지 않은 상태에서 성급하게 제도가 시행되었다는 외부의 지적도 있다. 여기에 더하여 경찰청에서 자체적으로 운용하고 있는 아동행동진술 분석전문가

166) 이상수, 경찰 복지정책의 중장기 발전전략 연구, 치안정책연구소 연구보고서, 2011, 1쪽.

는 여성가족부 위촉 '진술조사 전문인력'에 비해 전문성이 부족하다고 의심받고 있다.[167] 또한 성폭력 전담 조사경찰관의 전문성 부족을 이유로 2012년 3월 16일부터는 성범죄 피해를 당한 아동·청소년에게 수사에서 재판에 이르는 과정에서 법률적 조력을 해주는 법률조력인 제도가 도입(2013년 12월 19일부터 시행)되었고, 성폭력 피해자 전담 국선변호사로 명칭을 바꾸어 성폭력 피해지원을 위한 성폭력피해자통합지원센터 등에 상근 배치되어 성폭력 피해자(성인, 아동, 노인 및 장애인 모두 포함)를 위한 법률지원을 하고 있다. 이러한 제도들에 근거하여 현재 다양한 영역의 전문가들이 아동 및 장애인 성폭력 사건의 수사와 피해자 인권보호를 위해 활동하고 있다.[168] 하지만 더 심각한 상황은 제도에 대한 불신을 근거로 유사한 제도들이 부처별로 중복적으로 도입됨으로써, 현재 아동이나 장애인 성폭력피해자를 조사할 경우 조사경찰관은 속기사, 법률조력인, 신뢰관계인, 진술조력인, 상담사, 진술분석전문가(진술조사 전문인력), 사건을 담당할 수사관과 검사 등의 참여를 미리 조율해야 하는 상황에까지 이르게 되었다.

이처럼 성폭력피해자 보호·지원을 위한 제도들이 도입되면서 그 후속작업으로 제도의 효용성에 대한 실질적인 검증작업이 이루어져야 함에도, 이에 대한 평가가 제대로 이루어지지 못함으로써 제도 자체에 대한 불신이 초래되고 있고, 또한 예산의 중복집행과 부처간 주도권 다툼으로 인한 비효율적 행정집행 등의 부작용이 발생하고 있다. 결국 제도에 대한 철저한 사후 분석과 개선 등의 후속작업이 없다면 제도의 도입취지와 달리 오히려 피해자의 인권이 심각하게 침해될 수 있음을 의미한다.

따라서 복잡하고 다양한 변화에 따른 치안수요에 능동적으로 대처하고, 국민의 양질의 치안서비스를 제공하기 위해 먼저 국민생활에 밀접한 현장 복지경찰 인력 등의 전문적인 사회복지학 전공자의 특별채용이 필요하다.

---

167) 정현미, 성폭력범죄 피해 아동·장애인을 위한 진술조력인제도, 이화젠더법학, 제4권 제1호, 2012, 18쪽.

168) 김현석, 우리나라 법정에서 심리전문가의 역할과 기대, 한국심리학회 연차학술대회자료집, 2010, 486-487쪽.

둘째, 경찰교육 훈련의 부족을 들 수 있다. 교육훈련은 공무원의 능력을 발전시키려는 여러 가지 인적자원 관리활동의 중핵을 이루는 것이다. 경찰에 있어서도 역시 우수한 요원을 선발하는 것 못지않게 중요한 것이 교육훈련이다. 경찰인적자원개발의 필요성은 실무적응능력의 제고, 경찰행정여건의 변동에 대한 적응능력의 강화, 지식과 기술 및 새로운 관리기법의 도입, 새로운 가치관과 경찰윤리의 확립, 능률성의 제고를 들 수 있다.[169]

현재 '적극적 경찰'의 기능요구와 확대에서 경찰의 복지업무는 심리학, 상담학, 교육학, 형사법, 형사정책 등 대민서비스 업무를 위한 다양한 재교육과 훈련이 필요하다. 특히, 2014년 10월 부산경찰청 산하 여성청소년계 여성·청소년 경찰 전담 80명을 대상으로 실시한 설문지 조사결과를 살펴보면 현 경찰에 대한 전문화 교육이 필요하다며 교육의 기간에 대한 문항에서 1주~4주가 46.3%(37명)로 1순위로 나타났다. 5주~8주가 33.8%(27명)가 2순위로 나타났다. 3순위는 6개월 이상이 6.3%(5명)으로 나타났으며, 4순위는 17주~20주로 1.3%(1명)가 응답하였고, 80.1%의 응답자들이 8주 이내가 가장 적합하다고 응답하였다.

성폭력피해자통합지원센터 소속 경찰관들이 이수한 교육의 종류에 대해 문의해 본 결과 상담기법, 성폭력 수사, 성폭력 관련 법규 등에 대해서는 교육 이수율이 매우 높았으나 아동이나 장애인 수사면담 실습이나 발달심리, 지적장애인 특성에 대한 이론 교육 이수율은 낮은 편이었다.[170] 이는 확대되는 경찰의 기능과 복지업무에 대한 現 경찰에 대한 전문화 교육 필요를 다시 확인할 수 있는 사례이다.

셋째, 경찰업무의 서비스직 인식의 부족에서 현실적인 한계가 나타난다.

우리나라가 치안과 범인 검거율은 경제협력개발기구(OECD) 최상위 수준인

169) 이황우·한상암·조호대·정덕영, 경찰공무원의 자기개발에 대한 인식과 경찰인적자원개발 방안, 한국공안행정학회보, 제28호, 2007, 349-350쪽.

170) 2013년에는 아동·장애인 성폭력 피해자의 수사과정에서 발생할 수 있는 2차 피해를 방지하고, 조사관의 전문성을 강화하기 위해 연 2회 운영하던 아동·장애인 성폭력 수사 및 일반 성폭력수사 전문과정의 교육 횟수와 수강인원을 확대하였다.

데 강력범죄 피해자에게 갖는 관심은 아직 선진국보다 부족한 상황이다. 경찰의 활동에서 복지업무 관련을 살펴보면, 범죄피해자 지원보호, 비행청소년 상담 및 가족상담, 전·의경 심리 고충상담, 독거노인 보호, 외국인 다문화 가정 상담 및 보호정책 등의 지역사회 경찰활동(community policing)을 들 수 있다. 이와 같이 실제 경찰업무는 그 현장 활동이 많을 뿐만 아니라 앞서 제시한 〈표 2-2〉의 경찰의 직무에서 봉사목표에 따른 직접봉사 기능으로 주민친화적인 성격이 강하게 나타난다.

위와 같이 현실적인 문제에서 경찰에게 원조봉사에 대한 서비스와 전문적 업무를 갖추기를 바라는 것은 무리일지도 모른다. 그러므로 현대의 시민 친화적인 "사회적 평화유지자(social peace keeper)"[171]로서의 기능마련으로 "복지경찰(Welfare Police)" 지향을 위한 법적 개선과 제도 도입이 필요하다.

〈표 3-16〉 경찰청 · 수사연수원 · 지방교육센터 內 성폭력 수사 · 예방 교육과정

과정별		회/회당 인원	총인원
경찰청	성폭력전담수사팀 특별교육(2일)	4회/ 75명	300명
	신상정보등록 관리요원 특별교육	2회/200명	399명
	성폭력피해자 통합지원센터 등 피해자 조사요원 교육	2회/ 65명	130명
수사연수원	성폭력 수사 전문과정(2주)	4회/ 30명	120명
	진술분석전문가 양성과정(3일)	2회/ 30명	60명
지방교육센터	등록대상 성범죄자 관리요원 과정(1일)	1회/412명	412명

* '15년부터 가해자 검거 및 수사의 전문성을 강화를 위한 교육과정을 신설, 운영하고 있다.
* 자료 : 경찰청, 경찰백서, 2015, 60쪽.

〈표 3-17〉 성폭력 전담수사요원 신규 교육과정(지방교육센터)

과정별	회/회당인원	총인원
성폭력 전담수사관 양성과정(2일)	1회/468명	468명
피해자 보호관 실무과정(2일)	1회/433명	433명

* 자료 : 경찰청, 경찰백서, 2015, 60쪽.

171) Reiner, Robert, op. cit., pp. 105-126.

04절 외국의 복지경찰제도와의 비교 및 시사점

앞의 제3장 제1절에서는 외국의 경찰제도와 경찰의 복지업무 사례에 대해 비교법적으로 고찰하였다. 특히 연구자는 미국, 영국, 일본을 중심으로 나라별 경찰에 대한 역사적 전개에 따른 각국의 경찰의 제도, 직무 및 수사제도를 살펴보고, 이러한 바탕으로 나라별 복지경찰의 활동 및 업무를 사례로 고찰해 보았다. 그리고 제3장 제2절에서는 한국의 경찰제도 및 경찰의 복지업무에 관한 사례들을 살펴보았다. 이러한 외국의 사례와 우리나라의 복지업무에 관한 경찰제도를 비교 고찰하면서 외국사례를 통한 복지경찰업무의 시사점을 도출하고, 국내의 복지경찰과 업무에 관한 시사점과 이러한 복지경찰 업무를 수행하기 위한 관련 제도적 측면에서의 도입가능성에 대해 기술하고자 한다.

Ⅰ. 외국의 경찰제도의 비교와 복지경찰 업무에서의 시사점

미국의 경우 역사적인 배경에 따라 계속적으로 시민의 체제가 주축을 이루고 있음을 보았다. 영국은 근대경찰로 출발한 시점부터 체제상의 양면성을 지니고 있었으며, 특히, 시민체제를 나타내고 있지만, 1960년대 이후부터는 오히려 군사적인 체제도 지향하고 있다는 점을 확인할 수 있었다. 일본의 경찰체제 역시 특성을 보여주고 있는데, 구경찰법 이후로부터 시민체제를 형성한다는 것이다.

미국과 영국 등 앵글로 색슨 국가들에서 정부는 사회구성원들의 필요와 결정에 따라 사회의 대표들이 합의하여 제정한 법률에 근거된 법률집행과 행동을 하도록 요구하여 왔다. 그 범위를 벗어나는 것은 미국사회가 절대로 허용하지 않는다.[172] 그러나 일본경찰은 단순하게 범인을 체포하고 범죄를 예방하는 법률 집행자로서만의 요구가 아니라는 점을 발견할 수 있다. 일본에서 경찰의 기능은 선도하고, 실현시키며, 윤리적 책임성, 관계증진을 중시하는 즉 윤리교사적 인식이 강하다. 이러한 특색이 잘 나타나는 것이 "이웃 중심의 지파출소"이다. 즉, 지파출소가 단위가 되어 '이웃 중심'으로 배치되어 있어 지역사회에 대한 커뮤니티 경찰활동이 미국에 비하여 훨씬 강하다. 특히 일본경찰은 주민들과 공식적인 것보다는 일상적이고 탈권위적이며, 인권적인 접촉을 활성화시키고 있다.[173] 이러한 부분이 일본경찰의 복지업무 사례에서도 드러난다. 그들의 치안서비스는 갈수록 확대되는 실정이고 드러내지 않으면서 봉사하는 경찰이다.

현대의 경찰은 "사회적 평화유지자(social peace keeper)"로서의 기능을 요구하고 있다. 이는 현대의 영미법계 국가들을 중심으로 확산되고 있는 지역사회 경찰활동(community policing)에 가장 적합한 경찰의 기능에 대한 설명이다. 지역사회 경찰활동(community policing)은 경찰이 지역사회의 평상활동에 직접 개입하고 관여함으로써 '범죄'와 '무질서'라는 두 가지 문제점을 동시에 직접적으로 대응하고자 하는 전략을 말한다. 경찰은 지역사회에서 무장한 정복 순찰자로 범죄의 예방과 차단효과를 거두기도 하지만, 지역사회의 크고 작은 문제에 직접 개입해서 아예 범죄의 근원이 되는 문제들을 해결하는 역할 수행자로서 경찰의 시민친화성 증대[174]를 요구하고 있다. 전통적인 경찰의 법집행 업무뿐만 아니라 실종자 찾아주기, 청소년 선도, 이웃간 분쟁해결, 지역사회 문제해결 등 사회적 약자에 대해 봉사적 기능 또한 경찰의 본질적 업무에 포함되며, 그 과정에서 자연스럽게 시민친화적인 인 분위기가 형성되어 경찰과 주민간의 동반자 관계가 이루어진다. 이로써 경찰은 시민의 지지 및 신뢰와 협력이 창출되며, "사회적 평화유지자(social peace keeper)"로서의 경찰 역할론에서는 경찰관 개인의 전문성과 자질 향상 및 재량권 확대를 가장 중요한 과제로 삼게 되었다.

172) 정진환, 앞의 책, 226쪽.
173) 정진환, 앞의 책, 226-227쪽.
174) R. Renier, Chief Constable, 앞의 논문. p 86.

또한 각국의 경찰은 국가마다 그들의 사회와 전통, 역사에 따라 형태와 방식에 차이는 있지만, 어느 국가에서든 시민사회의 지지와 신뢰확보, 광범위한 글로벌 범죄에 대해 효과적인 대응력을 확보하여 최소비용으로 최대의 효과를 거두는 경제성 확보가 공통된 과제로 대두되고 있다. 이러한 문제를 해결하기 위해 나라마다 경찰의 시민친화성을 높이고 사회적 약자에 대해 봉사기능을 확대하며, 전문성 향상과 정치적 중립성, 민주적인 통제장치를 통해 공정성을 확보하는데 주력하고 있었다. 따라서 21세기에 접어들면서 정부의 역할도 과거의 규제와 통제위주의 질서경찰보다는 어렵고 힘든 주민들의 곁으로 다가가 그들의 문제를 적극 해결해 주는 봉사경찰 혹은 복지경찰에 중점을 두고 있다는 점이다. 미국의 경찰학자 A. C. Germann에 따르면 경찰의 국민에 대한 봉사업무를 5개의 유형으로 분류하였다. 그는 국민에 대한 봉사업무 분류를 ① 범죄예방(Crime Prevention), ② 범죄진압(Crime Repression), ③ 비범죄행위의 단속(Regulation of Non-Criminal Conduct), ④ 봉사제공(Prevision of Service), ⑤ 개인자유의 옹호(Protection of Personal Liberty)로 하였다.[175] 이처럼 미국은 정부 차원의 국민에 봉사라는 복지경찰대책뿐만 아니라 경찰 관련 민간협회와 비영리법인이 복지경찰 개발과 치안서비스 제공에 있어서 중요한 역할을 담당하고 있다는 점이다.

위와 같은 외국 경찰의 복지업무 등의 특징을 참고하여 우리나라 복지경찰 정책의 개선방향을 도출하고 복지업무 영역 및 분야별 복지경찰사업을 발굴하는데 유용한 시사점을 얻을 수 있다.[176]

Ⅱ. 국내 복지경찰 관련 법제와의 비교 및 시사점

앞에서 살펴본 경찰법, 경찰관직무집행법, 그리고 범죄수사규칙 등을 통해

175) Egon Bitter, The Functions of the Police in Modern Society, Washington D.C., National Institute of Mental Health, 1970, p. 192.

176) 이상수, 앞의 논문, 16쪽.

경찰의 업무지침에는 지역사회와의 관계, 수사대상자와 증인들에 대한 존엄과 보호, 소년들에 대한 특별한 선도, 보호관찰의 역할 등 서비스 기관으로서의 가치와 역할이 비교적 자세히 명시되어 있다.

우리 법체계상 복지국가원리를 헌법상의 기본원리로 구현되고 있고, 복지국가원리는 하위 법령으로 구체화되고 있으며, 각 법령상 법체계론적 모순이 없는 한 경찰법제에서 이러한 헌법상의 복지국가이념을 실천 못할 바 없다 하겠다. 이렇게 볼 때 경찰법제상으로 복지경찰제도를 통하여 복지국가이념을 당연히 구현할 수 있다고 하겠다. 따라서 우리 경찰법제를 통해 복지경찰의 개념이나 원리를 법이념적으로나 법체계론적으로 구현할 수 있는 기본 틀을 유지하고 있다고 볼 수 있다. 그러나 실제적으로 기존의 질서경찰이나 보안경찰적 관념에 빠져 "복지경찰"의 이념이나 제도 구현이 제대로 이루어지지 않은 것이 사실이다.[177] 외국경찰인력과 비교할 때 우리나라 1인당 담당 국민의 비율[178]이 선진국에 비하여 전담인력 태부족으로 지속적인 가정폭력 피해가 나타나 국민들의 경찰에 대한 신뢰가 저하되고, 시대의 변화에 제대로 적응하지 못하는 한계가 있다. 복잡하고 다양한 변화에 따른 치안수요에 능동적으로 대처하고, 국민에 대한 양질의 치안서비스 제공할 수 없는 여건임을 감안하여 치안서비스를 제공하는 경찰의 역할을 모색하는 작업이 필요한 시점이다. 경찰은 공정하고 엄격한 법집행자의 역할을 등한시해서는 안 될 것이지만, 치안문제 상담자로서, 분쟁의 중재자로서, 노약자의 원조자로서, 응급 시 조치자로서의 역할을 수행해야 할 것이다. 이와 같은 서비스 제공에서, 경찰은 범죄와 무질서를 억제하고, 주어진 능력의 범위 내에서 시민의 사회생활의 질을 향상시켜야 할 것이다. 이것이 사회에서 요청하는 사회봉사의 한 형태이다. 오늘날 경찰의 기능은 지역사회 내에서 주민의 서비스제공을 강조하는 추세이다. 서비스에 대한 고객의 요구와 만족도에 따라 조직의 신뢰와 평가가 결정되기도

177) 정진환, 주요국가간 경찰의 임무 및 치안상태의 비교 연구, 치안연구소, 1997. 69쪽.

178) 경찰 1인당 담당인구 현황을 살펴보면 독일 320명, 프랑스, 347명, 미국 401명, 영국 403명, 일본 494명, 우리나라 498명으로, 주요선진국에 비하면 경찰 인력은 부족한 수준이다(경찰청, 경찰백서, 2014, 360쪽).

한다. 이러한 사회적 환경 속에서 경찰역할을 이전의 범죄투사로서보다는 서비스 제공자로서의 치안서비스 모델이 국민들에게 더욱 더 설득력 있게 다가설 수 있을 것이다.[179)]

복지경찰제 도입은 종전의 경찰의 임무와 역할을 크게 변화시킬 것이며, 일반시민들도 예전처럼 경찰제한을 중요한 수단으로 하는 경찰에 대한 부정적인 시각에서 탈피하여 적극적으로 경찰 급부적 개입에 대한 시민들의 요구가 증대할 것이다. 이의 대표적인 예가 경찰개입청구권이 될 것이다.[180)]

경찰개입청구권이란 경찰의 입장에서는 경찰의 의무가 확대되는 것으로, 일반 시민의 입장에서는 경찰의 개입을 요구할 수 있는 권리가 확대되는 것을 뜻한다. 이는 재량권 0으로의 수축과 같은 개념으로 재량행위의 기속행위화라는 말로도 표현될 수 있다. 이로서 경찰은 재량권이 0으로 수축되면, 사회적 약자도 일반 시민들처럼 일정한 행위를 요구할 수 있게 되며, 만약에 이를 위반할 시 부작위로 인한 손해배상도 청구할 수 있게 된다. 현실적으로 사회적 약자에게 경찰에게 요구할 수 있는 권리는 제한되거나 무시되는 현실에 비추어 이를 강화한다면 누구나 평등하게 치안서비스를 받을 수 있다는 기본 이념에 충실하게 될 것이다. 경찰개입청구권과 일맥 연관성이 있는 것으로써 공정한 접근의 보장과 공공의 신뢰 확보가 시급하다고 보여 진다. 현대 경찰의 역할은 이전과 달리 다양하고 복잡하다. 사실 명령이나 강제적 수단을 사용하여 위험을 방지하는 일 외에도 아주 다양한 업무들을 수행하고 있다. 업무의 다양성과 더불어 복잡성이 경찰활동의 원칙이다. 즉 경찰의 업무는 다채롭다 할 것이다. 공정한 접근이란 경찰서비스를 사회적 약자를 포함한 시민 누구나가 공정하게 받을 수 있는 기회를 보장해 주어야 한다는 것이다. 이는 경찰서비스에 대한 공정한 접근이 이루어져, 시민이 누구나 위험에 처하게 될 때 경찰의 도움을 청할 권리를 가져야 한다는 것이다. 사회계약적 관점에서 자기 권리를 경찰에게 위임했기에 경찰은 시민의 자기보호를 대행해 줄 의무가 있으

179) 조철옥, 경찰윤리학, 서울: 대영문화사, 2009, 336-340쪽.
180) 홍정선, 앞의 책, 463쪽; 박균성, 앞의 책, 591쪽; 박균성・김재광, 앞의 책, 244쪽.

며, 이러한 경찰권을 행사할 시에도 위임자인 시민의 뜻을 따라야 한다는 것이다.

국민이 원하는 바람직한 경찰상은 대체로 친절하고 본연의 임무에 충실한 경찰을 원한다. 따라서 국민에게 서비스 하고, 봉사하는 자세를 확립하여 봉사하는 경찰상을 적립하는 것이 최우선 과제일 것이다. 치안서비스를 제공하여 건강한 경찰상을 구현하는 것이 예나 지금이나 경찰의 중요한 임무일 것이다. 위와 같은 문제의식을 바탕으로 조급하게 경찰에게 원조봉사에 대한 서비스와 전문적 업무를 갖추기를 바라는 것은 무리일지도 모른다. 그러므로 현대의 시민친화적인 복지경찰(Welfare Police) 지향을 위한 법적개선과 복지경찰활동의 법적인 근거 확보마련을 위한 "복지경찰법" 제정 마련 등 제도적·정책적 도입 필요하다. 즉, "복지경찰(Welfare Police)"의 역할에 사회적 약자 보호 등 대인원조(봉사)라는 사회복지실천의 기능이 포함[181]된다는 점은 우리나라 복지경찰 정책 추진에 있어서 중요한 시사점을 던져주고 있다.

181) Treger, Harvey, op. cit., p. 172.

제4장

한국의 복지경찰제도 도입

04장 한국의 복지경찰제도 도입

01절 복지경찰의 개념 및 형성과 발전

Ⅰ. 복지경찰의 개념

영어의 'welfare'란 뜻은 'well'과 'fare'의 복합명사로 '평안히 잘 지내는 상태'를 의미한다. 즉, 영어의 의미는 well + fare로서 만족스러운 상태(satisfactory state), 건강과 번영(health and prosperity), 복락의 의미(well-being)로 사용되고 있다. 독일어의 경우는 'Wohlfahrt'로서 '행복(Wohl)'과 '가다(fahren)(명사 die Fahrt)'의 복합명사로서 행복한 상태로 가기 위한 노력으로 볼 수 있다.[1] 여기에 'social'이라는 형용사를 붙이면 "사회적으로 행복한 상태"를 뜻한다. 즉, 개인의 행복만을 추구하는 것뿐만 아니라 사회 구성원 모두의 행복을 추구하기 위한 노력을 의미하는 것이다. 이러한 점에서 '사회적'이란 단어는 사회복지를 위한 수단 및 방법과 연관성을 지니게 되며, 다음과 같은 두 가지의 뜻을 지니게 된다. 첫 번째는 복지를 누리고 있지 못하고 있는 사람들은 복지의 상태로 전환시키기 위한 노력을 사회 구성원들이 공동으로 한다는 즉 개인적 차원이 아닌 집합적 차원의 활동이라 뜻을 가지고 있다. 두 번째 사회적 의미는 경제적(economic) 의미와 대비되는 것이다.[2] 즉, 복지활동의 동기가 이윤추구와 같은 경제적 동기가 아니라 상부상조 또는 이타주의와 같은 사회적 동기라는 의미이다.[3] 오늘날의 복지대상은 고대의 한

---

1) 박경일 외, 사회복지학 강의, 서울: 양서원, 2006, 16쪽.
2) 박경일 외, 앞의 책, 16쪽.
3) 김상균, 현대사회와 사회복지, 서울대학교 출판부, 1987, 48쪽.

자 어휘에서 나타난 경제적 보장, 건강, 장수만이 아니라 사회적 위험과 생활상의 여러 가지 문제에 대처하는 것이며, 나아가 절대적 존재인 神만이 복지를 하는 것이 아니라 사회연대의 원리에 의해 사회구성원 모두가 더불어 함께 행하는 개인적·사회적 활동인 것이다.

경찰은 국민의 생명·신체·재산과 자유·권리를 보호하고 법률을 집행하여 국민의 이익을 보전하고 사회공공의 안녕과 질서를 유지하는 데 그 목적이 있다. 이러한 목적을 실현하는 데 필요한 국민과 경찰간의 친선과 협조의 바탕을 구축하기 위해서는 상호 인간적 유대관계를 형성하는 것이 필요하고, 또한 경찰에 대한 신뢰를 높이기 위하여 경찰의 봉사적 임무·수단·태도를 통해서 법률의 범위 내에서 국민의 일상생활과 관련한 곤란을 해결하고 국민의 행복을 증진[4)]하는 것으로 경찰의 역할과 기능을 확대하는 것이 복지의 개념에도 부합한다고 생각된다. 이와 같은 관점에서 복지경찰이라는 경찰의 기능이 사회적으로 요구되고 있다고 판단된다.

복지경찰에 대한 개념은 학문적으로나 실무적으로 확립된 개념은 아니어서 학자에 따라 의견을 달리할 수 있으나 대체적으로 다음과 같이 파악해 볼 수 있다. 우선 복지경찰의 개념을 협의와 광의로 나누어 볼 때, 협의의 복지경찰은 경찰단계에서 발생하는 범죄인·피해자 등 클라이언트를 대상으로 사회복지방법론을 통해 원조하는 활동이라는 미시적인 경찰활동으로 이해해 볼 수 있고, 광의로는 협의의 개념을 포함하는 클라이언트의 복지를 위한 제도적·입법적 활동의 거시적인 경찰활동이라고 이해해 볼 수 있다.

경찰은 국민의 생명·신체·재산과 자유·권리를 보호하고 법률을 집행하여 국민의 이익을 보전하고 사회공공의 안녕과 질서를 유지하는 데 그 목적이 있다. 이러한 목적을 실현하는 데 필요한 국민과 경찰간의 친선과 협조의 바탕을 구축하기 위해서는 상호 인간적 유대관계를 형성하는 것이 필요하고, 또한 경찰에 대한 신뢰를 높이기 위하여 경찰의 봉사적 임무·수단·태도를 통해서 법률의 범위 내에서 국민의 일상생활과 관련한 곤란을 해결하고 국민의 행복

---

4) 김원홍, 앞의 논문, 35쪽.

을 증진[5]하는 것으로 경찰의 역할과 기능을 확대하는 것이 복지의 개념에도 부합한다고 생각된다. 이와 같은 관점에서 복지경찰이라는 경찰의 기능이 사회적으로 요구되고 있다고 판단된다.

복지경찰에 대한 개념은 학문적으로나 실무적으로 확립된 개념은 아니어서 학자에 따라 의견을 달리할 수 있으나 대체적으로 다음과 같이 파악해 볼 수 있다. 우선 복지경찰의 개념을 협의와 광의로 나누어 볼 때, 협의의 복지경찰은 경찰단계에서 발생하는 범죄인·피해자 등 클라이언트를 대상으로 사회복지방법론을 통해 원조하는 활동이라는 미시적인 경찰활동으로 이해해 볼 수 있고, 광의로는 협의의 개념을 포함하는 클라이언트의 복지를 위한 제도적·입법적 활동의 거시적인 경찰활동이라고 이해해 볼 수 있다. 복지경찰의 개념에는 종래의 경찰(관)의 직무에 더하여 대민서비스(봉사)라는 사회복지실천의 기능이 포함되어 있는데, 복지경찰이라는 개념정립을 통하여 이와 같은 경찰의 기존 사회복지실천의 기능이 경찰업무의 부수적 기능이 아니라 경찰의 본연적 직무로 전환되는 것이 중요하다. 이러한 점에서 복지경찰의 개념은 경찰의 종래의 소극적 수동적 질서경찰의 기능을 넘어 바람직한 치안환경을 조성하기 위한 적극적이고 능동적인 치안서비스를 제공하는 협의의 미시적 경찰활동에 초점이 맞추어져 있다고 할 수 있다.

그러나 경찰의 복지서비스가 확대됨에도 불구하고 경찰이 복지업무를 수행하면서도 직무의 혼란과 전문성에 큰 어려움을 겪고 있는 것이 현실이다. 경찰의 직무범위에 관한 규정이 명확하지 않아 복지경찰 업무를 이해하고, 이를 수행하는데 있어 현실적인 한계가 있다. 따라서 오늘날 시대적 변화와 지역사회의 적극적 요청에 따른 복지경찰업무의 범위가 점점 확대되고 있음을 볼 때 복지경찰업무의 내용과 한계를 보다 명확히 하고, 이를 통하여 경찰의 복지경찰업무의 역량을 키우기 위해서는 경찰직무뿐만 아니라 경찰조직에 대한 입법적·제도적 개선을 내용으로 하는 광의의 복지경찰활동도 필요함은 물론이다.

5) 김원홍, 앞의 논문, 35쪽.

1. 종래의 경찰작용에 관한 이해

종래 경찰권이란 실질적 의미의 경찰이 사용하는 통치권적 권한을 의미하였다.[6] 그러나 경찰활동에는 비권력적 수단을 통해 임무수행을 하는 분야가 있으며, 종래의 경찰권 개념은 타당하지 않다. 실질적 의미의 경찰은 국가활동의 내용상 성질을 기준으로 파악한 개념이다.[7] 실질적 개념은 일반경찰기관에 의한 위해방지 작용인 보안경찰과 기타 행정기관에 의한 위해의 방지작용인 협의의 행정경찰로 나뉜다. 대체적으로 실질적 의미의 보안경찰과 협의의 행정경찰을 포함하는 것으로 이해하지만 협의의 행정경찰을 실질적 의미의 경찰에서 제외하고, 일반 경찰기관에 의한 위해방지 작용만을 실질적 의미의 경찰로 이해하는 견해도 있다.[8]

문제는 협의의 행정경찰개념의 인정여부와 이를 실질적 경찰개념에 포함할 것인지 여부에 있다고 할 것이다. 부정론의 경우 그 근거로 첫째, 경찰개념을 광의로 이해하면 사실상 모든 행정기관이 경찰작용을 부분적으로 수행하는 것이 되고, 결과적으로 모든 행정기관이 경찰기관이라는 결과가 된다는 점, 둘째, 각각의 행정영역은 고유한 법규와 법원리가 존재하고, 이러한 원리가 위해방지활동에도 적용되어야 한다는 점을 간과하고 있다. 셋째, 복리행정의 일종으로서 규제행정은 권력적 명령·강제를 주된 수단으로 한다는 점에서 경찰과 같지만 적극적으로 공공복리를 증진시키는 것을 목적으로 하는 점에서 소극목적인 경찰과 구별된다는 점이다. 넷째, 경찰의 개념을 광의로 이해함으로써 경찰권의 비대화에 구실을 제공하여 경찰국가로서의 전략할 우려가 있다는 점이다. 다섯째, 실정법이 거의 완비되어 있는 상태에서의 법규의 미비를 보충하기 위한 실질적 경찰개념의 실익이 반감되었다는 점 등을 논거로 들고 있다.[9]

그러나 경찰개념의 핵심요소는 공공질서이다. 경찰은 공공질서 확보를 위하

---

6) 김남철, 앞의 책, 1066-1067쪽; 홍정선, 앞의 책, 372-373쪽; 박균성, 앞의 책, 576-577쪽; 박균성·김재광, 앞의 책, 3쪽.
7) 김남철, 앞의 책, 1067쪽; 홍정선, 앞의 책, 372쪽.
8) 석종현, 일반행정법(하), 제8판, 서울 : 삼영사, 2001, 251쪽.
9) 최영규, 경찰행정법, 제2판, 서울: 법영사, 2005, 14-15쪽.

여 광의의 차원에서 행정경찰과 협의의 차원에서 사법경찰로 분류되지만, 행정경찰과 사법경찰은 다른 경찰이 아니라 경찰의 다른 차원의 모습이라고 볼 수 있다.[10] 실질적 경찰개념의 실무적 유용성은 매우 크다고 본다. 왜냐하면 일반 행정청이 수행하는 위해방지업무의 위험성이 그리 작다고 할 수 없으며, 고도위험 사회에서 그 위험의 범위나 강도가 커지게 되면 일반경찰이 개입하는 상황이 초래할 수 있기 때문이다.[11]

2. 경찰권 관점에서의 이해

21세기적 복지행정이 강조되는 오늘날 경찰에게는 좁은 의미의 소극적인 위험 방지를 위한 명령 강제나 범인의 체포 수사와 같은 법집행적인 임무뿐만 아니라, 적극적인 치안서비스 활동을 통하여 국민에게 봉사하는 역할이 요구되고, 국민에게 경찰권의 발동을 요구할 수 있는 권리인 경찰개입청구권[12]을 인정하는 등의 자세가 필요하다.

서비스는 영미법계 경찰개념의 영향을 받아 경찰의 기본적 임무로 정착되었다. 서비스는 급부 행정적 서비스 활동으로 표현되는데, 급부라는 말에서 알 수 있는 것처럼 서비스가 주어지거나 혹은 제공됨을 의미한다. 교통·지리 정보나, 인명구조와 같은 보호서비스 제공이나, 어린이 교통안전 교육과 순찰활동을 통한 범죄의 예방활동 등이 구체적인 사례들이다. 특히 서비스에 있어서는 사익을 보호해야 한다. 경찰의 규제적 권한의 발동은 오로지 공익만을 보호하기 위한 것이 아니고 개인의 사익 보호와도 연결되어 있다. 경찰은 경찰의 기본적 임무를 수행할 때 명령과 강제, 비권력적 수단 등을 사용하게 된다. 첫 번째 수단으로서 명령과 강제는 권력적 수단이라는 용어로 표현되는데, 이는 경찰의 첫 번째 임무인 사회 공공의 안녕과 질서 유지를 위한 위험 방지를 위해 주로 투입된다. 두 번째 수단으로 경찰이 비권력적 수단을사용하는 이유

10) 서정범, 앞의 논문, 8쪽.

11) 박창호, 경찰개념의 재정립과 경찰권의 배분에 관한 연구, 동국대학교 박사학위 논문, 2012, 130쪽.

12) 홍정선, 앞의 책, 403쪽; 박균성, 앞의 책, 591쪽; 박균성·김재광, 앞의 책, 244쪽.

로 첫째는 권력적 수단만으로는 모든 경우에 경찰 목적을 달성할 수 없고, 오히려 비권력 수단을 사용하는 것이 경찰 목적을 달성하는 수단으로 적합한 경우가 있고, 둘째는 오늘날 서비스 지향적 경찰 활동 수단의 증가가 그 원인이 되고 있다. 비권력적 수단은 강제수단이 아니다. 이것은 경찰의 모든 서비스 지향적 활동을 포함한다. 예를 들면 급부 행정적 활동이나 교통시설 설치활동이나 유실물 보호나 행정지도와 경비 활동과 정보수집활동 등이 있다. 오늘날 경찰에게 주어진 다양한 임무는 경찰 하명과 같은 고전적인 수단만으로는 수행할 수 없게 되고, 이에 따라 점점 더 비권력적인 경찰 수단의 필요성이 요구되고 있다. 비권력적 경찰 수단에 대하여 구체적 수권 없이 임무에 관한 일반 조항만으로 가능한지가 경찰내부에서도 논란이 되고 있다. 상대방의 임의적 동의조차 요하지 않는 비권력적 수단, 즉 서비스 지향적 경찰활동 수단은 일반적 임무 조항만으로 가능하다고 본다.[13] 그 동안 경찰을 논할 때 시민의 치안확보가 아니라 경찰권력이라는 관점에서 접근하여 논리를 펼치고 있었다. 이제 경찰사무는 국민을 억압하고 단속하는 것에서 벗어나 국민에 봉사하는 치안업무라는 사고의 전환이 필요하다. 기존의 경찰권력에서 벗어나 주민에게 다가가는 치안서비스라는 개념에서 접근이 이루어져야 한다. 치안서비스를 위해서는 현 경찰제도는 일정한 한계를 가질 수밖에 없다. 복지경찰이라는 제도의 전환에 의해 경찰력도 기존의 권력적 작용에서 벗어나 비권력적 작용[14]으로 전환되어야 한다.

현대 행정에서는 권력적 작용보다 비권력적 작용이 더 중심적 역할을 담당하고 있기 때문이다. 제도와 사고의 전환에 따라 민주성을 확립하고 시민에 봉사하는 경찰제도를 달성하기 위해서는 복지경찰제도는 당연한 필연의 제도이다.

---

13) 정진환, 경찰행정론, 서울: 대영문화사, 2009. 21쪽.
14) 김남철, 앞의 책, 64쪽; 홍정선, 행정법특강 제14판, 서울: 박영사, 2015, 62-63쪽; 홍정선, 행정법원론(상) 제23판, 박영사, 2015, 127쪽; 박균성, 행정법론(상), 제14판, 서울: 박영사, 2015, 26쪽; 박균성·김재광, 앞의 책, 11쪽.

3. 시민보호기능으로서의 복지경찰 개념

경찰은 국민의 생명·신체·재산과 자유·권리를 보호하고 법률을 진행하여 국민의 이익을 보전하고, 사회공공의 안녕과 질서를 유지하는데 그 목적이 있다. 이러한 목적을 실현하는데 필요한 국민과 경찰관의 친선과 협조의 바탕을 구축하기 위하여 상호 인간적 유대관계를 형성하고, 경찰에 대한 신뢰를 위해 경찰의 봉사적 임무·수단·태도를 통해서 법률의 범위 내에 국민의 일상생활과 관련한 곤란을 해결하고 국민의 행복 증진[15]을 위한 경찰의 역할과 기능이 확대 요구되어지고 있다.

경찰은 형사사법 시스템 속에서 가장 가시적인 존재이며, 이들은 사회적 약자를 보호하고, 범죄를 저지르는 범인을 체포하는 등 다양한 기능을 수행하는 '사회안전 지킴이'인 시민보호기능으로서의 복지경찰을 수행한다.

따라서 복지경찰(Welfare Police)이란 협의의 의미에서는 경찰단계에서 발생하는 범죄인, 피해자 등 클라이언트를 대상으로 사회복지방법론을 통해 원조하는 활동의 미시적인 측면과 광의의 의미에서는 협의를 포함하는 클라이언트의 복지를 위한 제도적·입법적 활동의 거시적인 측면을 의미한다. 즉, 복지경찰(Welfare Police)이란 경찰(관)의 직무에서 대민서비스(봉사)라는 복지실천의 기능이 포함된다는 의미로 해석될 수 있다. 즉, 시대적 변화와 지역사회의 적극적 요구로 경찰직무에서 치안복지서비스의 요청과 그 범위가 점점 확대되고 있다. 복지경찰이란 경찰이 주도하는 복지 활동을 통해 국민의 인간다운 생활수준을 보장한다고 할 수 있는데, 이때에는 용어보다는 현상이 중요하다고 할 것이다. 즉 복지라는 그 용어 자체는 우리 모두라는 점에 강조를 두고 이러한 사회적 환경을 조성하는 것을 의미한다. 반면 사회복지는 사회 전체가 행복해지기 위하여 불우한 사람이 없도록 도움을 제공하는 사회적 활동이라고 볼 수 있다. 이러한 점에서 복지경찰 개념은 종전의 소극적 경찰개념을 뛰어 넘어 적극적이고 능동적으로 시민에 다가가는 보편적 총체적인 치안서비스 기능으로 총칭으로 볼 수 있다.

15) 김원홍, 앞의 논문, 35쪽.

Ⅱ. 복지경찰의 이념

복지경찰의 기본이념이란 치안서비스 조직으로서의 경찰이 추구해야 할 기본가치·방향을 말하며, 모든 경찰관 개개인에게 요구되는 시민에게 봉사하는 바람직한 경찰상을 말한다. 복지경찰의 기본이념으로는 인본주의, 사회적 형평성, 민주성, 가외성, 민·관 거버넌스, 수정관료제(복지적 관료제), 전문성, 예술성이 제시되고 있으며, 이들은 각각 독립적이 아니라 상호 연관되어 있다.

1. 인본주의

복지경찰의 헌법적 근거로는 인간의 존엄성, 행복추구권, 인간다운생활을 할 권리, 국가의 사회복지 증진의무를 들 수 있다.[16]

이러한 헌법적 근거에 입각해 복지경찰은 인본주의적 관점에서 수사 단계, 경찰행정, 피해자 보호 등 모든 단계에서 클라이언트에 대한 존엄성, 인권감수성을 제고하여야 한다.

2. 사회적 형평성

사회적 형평성은 Rawls의 사회적 정의론[17]의 내용으로, 경찰은 가장 불리한 클라이언트에 대해 우선적으로 고려하여야 한다는 것이다. 이는 복지경찰의 핵심적인 이념이 되어야 한다. 사회적 형평성은 전통적 경찰의 이념인 평등성과는 배치되는 개념이지만, 사회적인 환경이 복잡해지고 전통적인 경찰의 기능만으로는 국민의 안녕을 보장하여야 하는 경찰목적을 달성할 수 없게 된 상황에서 등장한 신경찰행정론의 중심적인 이념이라 할 것이다.

---

16) 헌법 제10조; 헌법 제34조.

17) Frederickson, H. G. (1980), New Public Administration. Alabama: The University of Alabama Press. Rawls(1971)의 '공정으로서의 정의론'은 사회적 형평성을 정당화하는 논거로 채택되었다(Frederickson, 1980; Harmon, 1974; Hart, 1974).

3. 민주성

민주성이라 함은 개인적인 측면에서 복지경찰의 개입은 어디까지나 클라이언트의 욕구와 의사에 기반하여야 한다는 것을 의미한다. 제도적인 측면에서는 복지경찰의 전달체계 등 관련조직의 민주성을 의미하는 것으로 클라이언트 참여적인 복지경찰의 전개가 목표가치이기도 하다. 이는 복지경찰활동이 클라이언트의 수요와 의사에 반응하도록 함으로써 복지경찰이 과도하게 시민생활에 재량적·자의적으로 개입함으로써 발생할 수 있는 문제점을 방지하기 위한 이념이라고도 할 수 있다.

4. 가외성

가외성[18]은 경찰행정의 중첩성과 반복성을 의미하는데, 이를 통하여 복지경찰체제의 신뢰성 증진에 기여한다고 할 수 있다. 가령 피해자에 대한 원조와 개입에서 통합적 사례관리와 성폭력피해자지원 등의 다양한 지원으로 피해자 복지의 증진에 기여하는바, 이는 일회적인 개입과 지원에서 오는 경찰행정의 형식성과 관료화를 방지하는 데에도 의의가 있다 할 것이다.

5. 민·관 거버넌스

복지경찰행정을 위해서는 민간참여 실질화를 위한 민·관 합동의 제3섹터나 지역중심의 행정체계구축인 거버넌스 체제가 필수적이다. 즉 민간의 자율성·책임·권한강화와 지역단위 시민사회단체의 참여폭 확대 등이 복지경찰활동의 효율성과 궁극적으로는 경찰목적 달성에 중요한 역할을 하게 된다는 의미이다. 예를 들자면 아동학대 피해방지를 위해 관내 아동보호기관과 협력해서 운영하

18) Landau, M., Redundancy·Rationality and the Problem of Duplication and Overlap. Public Administration Review 29(4), 1969, pp. 346-358. 가외성(加外性, redundancy)이란 '여분, 반복, 초과분'을 의미하는 개념으로 행정의 운영에 있어서도 신뢰성 등을 높이기 위하여 행정기관·법규·메시지 등의 중첩, 기능의 중첩 등이 어느 정도 필요하다는 것을 의미한다(Landau, M., op. cit., p. 351).

는 체제를 구축하게 되면 경찰과 민간의 공동협력으로 학대받는 아동에 대한 보호를 보다 효과적으로 수행할 수 있게 되는 것이다.

6. 수정관료제(복지적 관료제)

관료제는 수직적・보수적・계층적이며, 복지는 수평적・비계층적이므로 복지경찰 행정이 잘 이루어지기 위해서는 두 이념의 조화가 필요하다. 그러므로 복지경찰제를 구현하기에 위해서는 계층적 기존관료제를 수정한 완화된 관료제, 즉 복지적 관료제가 필요하다.

7. 전문성

전문성이라 함은 경찰의 복지활동은 미시적 복지경찰의 개입단계에서의 사정과 개입 및 치료부터 사회복지사, 임상상담사 등 전문가에 의해 이루어져야 함을 의미한다. 이는 복지경찰의 과학화와 합리화와도 직결되는 문제이다. 오늘날 경찰의 복지활동이 사회적으로 도움이 필요한 사람에 대한 심리적・제도적 보호를 통하여 이들이 범죄로 나아가지 않고 사회적으로 동화될 수 있도록 하는 것이라는 점에서 이를 경찰의 단순한 사회봉사활동이라고 할 수 없고, 이와 같은 활동은 반드시 이에 대한 전문가에 의하여 수행되어야 한다.

8. 예술성

예술성이란 능숙한 수행을 하는 데 필요한 기술자의 역할이다. 이는 복지경찰에서 경찰은 클라이언트인 범죄인, 피해자 등 관련자에게 수사과정과 조사과정, 홍보과정 및 피해자보호단계에서 클라이언트의 정서적 측면에 개입할 수 있는 심리적 능력을 의미한다. 여기에는 공감력, 감정입력, 관계형성기술, 개방성, 진실성 등을 포함된다 할 것이다.

Ⅲ. 복지경찰의 접근법

1. 기술적 접근법

기술적 접근법은 복지경찰의 미시적 접근법으로 경찰이 클라이언트인 범죄자나 피해자가 당면한 문제 등에 대해 사정·개입하고 치료하는 것에 대한 접근법을 말한다. 이는 직접적으로는 복지경찰서비스의 생산성을 향상시킨다고 보며 사회사업방법론 케이스워크(case work)인 개별지도사업, 집단사회사업, 지역사회 조직사업 등의 사회복지실천기술론을 통하여 접근하는 방법을 말한다.

2. 정책론적 접근법

정책론적 접근법은 복지경찰의 거시적 접근법으로 복지경찰서비스의 수요를 발생시킨 범죄인의 범죄문제를 해당 범죄인의 책임으로 보기보다는 지역사회와 국가의 책임으로 보는 거시적인 관점으로 복지경찰에서 클라이언트에 대한 사회정책이나 법의 왜곡된 구조를 고치려하는 복지경찰운동 등을 들 수 있다. 가령 형사조정이 현재는 검사단계에서 이루어지게 되나 클라이언트에 대한 신속한 피해회복을 위해서는 경찰단계에서 형사조정이 이루어지도록 정책을 수립하여야 한다는 접근법 등이 그것이다.

3. 통합적 접근법

복지경찰활동은 미시적 의미와 거시적 의미의 복지경찰개념을 모두 포함하는 것이라는 점에서 복지경찰의 접근법으로는 기술적 접근법뿐만 아니라 정책적 접근법이 모두 필요하다. 따라서 좁게는 구체적으로 복지경찰의 활동을 어떻게 할 것인가 하는 방법론적인 접근이 필요하지만, 넓게는 이와 같은 경찰활동이나 이러한 활동을 위한 경찰조직 등에 대한 정책적 접근을 통한 제도화

등도 함께 모색하여야 하는 것이다.

Ⅳ. 복지경찰의 형성과정[19)]

이상에서는 복지경찰의 개념과 기본이념, 그리고 복지경찰활동에 대한 접근법에 대하여 간략히 살펴보았다. 이미 언급한 바와 같이 복지경찰이라는 개념은 법적으로나 실무적으로 사용되거나 확립된 개념은 아니다. 그렇지만 경찰의 복지활동은 이미 과거부터 서서히 형성되어 왔다고 할 수 있다. 이러한 관점에서 이하에서는 복지경찰의 개념이나 그 활동내용을 보다 명확히 하기 위한 목적으로 복지경찰의 형성과정을 설명해 보고자 한다.

우선 경찰의 복지활동은 세 단계 과정을 통해 형성되어 왔다고 할 수 있다. 이러한 과정은, '경찰사회사업'라는 전문적인 형태가 활발히 이루어지고 있는 미국의 상황에 기초하여 표현하자면, 제1기 불신기, 제2기 형성기, 제3기 정착기로 구분해 볼 수 있다.

첫 번째는 제1기 불신기 단계이다. 이 단계에서는 경찰과 사회복지사간 교류의 부족으로 인해 부정적인 편견, 경험 그리고 적대감으로 두 전문직간의 거리감은 좁혀지지 않았다. 경찰은 한 번도 사회복지사가 유용하다고 생각하지 않았으며, 또한 서비스 의뢰에 관한 정보에 대해서도 사회복지사와 대화를 나눈 적도 없었다. 경찰은 사회복지기관과 정신건강에 관련된 서비스기관들이 경찰의 서비스와 조언에 관한 요청 그리고 초기개입과 위기개입이 필요한 원조대상자(client)에 대한 서비스 요청에 응하지 않는다고 불평하였다. 사회복지사들은 이에 대한 이유를 가족 문제는 쉽게 해결되지 않으며 향상되는 정도가 바로 가시적으로 나타나지 않는다는 사실을 경찰들이 잘 모르기 때문이라고 하였다. 이때를 경찰과 사회복지사간의 상호교류와 이해의 부족으로 인한 상호불신기로서 제1기의 복지경찰 형성기라고 할 수 있다.

---

19) Jacob, Ch., "Case work Treatment in a Police Setting", Federal Probation, vol. 18, 1954, p. 35-40.

경찰과 사회복지사간 협동작업에 관한 문헌들을 보면 실제와 이론간 차이가 있음을 알 수 있다. 사회복지사의 다수가 여성이란 점에서 '성별에 따른 역할 장벽'이 경찰과 협동 작업을 하는 데 있어 문제가 될 것이라고 제시하였었다. 또한 다른 이들도 경찰들은 법집행에 초점을 맞추는 데 반해 사회복지사는 문제해결에 초점을 두기 때문에 경찰과의 협동작업은 '물과 기름'처럼 융화되지 못할 것이라고 생각하였었다.[20] 시간적인 측면에서 볼 때에도 경찰은 응급상황이나 생명을 위협하는 상황에서 근무를 하는 반면, 사회복지사는 계속적이고 장기적으로 활동하는 경향이 있다.

경찰은 오랫동안 교육, 건강, 그리고 복지에 관련된 서비스를 제공하고 있었음에도 불구하고 수년 동안 이러한 기능들 대부분을 사회복지사에게 넘겨졌다. 그러나 여전히 경찰에게 요청되는 서비스의 50~90% 정도는 사회복지 서비스적인 성격을 지닌다. 많은 사람들은 가족 외부의 도움을 필요로 하는 문제가 발생하는 경우, 특히 사회서비스기관이 문을 닫았을 때는 경찰에게 도움을 요청한다. 경찰은 전통적으로 여성과 아동들을 위한 보호서비스와 관련한 서비스를 제공해 왔다. 그러나 경찰(응급상황이나 폭력 등을 통제하는 훈련만을 주로 받아 온 경찰)에게는 '가정폭력'이나 '이웃간의 분쟁' 등에 관한 요청들은 그들에게 있어서는 매우 위험한 것이었고 시간만 소비하는 일로 인식하였다. 그러나 갈수록 체포만으로써 위기를 해결하거나 피해자를 안정시킬 수는 없었다는 것을 인식하고, 그들에게 무엇인가 또 다른 서비스도 제공해 주어야 할 것이라는 생각이 들기 시작하였다. 경찰은 가정폭력이나 다른 가족위기에 관하여 사회기관에 도움을 요청하게 되었고, 사회문제들의 위기개입 등 경찰과 사회복지사간 협동작업에 대한 필요성을 더욱 느끼게 되었다.

두 번째 제2기 형성기로서 두 전문직의 협동 관계 발전, 각 전문직의 노력의 단계이다. 제2기 형성기는 경찰과 사회복지사간의 상호협동과 이해·교류의 확대를 통해 경찰조직과 기능에 복지적 조직과 기능이 가미되어 복지경찰

20) Parkinson, M., Source : The Journal of Business, Vol. 53, No.1, Published by the Uni. of Chicago Press, 1980, pp. 61-65.

의 관념이 형성되는 시기이다. 사전에 경찰사회사업이 이루어지기 전에는 사회복지사들의 많은 노력이 있었다. 이러한 성공적인 프로그램 중의 하나는 엥글우드사업(Englewood project)이었는데, 이는 소년법원으로 의뢰할 만큼은 심각하지 않은 17세 이하의 청소년을 대상으로 실시한 프로그램이다. 사회복지사들은 경찰업무를 배우려는 노력으로 경찰업무를 이해하게 되었고, 그 특수성을 알게 되어 협동관계는 더욱 쉽게 촉진될 수 있었다. 경찰을 이해하려는 노력이나 그들의 업무를 배우려는 사회복지사의 노력을 통해 경찰들도 사회복지사들에 대한 경계심을 풀고 선입견 없이 그들을 대하게 되었다.

경찰과 사회복지사간 협동프로그램은 확인된 문제가 있거나 경찰조직에 대한 시민들의 기대가 있는 지역사회에서 발달하는 경향이 있다. 새로운 프로그램들은 현존하는 경찰서비스와 지역사회의 자원을 적절하게 고려하여 서비스의 중복이나 혼란이 발생하지 않도록 해야 한다.

두 전문직이 처음 협동작업을 할 때 전형적으로 나타나는 문제와 이슈들에서 경찰은 자신들을 이해하고 자신들의 하위문화, 직업의 특징, 다루는 문제의 종류 그리고 특수화된 서비스의 필요성에 민감한 협동작업이 이루어지기를 원했다. 경찰은 의사결정권과 권위를 보유하고자 했던 반면, 공공 서비스의 제공과 두 전문직간의 초기협동과정에 있어서의 공통과제는 사회복지사가 해결하기를 원했다. 두 전문직간 공동체 의식을 강조함으로써 갈등은 감소되고 협동노력은 촉진되었다.

세 번째는 제3기로서 정착기 단계이다. 이 시기는 사회복지사가 경찰서비스에 관하여 긍정적인 태도를 보이고 의뢰를 받아들이며, 원조대상자(client)의 서비스에 대한 반응을 환류(feedback)하고, 경찰에게 조언과 훈련을 제공함에 따라 경찰과 사회복지사간 관계가 강화되었다. 두 전문직은 서로가 무언가를 할 수 있고 서로가 필요로 하는 것이 무엇인가에 대한 현실적인 기대를 이해하면서 관계는 더욱 발전시켰다. 사회복지사는 그들의 고유영역을 유지할 수 있었고, 그들의 역할을 명확히 함으로써 불필요한 갈등을 피하였다. 그러나 여기에서 전제되어야 할 것은 그들에게 융통성과 서로에 대한 편의를 고려해 주어야만 한다. 관계의 발전단계에서는 의사소통의 발전으로 비밀보장의 문제가 해결되며, 경찰관을 대상으로 사회복지사의 상담서비스가 제공되는 단계이다. 또 하나의 특징은 태도의 변화이다. 복지경찰 이전의 사회복지사에 대한 경찰의 태도는 부정적이었으며 불신과 의심, 사회복지와 사회복지사의 역할에 관한 지식의 부족으로 그저 불쌍한 사람을 도와주는 시혜적인 의미로 생각하고 거의 교류를 하지 않았다. 이러한 프로그램[21]이 처음 소개되었을 때 75~80%의 경찰들은 이 제안에 대하여 경계심은 물론 회의적이었다. 이 제도가 지속되면서 그들은 이를 시험해 보려는 태도에서 점차적으로 이러한 태도는 줄어들었다. 또한 철학적인 부분과 가치체계적인 차이가 많을 것이라고 예상했었으나 실제로는 그렇지 않았으며, 사실상 직업철학에 관해서 그들은 거의 완벽한 조화를 이루었다. 복지경찰에 대한 경찰의 태도의 변화에 가장 결정적으로 작용한 요인은 크게 두 가지로 볼 수 있다. 첫째, 어느 시간이든지 계속되는 요청에도 활동 가능한 복지경찰이다. 경찰은 24시간 어느 때이든지, 원조대상자가 발생할 경우 즉시 현장으로 출동 위기개입 등의 서비스를 제공하는 제도로 일반경찰에게 큰 감명을 주었으며, 그들에게 긍정적인 태도를 갖도록 해주었다. 둘째, 원조대상자에 대한 충분한 서비스를 제공한다는 것이다. 경찰은 어느 시간이든지 나와서 제공해 주는 서비스는 충분히 위기상황을 마무리 지었으며, 사후관리(follow up service)까지 적절히 제공하였기에 복지경찰 서비스는 매우 만족스럽다고 평가되었다. 또한 이로써 일반경찰은 복지경찰을 더욱 믿고 신뢰하게 되었다. 마지막으로는 경찰이 시간과 에너지 절약으로 중요한 경찰업무를 담당하게 되는 것이다. 복지경찰은 가정폭력이나 이웃 간의 사소한 분쟁 그리고 경찰이 담당하기 어려운 정신건강문제 등을 전문적으로 다룸으로써 경찰업무에서의 심리적 부담감의 감소뿐만 아니라 시간을 절약할 수 있게 되어 일반경찰이 보다 중요한 업무에 전념할 수 있게 되었다.

이와 같은 미국에서의 경찰의 복지활동에 대한 형성과정은 우리에게도 시사

---

21) 미국의 시카고 지역의 사회서비스 계획(SSP)이 대표적인 사례이다. 이 내용에 대한 사항은 제3장 제1절의 미국의 복지경찰 업무사례 참조.

하는 바가 크다고 할 수 있다. 무엇보다 중요한 점은 경찰과 사회복지사는 그 업무영역이 서로 다르지만 복지경찰에 있어서는 두 업무영역이 융합된다는 점, 복지경찰업무의 수행을 위해서는 사회복지사라는 전문가가 필요하게 되었다는 점이다. 이러한 점들은 향후 우리나라에 복지경찰제도를 도입함에 있어, 특히 복지경찰의 개념, 업무, 조직을 구체화하는 데 유념하여야 할 점이라고 생각한다.

Ⅴ. 유사개념과 구별

복지경찰의 개념은 협의의 의미에서는 경찰단계에서 발생하는 범죄인, 피해자 등 클라이언트를 대상으로 사회복지방법론을 통해 원조하는 활동의 미시적인 측면과 광의의 의미에서는 협의를 포함하는 클라이언트의 복지를 위한 제도적·입법적 활동의 거시적인 측면을 의미한다. 한국의 복지경찰제도 도입에 있어 복지경찰개념과 유사한 복지개념들인 교정복지,[22] 사법복지,[23] 피해자복지의 개념[24]들이 있어 유사하기도 하지만 협의로는 미국경찰의 사회사업

22) 교정복지의 개념은 국가, 집단, 개인이 범죄자 등을 대상으로 교화와 지지를 위해 청해지는 모든 의도적 활동이다. 김종환, 회복적 사법의 교정복지 적응에 관한 연구, 법학연구 제30집, 한국법학회, 2008, 10쪽.; 천정환, 한국교정복지의 의의와 발전과제, 한국교정학회, 교정연구 제53호, 2011. 180쪽.

23) 사법복지(forensic social work)의 개념은 사법제도와 관련한 사회복지서비스이다. 전미사법복지회(NOFSW, 1997)는 법적 체계에 관련된 문제에 사회복지실천을 적용하는 것이라 하고 있다(이무웅, 사법복지론, 서울: 청문사, 2013, 74쪽).

24) 피해자복지의 개념은 사회사업측의 접근방법을 통해 피해자의 재활과 보호, 지원에 개입하는 것이다(천정환. 신범죄피해자학, 서울: 대왕사, 2007, 537쪽). 「발달장애인 권리보장 및 지원에 관한 법률」(약칭 : 발달장애인법) (2015.11.21 시행)에서 발달장애인에 대한 조사나 심문이 필요한 경우에는 발달장애인에 대한 지식을 갖추고 교육을 받은 전담 검·경찰이 실시한다. 제8조(전담검사 및 전담사법경찰관 등에 대한 교육) 검찰총장 및 경찰청장은 법 제13조제3항에 따라 전담검사 및 전담사법경찰관에게, 국민안전처장관 및 제주특별자치도지사는 같은 조 제5항에 따라 경찰공무원 및 자치경찰공무원에게 발달장애인의 특성에 대한 전문지식과 의사소통 방법 및 발달장애인 보호를 위한 수사방법 등에 관한 교육을 실시하는 경우 교육 주기, 교육 방법 등에 관한 사항은 해당 기관의 장이 정한다.

(Police Social Work)형태를 포함하며 광의로는 복지경찰(Welfare Police)개념에 포함된다 할 것이다. 반면에 경찰복지의 개념[25]은 경찰공무원 보건안전 및 복지기본법에 의한 경찰관 복리후생을 위한 개념인 것으로 복지경찰과는 전혀 다른 개념임을 알 수 있다. 복지경찰개념과 유사개념의 구별해 보면 [그림 4-1]과 같다.

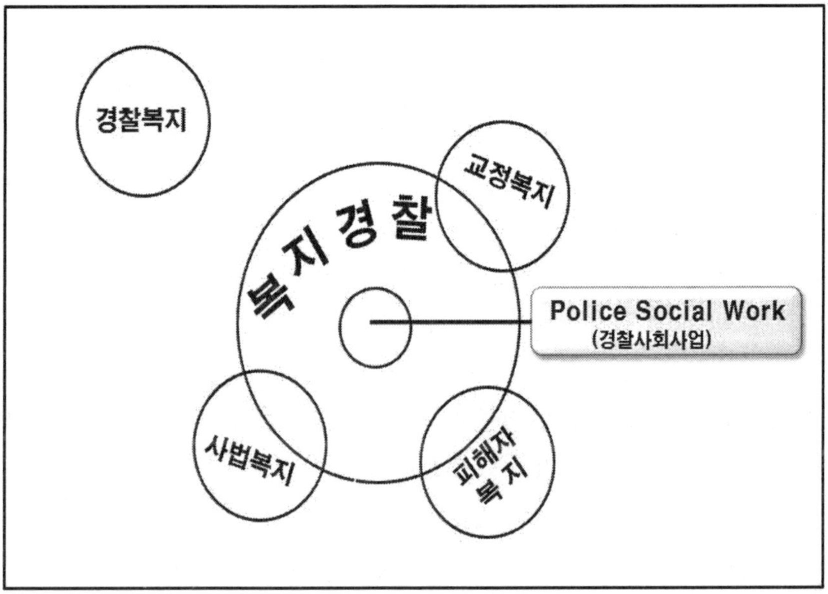

[그림 4-1] 복지경찰개념과 유사개념의 구별

25) 경찰복지의 개념은 현재 경찰직에 근무하고 있거나 퇴직경찰공무원과 그 가족의 복지향상을 목적으로 하여 국가나 경찰청 등이 실시하는 각종 시설물, 제도 및 서비스의 총칭으로 규정하고 있다. 즉, 경찰복지란 경찰이나 그 가족구성원들에 대한 경찰의 생애주기에서 발생하는 각종 사고와 경찰조직의 특수성으로 인한 생활의 불안정 요인을 국가가 보장하는 것을 의미한다. 강원석, 경찰복지에 관한 법적 개선방안, 경남대학교 대학원 박사학위 논문, 2013, 10쪽 참조; 이영남, "경찰조직의 효과성 제고를 위한 복지체계 연구", 명지대학교 대학원 박사학위논문, 1992, 28쪽 참조.

02절 한국에 복지경찰제도 도입의 필요성

Ⅰ. 치안환경의 변화에 따른 경찰 수요의 변화

치안활동은 경찰활동의 특수성과 복잡다기한 사회문제가 대두되면서 정치, 경제, 사회문화, 과학기술 등 경찰을 둘러싼 환경과의 부단한 상호작용 속에서 이루어지며, 경찰의 자체 노력으로는 근본적인 문제해결이 어려운 속성을 가지고 있다. 특히 고령화 사회로의 진입, 저출산, 고령화, 1인 가구와 다문화 가정의 증가로 여성이나 노인과 같은 사회적 약자에 대한 보호 요구가 높아지고 있으며, 저성장·양극화가 심화되면서 사회병리현상이 심화되고, 사이버 범죄 등 새로운 범죄의 등장으로 국민 불안요인이 증가하고 있다.

이와 같은 사회의 국제화·개방화, 정보화·과학화, 민주화와 이에 따른 시민의식의 변화 등의 요인들은 기존의 경찰기능만으로는 사회의 경찰수요에 제대로 대응하기 어렵게 하고 있다. 결론적으로는 이와 같은 사회변화는 경찰에 대한 복지수요를 창출하고 있고, 이에 따라 경찰기능도 이러한 수요에 부응하여 복지적 기능이 추가될 것이 요구되고 있다고 할 수 있다.

Ⅱ. 범죄예방 및 교정에서의 사회복지적 개입 필요성

'교정'이라는 말은 광의의 의미와 협의의 의미 두 가지로 규정된다. 광의의 의미에서는 범죄의 증거확보에서부터 형벌의 부과 및 처리에 이르기까지의 모든 활동과 내용을 일컫는다. 반면 협의의 의미는 범죄자에 대한 법률적 판단의 결과에 따라 사법처리 절차상 마지막 단계에서 이루어지는 교정처우(correctional treatment)의 내용을 의미한다.[26)]

현대 행형은 교육을 통한 범죄인의 개선, 즉 교정을 통한 사회복귀를 목적으로 하는 현대적 의미의 형벌 이념인 교육형론을 수립하였다. 즉, 현대 형벌의 목적은 응보가 아니라 범죄인을 교정·교화로 재사회화하여 사회복귀를 시키는데 있다고 볼 수 있다. 이러한 목적을 나타내기 위한 용어가 과거의 행형에 대신하여 교정이라 하게 된 것이다.[27]

교정활동에 있어서 인간이 가지고 있는 본질과 속성을 중요시하기 않을 수 없다. 이것은 한 인간이 생활을 영위하는데 그를 둘러싸고 있는 사회환경의 영향이 크므로 '환경 속의 인간(person in environment)'[28]에 대한 과학적인 이론을 적용시키지 않을 수 없게 되었다. 이처럼 교정이념이 응보형에서 교육형으로 옮겨지면서 수형자 교정은 감호중심의 경찰력뿐만 아니라 수형자의 변화와 개선에 필요한 전문교정 인력을 강력하게 요구하고 있다.

Ⅲ. 수요자 중심의 사회복지적 개입 필요성

21세기 경찰행정 기능의 중점이동 현상으로 종래 질서유지에서 급부서비스로 이동하고, 지구대는 치안을 위한 서비스 제공 관점에서 행정의 기능이 전환되는 '시민근접행정' 수행을 위해 경찰업무는 수요자 중심 맞춤형 사회복지적 접근성이 대두되고 있다. 맞춤형 사회복지적 서비스는 수요자 관점에서 정부의 각종 정책과 서비스를 국민의 생애주기별·유형별 요구에 따라 제공하는 것을 의미하며, 궁극적으로는 공공기관 뿐만 아니라 민간영역과의 협업·공유를 통해서 개별 정책고객의 요구 및 기대에 적합한 통합적 서비스를 선제적으로 제공하는 것을 목표로 하고 있다.

최근 이슈가 되는 심각한 수준의 어린이집 교사들에 의한 아동학대, 학교폭력, 가정폭력, 다문화가정 사회적 약자 등 취약계층의 보호 등과 관련한 선도

26) 최윤진, 교정사회복지, 한국청소년연구원, 1993, 234-242쪽.
27) 양화식, 행형법 개정의 기본방향, 한국사법행정학회, 사법행정 352호, 1990.4, 32-38쪽.
28) 조흥식·권기창·이태수 외, 사회복지학개론, 서울: 창지사, 2013, 134쪽.

및 해당 시민들의 적절한 교육과 서비스의 제공은 사회재통합의 효과를 거둘 수 있다. 이를 위해 경찰은 나이, 범행동기, 범행경험 정도, 과거 경력 및 상황적 조건 등 제반 개인적 특성에 따라 개별화되고, 다양한 복지경찰 접근에 따른 개입과 치료가 이루어져야 한다.

이러한 진행을 위해 우선 경찰 업무의 성격이 보다 명백히 규명되어야 할 것이며, 영역별 업무의 세분화와 전문화를 추구해야 할 필요가 있다. 현실적으로 시민근접행정 같은 경찰의 업무수행과정에 있어서 고려해야 할 점은 ① 사회적 약자의 사회적 생활에 대한 과학적인 조사 및 보고, ② 사회적 약자의 사회활동에 대한 지도감독, ③ 법집행과정에서 생기는 스트레스의 건설적인 대처, ④ 다양한 타 전문적 지식(개인·집단·지역사회의 자원 등)을 통해 문제를 체계적으로 해결하기 위한 면접, 사정, 도입, 평가 등의 일련의 계획적인 작업과정의 기술활동, ⑤ 긴급상황 대처 시의 유연성 및 준비성에 대한 경찰업무과정에서 사회복지적 개입의 기술이 지속적으로 요구되고 있다.

Ⅳ. 경찰인력의 확충 및 전문화의 필요성

경찰기능은 '사회공공의 안녕·질서의 유지'와 '국민의 생명·신체·재산의 보호'를 목적으로 하고 있으며, 이 목적달성의 수단으로 '유지적 수단과 보호적 수단'을 동원하는 특징을 지니고 있다. 이러한 특징에 따라서 경찰은 그 인적 요소의 측면에서 일반적인 조직의 인적 요소와는 다른 독특한 특징들을 가지고 있다.

첫째, 경찰은 국민의 생명과 재산을 보호하는데 일차적인 목적이 있기 때문에, 이러한 목적수행을 위해 경찰인력은 국민의 이익과 직접적으로 연결이 되어 있다.

둘째, 경찰 인력은 공공안녕과 질서유지를 위해 존재하기 때문에 본질적으로 현상 유지적이며 보수적인 성향을 띄고 있다.

셋째, 경찰권은 국가공권력의 대표적인 예로 정치적으로 민감할 뿐만 아니라 물리적 행사가 가능하므로, 다른 행정인력에 비해 권력의 속성에 노출되어 있으며 이로 인해 권력 남용에 대한 불신과 견제에 노출되어 있다.

넷째, 경찰업무는 일반 행정업무에 비하여 예측하지 못한 돌발적인 사태가 빈번히 발생하며, 사건의 주체가 일정하지 못할 뿐 아니라 가시적으로 나타나지 않으므로 어느 행정 인력보다 대응성이 중요시된다.

다섯째, 일반 행정수요는 예측이 가능하고 발생 후의 구체적인 파악이 가능하지만, 경찰행정은 대부분 빠른 시일 내 혹은 즉시 해결하지 않으면 골든타임을 놓쳐 그 피해를 복구하기 어려우며 구제의 기회를 상실하게 되므로 어느 행정인력보다 긴급성을 요구한다.

여섯째, 경찰 인력은 노동집약형 행정서비스인 생활안전, 수사 등의 활동은 사무자동화에 따른 인력대체가 쉽지 않다.

경찰인력의 경우 위에서 기술한 여섯 가지의 특징들을 고려한 인력기획과 관리 구성이 경찰인사관리의 전문화가 요구된다.

그러나 경찰인력의 구체적인 현황을 살펴보면 21세기 적극적 경찰기능에 대응하기에는 여전히 경찰인력이 부족하고, 특히 복지수요에 대응하기 위한 전문인력의 확충이 필요하다.

경찰인력은 2014년 말 기준으로 총 139,139명이며, 경찰관 109,364명(78%.6), 일반직 등 3,864명(2.8%), 의경 25,911명(18.6%)으로 구성되어 있다. 2007~2011년에 증원된 경찰인력에는 전·의경 대체로 인한 4,866명(2008년 1,408명, 2009년 2,106명, 2010년 1,260명, 2011년 92명)이 포함되어 있다. 2012년에 성폭력 등 사회 안전을 저해하는 범죄에 대응하기 위한 여성청소년과 신설 등 1,159명이 증원되었다.[29] 2013년에 새 정부 출범과 함께 국민행복 실현의 필수조건으로 '국민안전'의 중요성을 강조하면서 경찰인력 증원을 2013년 2,965명, 2014년 해경인력 505명을 포함 4,026명이 증원되었다.

〈표 4-1〉을 보면, 우리나라 경찰의 전체 인력규모는 몇 차례의 감소 추세가 있었음에도 불구하고 전반적으로 꾸준히 증가하여 왔으나 주민들에 대한 치안

29) 경찰청, 경찰백서, 2015, 353쪽.

〈표 4-1〉 경찰의 인력 및 1인당 담당인구 변화

(단위 : 명)

연 도	2007	2008	2009	2010	2011	2012	2013	2014
경찰관	96,324	97,732	99,554	101,108	101,239	102,386	105,357	105,364
1인당인구	509	504	498	492	501	498	485	465

* 경찰인력 = 경찰공무원 + 일반직 · 교육직공무원 + 의경

* 자료 : 경찰청, 경찰백서, 2015, 352쪽.

서비스의 질적인 측면을 평가할 수 있는 경찰관 1인당 담당인구 수는 2002년 527명이던 것이 2012년 498명, 2013년 485명, 2014년 465명으로 [그림 4-1] 한국 경찰관 1인당 담당인구 추이에서 보듯이 감소추세이다.

이는 [그림 4-2] 주요 외국의 경찰관 1인당 담당인구를 살펴보면 선진국(독일 320, 일본 494, 미국 401명, 프랑스 347명, 영국 403명[30])과 비교 일본을 비롯하여 경찰인력은 부족한 수준이다.

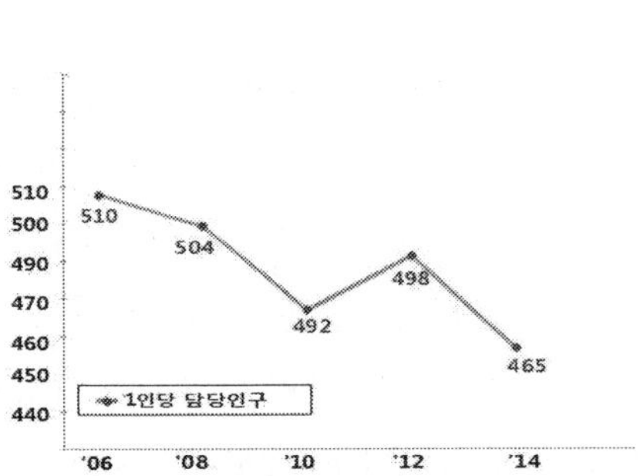

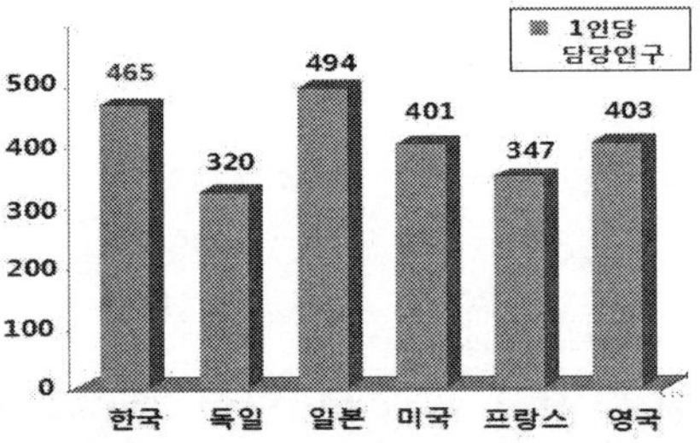

[그림 4-1] 한국 경찰관 1인당 담당인구 추이 [그림 4-2] 주요 외국의 경찰관 1인당 담당인구

최근에 112신고, 5대 범죄, 교통사고 등 치안수요는 급증하고, 학교 · 성 · 가정폭력 등 사회악 척결 및 사회적 약자 보호를 위한 새로운 치안영역은 지속

30) 경찰청, 경찰백서, 2015, 353쪽; 경찰관 1인당 담당인구 비교(경찰통계연보).

확대되고 있는 등 국민의 안전욕구에 효율적으로 대응하기 위한 경찰인력 확충이 필요하다.

특히 국민의 인권을 보호함과 동시에 급변하는 치안환경에 대응하는 것은 물론, 사회비용 감소를 통해 복지경찰업무에 대한 욕구가 많아짐에 따라 경찰인력을 전문화하고, 복지경찰업무 능력을 높이기 위해서도 경찰인력을 확충뿐만 아니라 경찰조직도 재편성하여야 할 필요가 있지만 현실적으로는 이에 대한 대응은 사실상 전무한 수준이다.

03절 복지경찰의 역할과 기능

Ⅰ. 종래의 경찰공무원의 복지업무

경찰은 행정자치부 외청인 경찰청에서 근무하는 경력직·특정직 공무원을 일컫는 말이다. 경찰관은 수사, 방범, 교통, 경비, 정보 등 다양한 기능에서 국민들의 생명과 신체를 보호하는 사명을 띠고 있다. 경찰에는 크게 경찰관(sworn officer)과 경찰업무를 보조하는 의무경찰(auxiliary officer)로 구성되

〈표 4-2〉 경찰공무원 업무종류

업무종류	세부내용
경무	경찰조직, 인사, 재무 등을 관리하는 업무 일반기업체의 총무부서와 비슷한 기능.
생활안전	풍속, 방법(범죄예방), 외근(경찰서 및 지구대 활동), 여성청소년(여성·청소년 보호, 단속) 활동
교통	도로에서 발생하는 위해의 예방과 단속, 교통정리(운전면허, 싸이카, 고속도로 순찰대 활동포함) 등
경비	사회공공의 질서를 위태롭게 하는 각종사태를 예방, 진압하는 활동 등
작전	대간첩작전(통합방위작전),전투경찰대운영 등
수사	범죄를 수사하고 증거를 수집하는 경찰활동(형사근무, 피의자 심문, 감식, 컴퓨터 운용, 사이버 범죄) 등
정보	국가사회의 기본질서를 파괴하는 행위를 예방, 단속하는 경찰활동(국가안보에 관련된 정부수집) 등
보안	對간첩, 용공분자색출 및 검거, 탈북자보호, 반국가적·반사회적 사범에 대한 첩보수집 및 예방활동
외사	외사기획, 국제범죄수사, 외사정보, 외국인 방첩활동 등
통신	경찰의 유선·무선 통신 전송업무 등을 수행하는 특수분야

* 자료 : 경찰백서, 2014. 제7장, 제1절 조직·인력 개선 등 치안인프라 확충. 재구성.

어 있다. 경찰관의 업무는 타 공무원에 비해서 매우 다양한 편이며 경찰공무원이면 기회의 평등이 있어 누구나 여러 경찰업무를 담당할 수 있다. 업무의 종류를 간략하게 살펴보면 〈표 4-2〉와 같다.

경찰관직무집행법」 제2조 경찰관의 직무의 범위를 살펴보면 첫째, 국민의 생명·신체 및 재산의 보호하고, 둘째, 범죄의 예방·진압 및 수사를 하며, 셋째, 경비, 주요 인사(人士) 경호 및 대간첩·대테러 작전 수행하며, 넷째, 치안정보의 수집·작성 및 배포하고, 다섯째, 교통 단속과 교통 위해(危害)의 방지하며, 여섯째, 외국 정부기관 및 국제기구와의 국제협력을 하며, 일곱째, 그 밖에 공공의 안녕과 질서 유지[전문개정 2014.5.20.]하는 것으로 명시되어 있다. 특히 일곱째의 직무는 지역사회로부터 크게 요구되어지고 있는 경찰관의 업무이다. 〈표 4-3〉은 「경찰법」 제3조와 「경찰관직무집행법」 제2조, 제8조를 근거로 하여 한국경찰의 직무와 기능을 재구성하였다.[31)]

〈표 4-3〉 경찰의 직무와 기능

목표 / 기능 / 구분	질서목표	봉사목표
	보호기능	규제기능
주요 직무	· 범죄예방활동 및 경비 · 교통 및 거리질서 확립 · 퇴폐행위 단속 · 사회안정유지 · 보안방첩 · 국제범죄 지도 · 시국불안요인 예방 · 요인의 보호 및 경호	· 청소년 선도보호 · 행려병자 보호 · 정신착란자 및 자살기도 보호

* 자료 : 경찰법 제3조, 경찰관직무집행법 제2조와 제8조. 재구성.

31) 김남철, 앞의 책, 1066-1067쪽; 홍정선, 앞의 책, 373-374쪽; 박균성, 앞의 책, 576-577쪽; 박균성·김재광, 앞의 책, 3·5쪽.

〈표 4-3〉에서 살펴보면 경찰의 업무는 선도·지도·보호의 봉사기능보다는 생명·권리·자유 등의 보호 및 질서유지의 명령, 강제규제의 기능수행이 중심을 이루고 있다. 그럼에도 불구하고 경찰법에 명시된 경찰업무지침과 규정 등을 살펴보면 복지와 관련된 서비스직으로서의 업무도 경찰의 업무로 구성되어 있다고 할 수 있다. 즉 「경찰복무규정」 제3조에는 '경찰공무원은 국가와 민족을 위하여 충성과 봉사를 다하며, 국민의 생명·신체 및 재산을 보호하고, 공공의 안녕과 질서를 유지함을 그 사명으로 하며, 또한 경찰정신에 있어서 경찰공무원은 국가의 수임자로서 일상의 직무수행에 있어 국민의 자유와 권리를 존중하는 호국·봉사·정의의 정신을 바탕으로 삼는다.'는 기본강령과 경찰정신이 명시되어 있는데, 현재 이와 같은 규정에 근거하여 한국경찰은 복지업무의 역할과 기능을 수행하고 있다. 사건조사 시 경찰의 조사임무에서 경찰의 역할과 태도는 서비스 제공자로서의 복지경찰의 역할을 수행하는 데 있어 지역사회 주민으로부터 신뢰와 협조를 결정하는 중요한 역할을 한다. 「범죄수사규칙」 제166조, 제171조, 제195조, 제196조를 살펴보면 경찰의 수사상의 태도에 대해 명시하고 있는데, 이는 복지경찰로서의 수사함에 있어 대상자의 사회심리적인 요소를 고려해야 함을 기술하고 있다. 둘째는 지역사회와 함께하는 서비스기관으로서의 복지업무를 맡고 있는 경찰은 「범죄수사규칙」 제5조에 따라 그 수사에 있어서도 환경을 위시한 체계적 접근을 강조하고 있다. 경찰은 수사를 통해 얻게 되는 모든 정보자료를 종합하고, 이를 경험과 이론을 바탕으로 하는 전문적인 지식과 기술을 바탕으로 체계적이고 조직력 있는 종합수사를 통해 「범죄수사규칙」 제197조와 제198조에 의거 외부자원의 연계를 통한 복지업무를 수행하고 있다. 또한 「범죄수사규칙」 제200조상의 직접봉사 기능에 따라 대상자 보호에 우선시하는 복지경찰의 업무를 진행하고 있다. 이처럼 경찰의 업무지침에는 지역사회와의 관계, 수사대상자와 증인들에 대한 존엄과 보호, 소년들에 대한 특별한 선도, 보호관찰의 역할 등 치안서비스 기관으로서의 가치와 복지업무를 기반으로 하는 경찰의 역할이 비교적 자세히 명시되어 있다.

따라서 21세기 경찰은 국민에게 봉사하는 시민친화적 경찰상을 만들고자 첫째, 국민의 인권과 권익을 보호하고, 둘째, 범사회적 안전망을 구축하며, 셋째, 시대변화에 걸 맞는 신질서 유도를 설정하고, 넷째, 활력 있는 지원기반 구축을 발전목표로 설정하였다. 이에 경찰은 국민을 통제 대상이 아닌 경찰의 법집행 서비스를 구매하는 고객으로 지위를 격상하고, 국민이 필요로 하는 서비스의 적극적 제공자로서 복지경찰 업무를 위한 초석을 마련해야 할 것이다.

Ⅱ. 복지경찰에 관한 경찰업무의 확대 가능성

1980년대 이후 사회보장제도의 성장과 함께 사회복지서비스의 성장도 매우 빠른 속도로 이루어졌다. 하지만 경제위기 이후 복지제도의 급속한 확장 추세 속에서도 사회복지서비스의 개혁은 사회보장제도에 비해 더딘 편이었으며,[32] 특히 사회복지서비스의 경찰현장에서의 확대는 어떤 사전적인 계획이나 치열한 논의를 통해 준비되었던 것이라기보다는 정부의 정책에 의해 뒤따라가면서 확대되어 온 측면이 강하다. 제도의 확대와 관련해서 학계나 사회단체의 주장과 노력이 없었던 것은 아니지만 그러한 노력은 많은 경우 이념적인 뒷받침이나 복지체제에 관련된 확고한 입장에 의한 뒷받침이 없이 막연한 전문직의 추구와 같은 취약한 논리에 입각해 왔다.

그러면 한국 경찰도 복지개념을 전제로 경찰업무가 추가될 수 있을 것인가? 이러한 논제에 대해 21세기는 경찰 행정기능의 중점이동 현상으로 종래의 질서유지에서 급부서비스로 이동하며, 지구대(파출소)는 치안을 위한 서비스제공 관점에서 행정의 기능이 전환되는 시민근접행정(Buergernahe Verwaltung) 수행을 위한 경찰업무의 사회복지적 접근성이 대두되고 있는 실정이다. 이에 따라 경찰업무가 복지경찰로서 기능으로 확대될 가능성은 매우 높다. 다음은 복지경찰의 기능에 관해 사회복지 측면을 중심으로 기술하고자 한다.

---

32) 이현주・강혜규・서문희 외, 공공부조와 사회복지서비스의 체계분석 및 재편방안, 한국보건사회연구원, 2003, 35쪽.

1. 복지경찰이 수행해야 할 주요 사회복지

복지경찰이 수행해야 할 주요 사회복지 업무로서 사회취약계층의 보호, 가정폭력, 학교폭력, 성폭력예방, 청소년보호 등을 들 수 있는데, 그 중 비행청소년 선도를 위한 복지경찰적 개입을 예로 제시하면 다음과 같다.[33]

첫째, 최근 왕따 등 심각한 학교폭력 등을 비롯하여 비행청소년 등의 정보를 정확하게 수집하는 일이다. 이는 대상 청소년, 경찰, 참고인 등을 면담하고 그들의 가정방문을 통해 정보수집함으로써 이루어진다. 성인범과 달리 청소년들의 경우 경찰 수사의 역할에 비행사실의 확인뿐만 아니라 비행의 원인 및 가정환경 조사, 제비행 예측 등 다양한 내용을 조사뿐만 아니라 불필요한 사법과정을 최소화하고 적절한 보호를 하고자 경찰에 대한 광범한 재량권을 주고 있다.[34] 조사내용은 주로 범행의 동기, 직업, 생활환경, 교육관계, 가족상황, 피해회복 여부 등이 주축을 이룬다. 이러한 조사결과는 경찰의 합리적 판단을 도와주고 보호관찰 계획수립 및 관련시설, 기관의 분류, 처우 기준을 제공하며, 사후의 평가나 연구 기초자료 등으로 활용된다.

둘째, 전문사회복지 지식과 기술 적용을 통한 교육 및 업무를 들 수 있다. 학교폭력 등 비행청소년의 문제와 요구 등에 대한 욕구사정(need assessment), 상담, 개별 및 집단 지도방법 또는 취업정보 및 직업훈련기회의 제공과 취업의 알선 등의 역할 등을 들 수 있다.

셋째, 지역사회 자원의 연결업무이다. 복지경찰은 잠재적인 사회적 약자까지 도울 수 있는 사회자원을 발굴하고, 연결해 주는 사회자원의 관리자(community resource manager)로서의 역할이 매우 강조된다고 볼 수 있다. ‘범죄피해자’, ‘독거노인’, ‘다문화가정’ 등 사회적 약자들의 고통과 어려움을 공감하며 이들에게 법과 규칙이 허용하는 한 최대의 서비스를 제공한다. 예를 들어 청소년

---

33) Joseph, Goldstein, Police Discretion Not to Invoke the Criminal Process: Low-Visibility Decisions in the Administration of Justice, Yale Law Journal, Vol. 69, 1960, pp. 543-594.

34) 박은미, 법적 문제행동 청소년의 경찰수사과정에 대한 사회복지사의 개입방안, 한국청소년복지학회, 청소년복지연구, 제6권 제1호, 2004, 61쪽.

비행 예방활동의 경우 지역주민들이 적극적으로 참여할 수 있도록 유도하며 자원봉사자들을 조직, 관리하고, 그들의 교육, 훈련에 참여한다. 또한 비행청소년과 연계된 부모, 교사, 고용주 등과 긴밀한 협조체계를 유지하고, 심리 및 상담전문가, 교육전문가, 법률가 등 타 관련분야 전문가들과도 상호 정보교환 및 협의가 원활히 이루어지는 가운데 사회복지 활동이 수행되는 것이 바람직할 것이다.

2. 경찰업무 과정에서의 사회복지적 개입

가. 복지경찰영역의 전문화 추구

복지경찰로서 전문화를 위해서는 우선 경찰업무의 성격이 보다 명백히 규명되어야 할 것이며, 영역별 업무의 세분화와 전문화를 추구하는 것이 바람직할 것이다.

복지경찰의 활동영역은, 예컨대 ① 사회적 약자의 사회적 생활에 대한 과학적인 조사 및 보고, ② 사회적 약자의 사회 활동에 대한 지도감독, ③ 법집행과정에서 생기는 스트레스를 건설적인 대처, ④ 다양한 타 전문적 지식(개인·집단·지역사회의 자원)을 통해 문제를 체계적으로 해결하기 위한 면접, 사정, 도입, 평가 등 일련의 계획적인 작업과정, ⑤ 긴급상황 대처의 유연성 및 준비성을 통해 사회적 약자가 처한 문제 해결 등을 제시해 볼 수 있다.

나. 복지경찰활동의 개별화

학교폭력 등과 관련 비행청소년 선도에서 청소년들에게 적절한 교육과 서비스의 제공을 통한 사회재통합의 효과를 거두기 위해서는 청소년의 나이, 비행동기, 범행경험 정도, 과거경력 및 상황적 조건 등 제반 개인적 특성에 따라 개별화되고 다양화된 사회복지적 치료바탕이 우선적으로 이루어져야 한다.

3. 경찰에서의 사회복지 정책적 개입 방향

가. 경찰채용 단계에서의 사회복지 정책적 개입

복지경찰의 조직, 인원의 확대 및 전문성 개발을 위한 정책을 실행하기 위해서 무엇보다 전문 복지경찰을 채용하는 제도적 장치를 마련하여야 한다. 예컨대 「성폭력피해자통합지원센터」의 경우 전문적인 복지경찰의 업무 및 상담을 위해 경찰・사회복지사・의사・자원봉사자들이 팀워크를 이루어 '피해현장에 즉시 출동하여 피해를 최소화하려 노력'하고 '피해자에게 필요한 정보를 제공'하며, '피해자의 요구(needs)를 파악해 가능한 이를 충족'해 주고, '경찰에서 제공할 수 없는 서비스에 대해 전문기관에 연계'해 주며, 공포와 두려움에 떠는 피해자를 위해 조사나 재판과정 등에 동행하는 등의 사무를 수행하고 있는데, 이와 같이 재피해방지를 위한 진단 등의 대책을 마련하고, 나아가 범죄피해보상금 지급신청절차를 지원하며, 재판 종료 이후 피해자의 안전과 심리적 불안감 해소를 위해 피해자를 지원하고 보호하는 방식으로 경찰이 제도적으로 개입할 수 있어야 한다. 이와 같은 경찰에서의 사회복지 정책적 개입방향에 따른 세 가지의 정책적 개입을 제시해 보면 아래와 같다.

우리나라의 경우 오늘날 경찰행정은 외부적으로 변화하는 치안환경 하에서 국민들의 치안서비스의 질적 향상 요구와 경찰기능의 변화에 대한 새로운 요구에 직면해있다. 치안서비스는 통상적으로 경찰에서 이행하는 모든 업무를 포함하는 의미로서 일반적으로 경찰의 역할기능으로 정의되고 있는 법집행, 서비스전달, 질서유지를 포함하는 전문 경찰사회복지 영역으로 전환되고 있음을 인식할 때 이 분야에 사회복지 전공자가 거의 없는 현실이다. 이는 현재의 경찰분야에 치안서비스가 제대로 이루어지고 있지 못함을 시사해 준다.

경찰에서의 사회복지 정책적 개입으로는 독거노인 보호, 아동학대, 아동・여성성범죄, 가정폭력 예방활동 등 사회적 약자 보호를 위해 실질적인 도움을 주는 보호시스템으로 여성청소년담당, 경찰서 피해자지원 전담경찰 및 성폭력피해자통합지원센터, 배움터 지킴이 경찰 등을 복지경찰이 주도하는 업무로 제도화해야 한다.

나. 사후관리 단계의 사회복지 정책적 개입

예를 들어 비행청소년이 최초의 사법기관인 경찰에서 소년경찰에 의해 수사를 받는 과정에서 과학적인 비행예측을 하고 수사과정상에서 받을 수 있는 부정적인 영향을 감소시켜, 수사과정에 대한 정확한 정보를 제공하며, 인권보호 상담서비스를 제공하여 지역사회의 다양한 자원들과 연계하여 지속적인 사후관리를 할 수 있도록 하는 데 경찰이 개입하여 역할을 수행하도록 하는 것은 매우 바람직하다 할 것이다.[35)]

경찰에 인지된 비행청소년의 재범방지를 위한 사후관리에 복지경찰이 주도적으로 개입할 수 있는 정책을 개발하여 경찰이 사회매개인의 역할을 하도록 하자는 것이다.

다. 경찰전체 과정에서의 사회복지 정책적 개입

궁극적으로는 경찰 전체 과정에서 경찰의 사회화가 이루어지도록 하는 것이 중요하다. 경찰의 사회화를 위해서는 무엇보다도 경찰행정이 공개되고 민간의 참여를 촉진시킬 수 있는 제도적 장치를 마련해야 한다. 비행청소년의 경우 처우과정에서 가정 및 일반사회와 유사한 생활환경을 만들어주는 것 역시 필요하다.

이와 관련하여 소년범죄자는 법적인 처우보다는 사전 예방적인 측면의 정책개발이 필요하고, 비행청소년의 선도와 보호활동에 있어서 욕구에 맞는 개입기술과 기법을 개발하는 실천가로서 경찰활동이 이루어지는 제도적 장치가 마련되어야 한다.

35) 박은미, 앞의 논문, 63쪽.

Ⅲ. 경찰과 사회복지사간 전문직의 협동관계 기능화

경찰·사회복지사간의 전문직에 대한 협동관계의 발전은 지역사회 내에서 서비스전달은 치안서비스의 이용자 입장에서도 질적으로 향상된 공급이 증가하고 사회적 서비스를 제공받을 수 있게 됨에 따라 치안만족이라는 이익의 극대화를 이룰 수 있게 된다.

1. 위기상황에서 적절한 사회적 서비스의 제공

복지경찰은 정신건강문제 등의 위기상황에서 경찰에 의해 의뢰된 원조대상자(client)에 대해 보다 적절한 서비스를 제공할 수 있다. 또 서비스가 응급조치에서 사후관리(follow up)까지 제공됨으로써 미국에서는 시민에게 매우 만족도가 높게 평가되고 있는데, 위기상황에서 원조 관계가 성립되면 그들은 이 관계가 지속되기를 원하기 때문에 사회복지사는 그들의 이런 불안을 인지하고 빨리 대응해 주어 그들이 복지서비스의 이용가능성을 느끼게 해주기 때문에 경찰과 사회복지사의 적절한 개입으로 지역사회는 보다 안전한 기능을 가진다.

2. 경찰업무의 효율성 제고

일반 경찰이 전담하여 담당하기 어려운 문제를 복지경찰이 다룸으로써 경찰은 보다 다양한 경찰 업무에 몰두할 수 있게 된다. 또한 복지경찰은 공공안전과 개인을 보호하기 위한 서비스를 제공해야 할 때 내부동기가 부족한 사람(특히 아동학대 부모, 가정폭력 및 학교폭력 부모 등)에게 경찰의 권위를 이용하여 보다 많은 서비스(가족치료 및 교육서비스, 자존감 향상프로그램 등)를 제공할 수 있게 된다.

3. 사회통합 용이

복지경찰 서비스 프로그램을 진행시킨 대표적인 사례로는 외국의 복지사례

중 미국의 시카고 지역의 사회서비스 계획(Social Service Project)[36] 연구를 들 수 있다. 이 프로그램은 경찰이 범인을 체포하게 되면 분석을 하게 되는데 분석과정에서 성인은 기소하고 미성년자는 소년법원으로 보내는 것으로 시작된다. 이 단계에서도 복지경찰에게 의뢰하기도 하며, 그렇지 않은 경우에는 법원이나 보호관찰소로 보내진다. 형 집행이 끝나면 모두 사회기관으로 의뢰되어 재활 과정을 거쳐 마치게 된다. 이때 사회서비스 계획 운영에 관한 내용은 프로그램 실행에 있어서 자질 있는 인력을 확보하는 것이다.

이들 인력은 다음 세 가지 측면에서 평가된다. 첫 번째, 전문적인 자질, 두 번째, 개인적인 자질, 세 번째, 경찰과 특정 지역사회 내에서 기능 할 수 있는 능력이다. 처음 두 가지 요인은 관련 학교의 지도감독자에 의해서 평가되며 세 번째 요인은 경찰서장에 의해서 평가된다. 모든 직원이나 사회복지학과 학생들을 선택하는 데 있어서는 경찰서장이 결정권과 거부권을 가지고 있다. 첫 번째, 전문적인 측면으로는 정신건강, 가족복지 또는 아동복지 분야에서 최소한 3년 이상의 실무 경력이 있는 사람을 말한다. 두 전문직간의 협동 작업에 관한 지식, 즉 case work에 관한 기술과 팀을 구성하여 일을 처리하는 능력, 즉 group work에 관한 기술이 요구된다. 두 번째, 개인적인 측면으로는 사회적 서비스에 관하여 열의가 높고 복지경찰로서의 역할이나 정체감이 확고한 사람을 말한다. 특히 타인들이 자신에게 어떻게 반응할 것인가를 잘 알고 있으며, 경찰들과의 효율적인 관계를 발전시키는데 있어서 필수적인 요인인 융통성을 의미한다. 세 번째는 경찰과 특정 지역사회 내에서 기능할 수 있는 능력으로서 위의 두 가지 자질 외 친절하고 외향적인 성격이며 경찰이나 클라이언트에게 편하게 대해 줄 수 있는 능력을 말한다. 경찰은 전문적인 판단이나 경험을 바탕으로 복지경찰에게 사건을 의뢰하는데, 주로 문제 확인, 범죄에 대한 태도, 경찰사회복지 과정에 협동하겠다는 클라이언트의 의지를 의뢰의 기준으로 본다. 이렇게 복지경찰이 제공하는 직접적인 서비스에는 위기개입과 개인, 가족치료와 집단서비스가 있다.

---

36) Treger, Harvey, op. cit., pp.15-32.

SSP 프로그램을 실시한 미국 일리노이주 시카고 근처의 도시 Wheaton과 Niles 지역은 다른 지역에 비해 3년 동안 소년법원에 의뢰한 사례의 횟수가 현격히 감소했다고 한다. 이는 클라이언트가 복지경찰을 통하여 수치심을 보다 적게 느끼며 사회에 적응하게 되었다. 그리고 경찰사회복지라는 전환기제는 지역사회에서 경찰과 사회복지의 이미지를 향상시킬 수 있게 되었다. 그리고 사회복지 서비스는 지역사회에 '복지경찰'이라는 전환기제를 제공함으로써 경찰과 지역사회 사이에 문제의 소지가 되는 오해를 방지하고 개선시킬 수 있을 뿐만 아니라 지역사회에서 경찰과 사회복지의 이미지를 향상시킬 수 있게 되었다.

04절 복지경찰제도 도입의 문제점

Ⅰ. 이론상의 문제점

1. 경찰의 복지업무 권한행사의 법적 문제

가. 경찰권발동에 근거하는 상위규범과 하위규범의 충돌[37)]

법의 단계적 구조에 따라 하위법은 상위법에 저촉될 수 없다(법률우위의 원칙). 따라서 하위법은 상위법에 구속되어 이를 위반할 수 없는데, 만약 상위법에 미달하거나 저촉되는 경우에는 그 부분은 무효가 되고 무효로 된 부분은 상위법이 정하는 기준에 따라야 한다. 이는 소년범죄의 경우 특히 문제가 되고 있다.[38)]

현행 소년경찰직무규칙 제10조에서는 "소년은 훈방 또는 즉결심판을 청구할 수 있다"라고 규정되어 있어 경찰이 소년범을 반드시 처벌 위주로 사건화하지 않아도 되도록 규정하고 있다. 그런데 상위규범인 형사소송법 제196조[39)]와 소년법 제4조 제2항[40)]에서는 촉법소년 및 우범소년에 관하여 전건(全件)검찰에

37) 김남철, 앞의 책, 29・39쪽; 홍정선, 행정법원론(상), 제23판, 서울: 박영사, 2015, 20쪽; 홍정선, 경찰행정법 제3판, 서울: 박영사, 2015., 52-53쪽; 박균성, 행정법(상), 서울: 박영사, 20-21쪽.

38) 오영근・최병각, 소년사건 처리절차의 개선방안에 관한 연구, 한국형사정책연구원, 1995, 22쪽.

39) 형사소송법 제196조(사법경찰관리) ① 수사관, 경무관・총경・경감・경위는 사법경찰관으로서 검사의 지휘를 받아 수사를 하여야 한다. ② 경사・순경은 사법경찰관리로서 감사 또는 사법경찰관의 지휘를 받아 수사의 보조를 하여야 한다.

40) 소년법 제4조(보호의 대상과 송치 및 통고) ① 다음 각호의 1에 해당하는 소년은 소년부의 보호사건으로 심리한다. 1. 죄를 범한 소년 2. 형벌법령에 저촉되는 행위를 한 12세 이상 14세 미만의 소년 3. 다음에 해당하는 사유가 있고 그의 성격 또는 환경에 비추어 장래 형벌

송치하도록 되어 있다. 또한 소년법상 소년에 관한 형사사건에 관하여 특별한 규정이 없으면 형사소송법에 의하고(제48조), 형사소송법은 수사의 주재자를 검사로 규정하고 있으므로(제59조), 사법경찰관이 범죄소년에 대한 수사를 종료한 때에는 관할 지방검찰청 또는 지청장에게 송치하여야 한다(사법경찰관리 직무규칙 제54조). 즉 경찰의 재량의 여지가 전혀 없도록 규정되어 있다는 것이다.

따라서 소년법 제4조 제2항은 선도차원의 소년경찰활동에 가장 큰 장애요인이 되는 조항[41]이라는 문제가 있다. 이는 모든 비행소년을 처벌해야 한다는 사상이 그 근저에 자리 잡고 있는 것인데, 오늘날 이 조항은 소년의 건전육성이라는 소년법의 정신과 비범죄화, 비시설화, 비형벌화라는 소년사법의 흐름에 정면으로 배치되고 있다. 궁극적으로 이 소년법 조항은 단속 및 처벌 위주의 경찰권발동이라는 문제가 있으며,[42] 이는 처벌 이전에 선도라는 새로운 경찰권을 발동하는 데 한계로 작용하고 있다고 할 수 있다.

나. 복지업무 관련 경찰의 현저한 재량권 부족

우리나라의 소년사법은 검찰과 법원을 중심으로 이루어져 왔다고 할 수 있다. 즉 경찰이 촉법·우범소년을 발견하게 되면 소년법원에 송치하여 소년법원이 심리불개시, 불처분, 보호처분 등의 조치를 취하고, 범죄소년을 발견하게 되면 검찰에 송치하여 검찰이 불기소처분, (선도조건부) 기소유예 또는 기소 등의 조치를 취하는 방식으로 진행되어 왔다. 그러나 이와 같은 검찰과 법원을 중심으로 한 공식적인 절차는 실효성이 떨어지거나 또는 검찰과 법원을 거

법령에 저촉되는 행위를 할 우려가 있는 12세 이상의 소년 가. 보호자의 정당한 감독에 복종하지 않는 성벽이 있는 것 나. 정당한 이유없이 가정에서 이탈하는 것 다. 범죄성이 있는 자 또는 부도덕한 자와 교제하거나 자기 또는 타인의 덕성을 해롭게 하는 성벽이 있는 것 ② 제1항 제2호 및 제3호에 해당하는 소년이 있을 때에는 경찰서장은 직접 관할 소년부에 송치하여야 한다. ③ 제1항 각호의 1에 해당하는 소년을 발견한 보호자 또는 학교와 사회복리시설의 장은 이를 관할소년부에 통고할 수 있다.

41) 최미진, 소년경찰제도 및 역할개선에 관한 연구, 연세대학교, 2006, 7-8쪽.

42) 김남철, 앞의 책, 1087쪽; 홍정선, 행정법원론(하), 제23판, 서울: 박영사, 2015, 391-394쪽; 박균성, 행정법론(하), 제13판, 박영사, 2015, 앞의 책, 606-608쪽; 박균성·김재광, 앞의 책, 20-22쪽.

치면서 이미 청소년이 형사사법절차의 경험에 따르는 낙인효과가 발생하게 됨으로써 낙인효과의 방지와 재범예방이라는 본래의 목적을 달성하기 사실상 어려웠던 것이다.

이는 형법의 보충성 원칙, 사법절차 초기의 다이버전, 낙인효과의 최소화라는 관점에서 바람직하지 않다고 할 수 있다.[43] 그러나 위법행위를 하거나 범죄를 범한 모든 청소년들이 검찰 또는 법원에 의한 형사사법절차로 이행한 것은 아니다. 경찰은 그 동안 법령에 명문의 근거가 없이 실무적으로 경미사범에 대해 실시해 오던 훈방권을 청소년에게도 행사하여 형사입건으로 인해 발생하는 낙인효과, 즉 이후의 경찰·검찰에 의한 수사, 기소 및 법원에 의한 심판과정에서 발생하는 각종 부정적인 영향을 배제하고 청소년의 사회복귀를 촉진하는데 적지 않은 기여를 해왔다. 그러나 이러한 훈방조치는 법제도적 뒷받침이 없이 경찰에서 실무적으로 진행되어 인력·예산·조직 등에서 발생하는 근본적인 한계가 있을 수밖에 없었다.[44] 재량권이 거의 없는 우리나라의 소년경찰에 의해 소년사건은 실무관행상 90%가 단순 훈방으로 처리되고 있고, 그렇지 않으면 반드시 송치를 해야만 한다. 단순 훈방된 청소년들은 다시 범죄환경 및 사건과 접촉하여 재범자가 되어 다시 경찰서에 들어오게 되거나, 송치된 청소년들은 공식적인 절차를 통해 사법처리함으로써 '낙인효과' 등의 역효과가 초래될 수 있는 점을 감안할 때 경찰로 하여금 재량권을 줌으로써 경찰이 전문가들의 의견을 충분히 참작하여 경찰의 송치전 교화활동 등을 통한 소년범과 그 보호자가 받을 수도 있는 심리적 충격이나 역효과를 최대한 방지할 수 있을 것이다.

영미에서는 전통적으로 경찰이 재량권(discretion)[45]에 기초하여 소년사건

43) 이금형, 청소년 인권보호를 위한 사법처리 절차 개선방안, 인권정책연구회, 2004, 16쪽.

44) 그 동안 법령상 명문의 근거가 없이 청소년 범죄예방위원의 협조를 받아 시행해 오다가 1995년 「보호관찰 등에 관한 법률」에 의해 보호관찰 조건부 기소유예가 신설되고 2007년에는 「소년법」의 개정으로 범죄예방자원봉사위원의 선도, 소년선도교육과 관련된 단체·시설에서의 상담 및 교육 조건부 기소유예제도가 명시되었다.

45) 김남철, 앞의 책, 1086-1087쪽; 홍정선, 앞의 책, 401-403쪽; 박균성, 앞의 책, 610-611쪽; 박균성·김재광, 앞의 책, 234-235쪽.

및 경미사건을 처리해 왔고, 대륙법계 국가인 일본에서는 경미사건 또는 소년사건에 대해서 경찰이 미죄(微罪)처분 및 간이송치제도를 채택하여 시행해 오고 있으며 독일에서도 최근 경찰에 대하여 일정한 범위의 사법처분권한을 인정하는 방향으로 나아가고 있다.[46]

과거 경찰단계에서의 형사사법처분은 경찰에 대한 독자적 수사권의 인정여부 내지는 수사권조정의 차원에서 논의되었으나, 최근에 들어와서는 경미사건이나 소년사건과 관련하여 수사의 개시단계(입건)에서부터 권력기관의 개입을 자제하고 피해자와 가해자 그리고 지역사회의 자체적인 해결을 도모해야 한다는 다이버전 내지는 회복적 사법의 차원에서 논의되는 경향이 짙다. 이러한 의미에서 단순 비행에 대한 경찰의 선도역할은 오히려 확대되고 보장되어야 할 것이다.

1994년 1월 "성폭력범죄의처벌및피해자보호등에관한법률"이 제정되어 성폭력 피해자를 위한 상담소 또는 보호시설의 설치기준과 업무내용이 실정법에 의해 규율되기 시작했고 관련단체에 대한 공적 보조의 근거가 마련되었다. 1997년 12월에 제정된 "가정폭력방지 및 피해자 보호 등에 관한 법률"도 가정폭력피해자를 위한 상담소와 보호시설 설치 및 이들 시설에 대한 보조금 지급에 관한 규정을 두고 있다. 또한 1999년 12월에는 "비영리민간단체지원법"이 제정됨으로써 정치적 또는 종교적으로 중립적 입장에서 불특정 다수인의 이익을 위해 활동하는 비영리 단체에 대한 국가 또는 지방자치단체가 보조금을 지원할 수 있게 되었다. 피해자 대책의 근간은 관계기관과의 유기적 협조를 통해 피해자 보호를 위한 민간단체 활동을 지원한다는 점에 있다.

이러한 정책구상은 기존의 민간조직들이 피해자지원을 위한 전문적 역량과 조직을 갖추고 있다는 사실이 전제되어야만 성공할 수 있으나, 아직까지 우리

46) 전지연, 경찰다이버전의 도입 필요성과 그 내용, 형사정책, 제16권 제2호, 2004, 187쪽; 이호중, 소년범죄자에 대한 경찰단계의 비범죄화 정책제안, 형사정책연구, 제15권 제3호, 2004, 5쪽; 차지훈, 경찰의 회복적 사법제도에 관한 연구, 한국경찰학회보, 제9호, 2005, 229쪽; 김재봉, 소년경찰과 다이버전, 형사정책, 제17권 제1호, 2005, 33쪽; 박상식, 경찰수사단계에서 소년범죄 예방을 위한 효율적 방안, 교정복지연구, 2006, 제6호, 1쪽.

나라 대부분의 단체는 범죄피해자 문제에 관해서는 비전문가에 의해 조직·운영되고 있으며, 전문적 지식을 갖춘 상담원을 확보한 곳도 극히 적어 이러한 현실에서는 충분한 성과를 거두기 어렵다. 심지어는 정부의 보조금을 받기 위해 급작스럽게 피해자 '상담소'를 개설하는 경우도 간헐적으로 발생하고 있다.

상담소의 종사자는 전문대학 이상 졸업자, 사회복지사의 자격을 가진 자, 사회복지 상담원, 보건·복지·여성행정 분야의 공무원 또는 사회복지시설의 임직원으로 3년 이상 종사한 자로서 법률구조법인 등 비영리법인에서 개설·운영하는 교육기관에서 64시간 이상의 교육을 이수하여야 한다. 그러나 교육의 실시는 각 지역의 민간단체에 일임되어 있기 때문에 교육내용이 표준화되어 있지 않고 교육성과를 평가할 척도도 마련되어 있지 않아 형식적인 교육에 그치고 있어 자격조건에서 정신의학이나 심리학 등의 전문가, 심리치료사 등은 제외하고 있어 전문화에 문제성이 제기되기도 한다. 무엇보다 정신심리학 또는 상담기법 등에 관한 전문적인 교육을 실시할 인적·물적 자원과 지방자치단체의 가용예산과 기획능력이 중앙정부에 집중되어 있는 것도 경찰과 유관기관간의 상호협력상의 미흡에 영향을 주는 한 요인으로 작용하고 있다.

다. 여성 범죄피해자보호를 위한 전담기구 및 전문인력 부족

경찰에서는 최근 성폭력·학교폭력 예방을 위해 경찰청 여성청소년과에 '여성계', '성폭력대책계', '청소년계', '아동계' 등 4개의 계로 조직을 세부적으로 개편하고, 일선 경찰서에는 성폭력·학교폭력 등 치안수요가 많은 101개 경찰서를 선정하여 여성청소년과를 신설[47]하였다. 성폭력과 관련해 기존 성폭력범죄 수사는 여성청소년 기능에서 피해자 조사를, 형사 기능에서 가해자 수사를 담당하는 이원화된 수사체계로 운영되어 전문성이 떨어지고 피해자에 대해 2차 피해 발생 우려의 문제점을 해결하기 위해 전국 17개 지방경찰청(경기2청 포함)에 '성폭력특별수사대'(208명)를 발대하여 아동·장애인에 대한 사건을 전담하게 하고, 성범죄 치안수요가 많은 52개 경찰서에는 '성폭력 전담수사

47) 경찰청, 경찰백서, 2015, 55쪽.

팀'(292명)을 126개로 확대하는 등 성폭력범죄 전담 수사체계를 구축, 엄정 대응하고 있다. 성폭력 미검률도 2014년도 5.0%로 전년보다 55.0% 감소하여, 감축목표인 10.6%를 초과 달성하는 한편, 검거인원도 25,306명으로 전년보다 471명(1.9%) 증가하였다.[48] 또한 성폭력 근절 정책 수행을 더욱 공고히 하기 위해 경찰청에 '성폭력대책과'를 신설하는 등 '성폭력으로부터 안전한 사회'구현에 힘쓰고 있다.

이로써, 여성·아동 등 사회적 약자에 대한 보호업무를 효율적으로 수행하고, 변화하는 치안환경에 선제적으로 대처할 수 있는 기반을 마련하였다. 하지만 지난 2012년 4월 1일 수원에서 중국인 오원춘에 의해 112에 신고한 20대 여성이 참혹하게 살해된 성폭행사건은 이러한 범죄예방이 무색함을 보여주는 어이없는 사건이다. 피해여성이 겪었을 참담한 고통과 두려움을 생각하면 가슴이 너무 아프다. 성폭력·가정폭력·아동 범죄를 일반사건을 담당하는 지구대나 형사계에서 처리할 경우 피해자의 보호라는 배려적인 차원보다는 형사소추의 수사절차에 중점을 두게 될 우려가 있다. 이들 경찰공무원은 성폭력이나 가정폭력사건 이외에도 주어진 많은 문제를 처리해야 하기 때문에 가정폭력 등의 사건에 정통하기를 기대하기는 어렵다. 최단시간에 현장에 도착해서 피해를 최소화하고 증거의 산일(散逸)을 막는 등 기초적인 임무는 다른 사건의 처리와 유사하게 진행하겠지만, 가정폭력의 특수성을 이해하고 피해자 및 기타 가족들의 보호, 가해자에 대한 신병처리 등 응급조치 내지 임시조치와 같은 상황을 처리하기 위해서는 별도의 조직이 필요하다. 담당 인원의 충분한 배치로 인원부족과 업무의 과다로 인한 피해자 보호 등의 업무에 소극적이거

48) 성폭력 전담 수사체계 구축 이후 성과는 다음과 같다.

〈표 4-4〉 성폭력 전담 수사체계 구축 이후 성과

연 도	2013	2014	대비
미검률(%)	11.1	5.0	55.0%↓
검거인원(명)	24,835	25,306	1.9%↑

＊자료 : 경찰청, 경찰백서, 2015, 56쪽.

나 뒷전에 머물러서는 안 된다. 실제로 한국성폭력상담소 등 보호단체에서 성폭력 피해자들을 상담하고 경찰관에게 연계할 경우 연계 경찰관계자가 한정되어 있어, 관련 기구와 전문인력의 확보해야 한다는 문제가 제기되고 있다.

2. 경찰조사 과정상 복지업무에서의 피해자 인권 소홀

가. 경찰의 범죄피해자 보호에 대한 인식 부족

지금까지의 경찰의 관심은 피해자보다는 피의자를 중심에 두고 피의자의 인권보호에 중점을 두어 왔던 것이 사실이다. 경찰은 국민의 향상된 인권의식과 정치적 민주화의 수준에 맞는 인권정책의 개발과 시행이 시급한 실정이며, 이러한 인권정책으로 시급한 것이 피해자의 보호정책이다.

피해자 보호는 국민의 인권을 향상시킬 수 있는 제도일 뿐 아니라 국민들의 경찰에 대한 강압적·고압적인 기존의 인식을 불식시키고 국민의 권익을 보호하는 기관으로서 신뢰받을 수 있는 동기를 만들 수 있기 때문이다.

일본에서도 1980년대까지는 범죄피해자 문제가 그다지 관심을 끌지 못했다. 그러나 1990년대 들어서 일본에서도 피해자 관련 민간단체의 활동이 활발해지기 시작했고 1990년 일본피해자학회가 창설되는 등 피해자 문제에 대한 관심이 증대되기 시작했다. 1996년 2월 경찰자체의 범죄피해자 대책요강이 제정되고, 같은 해 5월에는 범죄피해자대책실이 설치되어 본격적인 피해자대책이 시행되기에 이른 것이다.[49)]

범죄피해자 보호의 문제는 한국경찰의 입장에서는 경찰의 오랜 숙원인 '독자적 수사권확보'를 위해서도 중요한 의미를 지닐 수 있다. 경찰의 독자적 수사권은 검찰과의 권한쟁의를 통해서는 획득될 수 없다. 수사권독립의 관건은 '법률의 개정'으로 국회의 권한에 속한다. 따라서 경찰은 무엇보다도 수사권 독립론이 여론의 압도적 지지를 얻을 수 있도록 노력해야 하는데, 피해자 대책은

49) 김용세·김종덕, 민간단체에 의한 범죄피해자 지원의 현황과 전망, 피해자학 연구, 제11권 제2호, 2003, 76-77쪽.

경찰에 대한 신뢰와 지지를 확대하기 위해 매우 효과적인 방안이라는 점이다.

과거 수사경찰은 지나친 검거율 위주의 실적주의로 인권에 대해 소홀히 해온 점을 부인할 수는 없다. 경찰의 인권유린 사례는 국민의 경찰에 대한 불신으로 현재까지 지속되고 있어 경찰조직 발전에 커다란 장애요인이 되고 있음은 주지의 사실이다. 국민적 신뢰의 바탕이 전제되지 않고서는 경찰의 수사권 독립은 기대할 수 없다.[50]

나. 피해자 보호를 위한 제도 및 근거법령의 미비

우리나라의 현행법 중에는 성폭력특별법과 가정폭력특례법이 피해자보호를 위한 몇 가지 규정을 두고 있을 뿐 형사소송법과 형사소송규칙에는 수사절차에서의 피해자 보호에 관한 규정은 전혀 없다.

특정범죄가중처벌법 제5조 제9항에서 보복범죄에 관한 가중처벌을 규정함으로써 피해자를 비롯한 신고인·증인 등을 보호하고 있기는 하지만, 이것은 어디까지나 사후 제재에 불과하기 때문에 피해자 등에 대한 보호보다는 국가사법작용의 보호에 치중한 규정으로 해석하는 것이 타당할 것이다. 사법경찰관리인 경찰공무원이 범죄를 수사함에 있어서 지켜야 할 마음가짐과 수사의 방법·절차·기타 수사에 관하여 필요한 사항을 정한 범죄수사규칙(경찰청 훈련 제384호, 2002.10.29)[51]에도 피해자보호를 위한 규정은 없다. 즉, 범죄수사규칙 제83조 제1항에는 '경찰관은 현장 임검에 있어서 부상자가 있을 때에는 지체 없이 구호의 조치를 취하여야 한다.'고 규정되어 있으나 현장에 임한 경찰관이 피해자 보호를 위해 취해야 할 조치에 관하여는 아무런 규정이 없다.

동 규칙 제134조(체포 구속된 피의자의처우)에는 '체포 구속된 피의자에 대하여는 급양·위생·의료 등에 대하여 공평하고 상당한 대우를 하여야 한다.'고 규정하고 있지만 피해자의 처우에 대해서 규정한 것이 아니라 참고인에 대한 출석요구의 절차와 방법 등을 상세히 규정(동규칙 제102조)하여 참고인(피

---

50) 곽병선·윤수홍, 수사절차상 인권보호 방안에 관한 연구, 지역발전 연구, 제8권 제2호, 2009, 23-62쪽.

51) 범죄수사규칙 제1조 참조.

해자인 참고인)의 입장이나 감정을 배려하지는 않고 있다. 특히, 최근에 경찰에서 피해자 보호 및 편익도모 차원에서 실시하고 있는 'E-mail 조사'의 비대면 조사나 '현장방문 조사', '조사시간 사전 예약제' 등은 법령의 근거를 두고 시행되고 있지 못하고 경찰내부의 특수시책의 추진을 위한 지시에 근거를 두고 시행하고 있는 실정으로 일시적·부분적으로 시행될 수밖에 없어 항구적이고 전국적인 시행이 어렵다는 문제점을 안고 있다.

다. 범죄현장에서 피해자 보호와 권리고지와 관련된 문제점

범죄현장에서 범인을 격리·체포함으로써 지속적·추가적인 피해를 예방할 수 있는 것 중 대표적인 것으로는 가정폭력범죄를 들 수 있다. 최근 개정된 가정폭력등특례법 『긴급임시조치권』 시행사례의 문제점[52]을 〈표 4-5〉을 예로 들어 설명해 보기로 한다.

〈표 4-5〉 가정폭력등특례법 『긴급임시조치권』의 사례

■ '11.11.7일자 2개월간 임시조치 판사 결정 〈서부서 아미파출소〉 '11.11.1(화) 00:05경 피의자와 피해자는 이혼소송으로 별거하던 중 피의자가 피해자를 찾아갔으나, "왜 왔냐며" 따진다는 이유로 칼로 위협, 주먹으로 얼굴을 폭행

* 자료 : 경찰청일보, 2011년 11월 9일자 내용 일부 발췌, 재구성.

위 사례의 경우, 최초 현행범으로 체포하여 지구대로 동행하였기에 긴급임시조치권 행사에 문제가 없었으나, 최초 피해자 진술조서 작성 시 긴급임시조치 구성요건에 포함해야 할 피의자의 주벽 및 피해자의 조치신청 의사표시 등 미기재 사례가 있었다.

① 현장에서 피해자 처벌을 원치 않고 긴급임시조치만 요구할 경우, 최소한의 진술을 확보하여 "가정보호사건 송치" 또는 "불기소(공소권없음)" 의견으로

52) 경찰청 일보, 2011.11.9.

사건을 송치하거나, 임시조치 신청도 가능하다.

② 긴급임시조치권을 고지하여도 이를 거부할 경우에는, 현행법에 의한 형사처벌 규정은 없으나, 판사의 결정이 난 뒤, 소급하여 법원의 과태료(500만원 이하) 또는 유치장 유치(1개월 이내) 신청이 가능하다고 적극 고지[53]하고 있다.

③「가정폭력 재범 위험성 조사표」 작성의 인식부족 문제점과 관련하여 조사표는 경찰의 긴급임시조치권에 대한 타당성 확보를 위한 자료[54]로서, 폭행심각도 上, 16점 이상이 되어야 판사의 임시조치결정에 중요한 요소가 되는데(조사표 의무 작성),[55] 지속적 교양실시로 개정법률 집행에 문제점이 발생치 않도록 유도해야 할 것이다.

한국경찰의 업무는 '과다업무'와 '서비스 기관의 봉사의식보다는 사건해결을 중점에 두는 업무'로서, 법적 근거의 미비와 복지경찰로서의 권한행사의 한계에 따라 복지경찰로서의 역할들이 제대로 이루어 지지 않고 있는 실정이다. 앞에서도 언급하였듯이 현실적인 복지경찰 전문인력의 부족상황에서 경찰에게 원조봉사에 대한 서비스와 전문적 업무를 갖추기를 바라는 것을 현재의 상태에서는 무리일지도 모른다. 따라서 오늘날 요구되는 경찰수요에 적극적으로

---

53) 경찰청 업무지침 참조.

54) 현장에 출동하는 사법경찰관의 긴급임시조치권을 시행하기에 앞서, 가정폭력범죄자의 재범 위험성에 대한 객관적 준거를 마련하여 경찰청에서는 2011년 '가정폭력 재범위험성 조사표-초안'을 개발하였다(조은경・허선주, 피해자학연구, 제21권 제2호, 2013, 88쪽). 가정폭력 재범위험성 조사표-초안은 '가정폭력범죄의 처벌 등에 관한 특례법 일부개정법률안'에 의거, 가정폭력피해자의 안전과 보호를 위한 실질적인 초기 개입으로써 사법경찰관의 자율적인 긴급임시조치권 수행을 도와주고자 개발된 것이다. 본 조사표를 사용한 평가 결과에 따라 사법경찰관은 긴급임시조치를 통해 가해자를 피해자로부터 격리시키는 등 합리적인 피해자 보호 결정을 내리도록 만들어졌다. 가정폭력 재범위험성 조사표-초안은 당해 사건의 심각성, 피해자 심리상태, 가정폭력 전력, 가해자 성격 및 심리적 특성 등 총 4가지 위험요인으로 구성되었는데, 가정폭력 재범위험성 조사표-초안은 당해사건과 관련된 내용(당해 사건의 심각성, 피해자 심리상태)을 평가하는 'Ⅰ단계'와, 당해사건 전후의 가정폭력수준을 판단 및 예측할 수 있는 'Ⅱ단계'(가정폭력 전력, 가해자 성격 및 심리적 특성 평가)로 분리되어 있다. Ⅰ단계는 사법경찰관이 가정폭력 사건 현장에 출동하여 작성하고 Ⅱ단계는 피해자를 경찰서로 인계하여 조사한 후 작성하는 것을 원칙적으로 권장하였다.

55) **〈표 4-6〉 가정폭력 재범 위험성 조사표**

부응하기 위해서는 현대의 시민친화적인 "사회적 평화유지자(social peace keeper)"[56]로서의 기능을 마련하고 이에 따라 "복지경찰(Welfare Police)" 지향을 위한 법적 개선과 적극적 제도 도입이 필요하다.

Ⅰ단계 : 현장 출동 경찰관이 작성
▶ 당해 사건의 심각성 (총 8점) 1. 폭행을 심각도 (3점) ※ 3점일 경우 총점에 관계없이 임시 조치 이행 2. 현재 임시조치 또는 보호처분 위반 (1점) ※ 현재 임시조치 보호처분 중 일 경우 총점과 관계없이 위험군 분류 3. 주 피해자 이외에 다른 가족 피해자 (1점) 4. 흉기 사용 (1점) 5. 혼란스러운 사건 현장 (1점) 6. 가해자 통제 어려움 (현장출동 경찰관에 욕설 등 난동) (1점) ※ 피해자의 심리 상태 (총 4점) 7. 현재 심리적 혼란 상태 (1점) 8. 가정폭력신고에 따른 보복 두려움 (1점)
Ⅱ단계 : 조사관이 작성
▶ 가정폭력 전력 (총 7점) 11. 가정폭력을 빈도 (본 건 제외)(1~2회=1점, 3회 이상=2점) 12. 과거 가장 심하게 폭행 했을 때의 심각도 (1~3점) 13. 이전과 비교해 가정폭력 심각도 증가 여부 (1점) 14. 과거 임시조치 또는 보호처분 위반 (1점) ▶ 가해자 성격 및 심리적 특성 (총 6점) 15. 폭력의 원인 제공자로 피해자 비난 (폭력 정당화)(1점) 16. 술을 마시지 않아도 때리는지 여부 (1점) 17. 갑자기 화를 내는 등 감정기복이 심한 지 여부 (1점) 18. 자살 혹은 자해시도 (1점) 19. 음주 문제(알코올 중독 또는 폭력 당시 주취 여부) (1점) 20. 가정폭력 이외 폭력입건 전력 (1점) ※ 총점이 16점 이상이거나, 1, 2번 문항 위반 시 '고위험 가해자' 분류, 임시조치시행

* 자료 : 경찰청 생활안전국 내부자료.

56) Reiner, Robert, op. cit., pp. 105-126.

Ⅱ. 현행법상의 문제점

1. 경찰조직법상의 문제점과 한계

우리나라 경찰은 1991년 「경찰법」이 제정되면서, 내무부 치안본부에서 독립하여 경찰청이 신설되었다. 「정부조직법」 제29조 제4항에 따라 경찰청은 치안에 관한 사무를 관장하기 위하여 행정자치부장관 소속하에 두고 있다. 경찰청장은 「경찰법」 제11조에 따라 경찰청의 수장으로 치안총감이며, 임기는 2년이고, 엄격한 신분보장과 정치적 중립을 강조하고 있다. 「경찰법」 제5조에서는 경찰행정에 관한 사항을 심의·의결하기 위하여 행정자치부에 경찰위원회를 둔다고 규정하고 있으며, 제5조와 제9조에 의해 위원의 임명과 임기, 임무와 위원회의 운영에 관한 사항을 정하고 있다. 또한 이 법 제11조와 제13조에서는 경찰청과 하부조직과 역할에 대해 규정하고 있다. 2013년 12월 말 현재를 기준으로 경찰위원회의 관리하에 경찰청을 중심으로 경찰청의 사무를 지역적으로 분담하고 수행하기 위해서 16개 시·도에 지방경찰청을 두고, 경찰대학, 경찰교육원, 중앙경찰학교, 경찰수사연구원, 경찰병원의 5개 부속기관, 시·도 지방경찰청장 소속하에 250개 경찰서, 512개 지구대 1,436개의 파출소에 경찰관 135,113명의 거대조직으로 구성[57]되어 있다.

「경찰법」의 제정 이후 현재의 경찰조직은 행정자치부 소속으로, 대한민국 영토 안에서 법령에 의해 치안사무를 담당하고, 국가는 모든 경비를 부담하고

57) 경찰청, 경찰백서, 2014. 474쪽.

〈표 4-7〉 경찰인력 및 경찰관 정원 변화추이

연 도	2005	2006	2007	2008	2009	2010	2011	2012	2013
경찰관	95,336	95,613	96,324	97,732	99,554	101,108	101,239	102,386	105,357

* 경찰인력은 2013년 말 기준으로 총 135,113명이며, 경찰관 105,357명(78%), 일반직 등 3,845명(2.8%), 의경 25,911명(19.2%)으로 구성되어 있다.

있어 국가경찰체제라는 데에는 이견이 없다.[58)]

따라서 우리나라의 경찰은 경찰의 조직관리에 관한 모든 권한을 중앙정부가 장악하고 있으며, 경찰은 국가권위의 대표이다. 이에 경찰은 강력하고 광범위한 집행력 행사가 가능하며, 다른 행정부처와 협조 체계를 취할 수 있어 경찰과 일반부처의 운영에 용이하다. 통일적으로 조직되어 있는 경찰은 각 단위간의 상호응원과 중앙의 명령으로 편리하게 운영되며, 기동성이 풍부하다. 교통 및 통신의 발달과 전국의 공통 법령으로 법의 집행이 편리하며, 경찰발전을 위해 많은 경비가 소요될 경우 그 비용을 마련할 수 있다는 점과 더불어 형사·감식·설비 등 전국적으로 통일된 시설로 효율성을 발휘할 수 있다는 장점이 있다.

경찰법상에서는 경찰의 기본이념으로 민주성, 중립성, 봉사성, 효율성 등을 강조하고 있으나 국가경찰제도에서는 경찰의 효율성을 강조하고 있어, 중립성과 민주성 등은 제대로 달성되지 못하고 있다. 지방자치의 실시에 따라 행정사무는 각 지역의 주민에 봉사하는 행정으로의 요구가 강하게 반영되고 있으며, 경찰사무 또한 예외가 될 수 없는 상황이다. 현재 경찰제도는 중앙집권식인 국가경찰제도를 채택하고 있으나 이는 1991년부터 실시된 지방자치의 이념과 부합할 수 있는가의 문제와 함께 헌법상 제도적으로 보장하고 있는 자치의 이념과도 부합하는가에 관하여 살펴볼 필요도 있다. 현재 자치경찰제도의 실시에 대한 다양한 논의와 함께 수많은 연구들이 뒤따르고 있으나, 아직 제주특별자치도에서 시범적인 실시를 하는 이외에 별 다른 진척은 없는 상황이다.[59)]

현대 민주주의의 이념에 의하면 지방자치는 국민의 기본권을 보장하는 제도적 보장으로 지역에 사는 주민의 권리를 보호하고 견제와 균형의 원리를 달성하고, 열린 행정에 국민이 접근할 수 있는데 그 이념이 있다. 지방자치경찰의 기본적인 이념 또한 민주주의를 확보하고 경찰사무의 정치로부터 독립을 확보

58) 김진혁, 한국경찰 60년, 평가와 전망, 한국법학회, 법학연구, 제28집, 2007, 443-463쪽.
59) 김남철, 앞의 책, 1066-1068·1070-1071쪽; 홍정선, 앞의 책, 410-411쪽; 박균성, 앞의 책, 576-577쪽; 박균성·김재광, 앞의 책, 102-103쪽.

하여 중립성 보장하는데 있다. 그리고 지방화 시대에 의해 권력의 중앙집중으로부터 지방분권의 이념을 달성하고, 지역의 특수한 사정에 맞는 경찰행정을 펼치기 위해서는 경찰의 사무를 자치경찰화도 필요하다. 과거 경찰은 소극적인 입장에 의해 질서유지입장을 견지하였으나, 복지국가시대에는 경찰도 과거의 소극적인 성격에서 벗어나 국민에 대한 적극적 복리행정을 실현하는 것으로 이해하여야 한다. 이제는 더 이상 경찰이 국민과 멀어진 국민위에 군림하는 자세를 탈피하여 국민과 가까운 국민의 입장에 서서 생각하고 도와주는 봉사경찰의 성격을 가져야 한다. 지방자치가 부활된 이후, 지방자치제도는 때로는 시행착오를 겪으면서도 어려운 정치환경 속에서 나름대로 성공적으로 정착함으로써 실질적으로 민주주의를 발전시키고, 지역주민의 복리증진에 기여한 바가 크다. 그러나 유독 경찰행정만큼은 아직도 국가경찰제인 중앙집권적인 구조를 가지고 있어 이에 대한 논란이 계속되어 왔다. 현대사회에서 주민의 안전과 평화유지는 경찰뿐만 아니라 주민의 협조가 중요하다. 그러한 맥락에서 인간중심, 효율성, 투명성, 환경친화라는 세계적 표준에 부합하고, 가치의 다양화, 지방화, 민주화, 전문화라는 새로운 한국사회의 패러다임에 부응하는 자치경찰제도는 전통적 경찰기능 이외에도 경찰기능의 복지화를 강조하는 본 연구에 부합하는 측면이 확실히 존재한다고 생각한다. 다만 본 연구의 주제인 복지경찰에 집중한다는 점에서 자치경찰에 관한 상세한 논의는 더 이상 하지 않기로 한다.

이상에서 살펴본 바와 같이 우리나라 경찰조직은 민주성, 중립성, 봉사성, 효율성 등을 강조하고 있으나, 그 외에 지방화·다양화·전문화 등을 동반한 경찰기능의 사회화, 구체적으로는 복지사무의 수행과 같은 점은 제대로 강조되지 못하고 있는 실정이다. 법제를 마련하거나 기존 법제를 개선을 통해서라도 경찰의 시민보호기능으로서 복지경찰사무가 경찰의 주요한 사무임을 명백히 할 필요가 있다.

2. 경찰복무지침의 문제점과 한계

경찰활동의 근거는 무수한 법령안에 산재되어 있으나, 사법경찰활동은 형사소송법(이하 '형소법'이라 한다) 및 기타 특별형사절차법에 따르고, 행정경찰활동은 경찰관직무집행법(이하 '경직법'이라 한다) 및 기타 개별행정법규에 의하여 수행되고 있다. 효율적인 경찰목적의 달성은 사후처리에 있지 않고, 사전예방을 얼마나 하느냐에 달려 있다. 따라서 사법경찰권의 발동에 의한 사후조치보다 연구되고 활용되어야 하는 것이 행정경찰권의 발동에 의한 사건사고의 예방이다.

행정경찰활동은 그 특성상 비정형적인 업무를 주로 수행하고 있어, 다른 행정기관과 달리 행정객체의 권리변동을 가져오는 법률행위보다는 사실행위에 의존하는 비중이 월등히 높다. 이러한 사실행위의 일반적 근거를 마련함과 동시에 그로 인해 국민의 기본권을 제한하는 경우의 구체적 요건을 규정하고 있는 법이 바로 경직법이다. 그런데 실제로 이 법이 현장경찰관의 업무집행력을 제대로 뒷받침하여 주고 있다는 인식은 부족한데, 그만큼 일반적이고 추상적인 선언으로 그쳐, 구체적인 법집행의 수단이나 방법을 부여하지 못하고 있다고 바꾸어 말할 수 있다. 대부분의 경찰관들의 뇌리에는 이러한 경직법상 강제조치에 관한 법리나 활용지침 등이 공급되어 있기보다는 강제처분은 형사소송법에 의한다는 선입견이 강하게 새겨져 있어, 오히려 사건이 벌어지기를 기다렸다가 사후조치를 하는 모습을 보이고 있다.[60)]

이러한 과정에서 국민들에게 무기력한 공권력의 모습을 보여줄 수밖에 없으며, 행정경찰권의 근간이 되는 경찰관직무집행법의 충실도에 대해 요구되고 있다.[61)]

구체적으로 경찰관직무집행법에 따른 경찰복무지침의 문제점과 한계[62)]에 대

60) 예를 들어 주취자가 파출소에서까지 난동을 부려도 공무집행방해죄의 구성요건에 해당될 때까지 내버려 두었다가, 형사사건화가 가능하면 현행범체포 등의 강제처분이 가능하다고 생각하는 것이 그러하다.

61) 김남현·김형훈, 경찰행정법, 서울: 경찰공제회, 2005, 365-357쪽.

62) 정진환, 비교경찰제도, 서울: 책사랑, 2002., 213-214쪽.

해 기술하면 다음 세 가지로 기술할 수 있다.

첫째, 경찰직무의 내용은 전통적 기능이 우선되어야 하며 직무배치 비율은 균형을 이루어야 한다. 경찰의 직무는 기능상으로 전통적 기능인 질서유지와 법의 집행, 그리고 현대적 기능인 봉사직무와 부수적 직무로 분류된다. 양대 기능 중에서 어느 부분에 치중하느냐에 대한 문제는 그 나라의 역사적 배경과 치안정책에 좌우된다. 그러나 대체적으로 영국이나 일본 등 비교적 치안상태가 안정되어있는 나라의 예를 보면 전통적 기능 중 질서유지 직무에 치중[63]하면서도 현대적 기능인 봉사업무나 부수업무에도 균형 있게 업무가 배치되어 있다. 이에 비하여 미국의 경우는 봉사업무 39.90%, 부수업무 1.50%에 불과하며, 한국의 경우는 봉사업무 5.3%, 부수업무 40.14%로 나타나, 미국은 봉사업무에 한국은 부수업무 측면으로 쏠려 있음을 살펴볼 수 있다. 바람직한 업무배치의 비율은 질서유지, 법집행, 봉사업무 그리고 부수업무의 네 가지 기능에 각 4분의 1씩 균형 있게 나뉘어야 한다.

둘째, 소극적인 야경국가[64] 목적을 위한 직무 외에도 적극적 복리 목적을 위한 직무도 '어느 정도'까지는 부여해야 한다. 현대의 국가는 자유주의 원칙을 존중하면서도 사회국가적 국가 목적(복지국가·봉사국가)에 따라 일반행정이나 경찰행정 모두가 '어느 정도'까지의 적극적 복리 목적을 위한 직무를 인정하지 않을 수 없다, 그러나 '어느 정도'까지의 한계가 어디까지인가 하는 것은 행정 목적이나 치안정책에 의존한다고는 하겠지만, 현실적으로 자유주의를 지상 이념으로 하는 영국이나 미국에서도 급부작용 내지는 규제작용이 증가해 보이는 경향을 보이고 있어 현대경찰의 직무범위는 소극적 야경 목적을 위한 직무 외에 개인의 자유를 전제로 한 최소한의 규제작용 역시 인정해야 한다.

셋째, 봉사기능은 확대되어야 하며, 부수적 기능(행정협조 업무)는 축소되어

---

63) 기능별 배치 비율이 영국은 28.37%, 일본은 33.72%로 나타나고 있음. 정진환, 앞의 책, 231쪽.

64) 야경국가(夜警國家)는 치안유지가 제1의 역할이다. 작은 정부, 소극적 정부, 최소의 정부로서 시민의 자유와 권리가 최대한 보장되기에 국가는 개인의 일에 간섭할 수 없고 오로지 질서유지만 수행한다는 논리이다. 개인 생활과 시장에 개입하지 않는 작은 정부가 바람직하다는 자유방임주의원리가 지배적인 소극적 국가관에 기초한 것이다.

야 한다. 경찰의 봉사기능은 현대 행정국가의 일반적 행정목표의 하나이다. 2차 대전 이후 선진국들은 경찰의 봉사기능에 역점을 두어 영국은 27.54%, 미국은 39.90%, 일본은 22.75%의 비율로 봉사기능을 확대시켜 가고 있다. 그러나 우리나라는 5.30%에 불과하다.[65] 경찰의 봉사기능의 하나로서 전체적인 경찰의 직무와 치안상태를 평가할 수는 없지만, 우리나라의 봉사기능은 외국의 봉사기능에 비해 현저히 낮은 실정이다. 이러한 부분은 정책적 배려와 연구지원이 불가피하다.

또한 부수업무 중 행정기능이나 행정협조 역시 경찰복무지침에서의 문제점과 한계로 나타난다. 행정기능과 행정협조는 영국이 20.08%. 미국은 1.50%, 일본 26.59%인데 반해, 한국은 40.14%로 전체 경찰직무의 기능 중에 40%를 차지하고 있다. 미국의 경우 봉사적 업무를 중시하고 그 외 행정적 업무는 그리 중요한 기능에 포함하지 않는 듯하다. 그러나 우리나라의 경우 봉사업무가 현저히 낮으며, 부수적 업무(행정협조 업무)에 지나치게 치우쳐서 전통적인 기본기능인 법집행· 질서유지에 까지 영향을 미치고 있다. 경찰기능의 개혁적인 차원에서 업무의 내용과 배치의 재조정이 필요한 실정이다. 부수적인 직무를 과감히 축소한다면 경찰력이 질서유지와 봉사직무에 투입되어 민생치안으로서 전환이 시급한 실정이다.[66]

65) 이러한 통계자료는 경찰백서(1997) 자료를 활용하여, 정진환(2002)의 앞의 책에서 인용한 내용을 재인용함.
66) 정진환, 앞의 책, 213-214쪽.

제5장

복지경찰제도 도입을 위한 입법적 개선방안

05 장 복지경찰제도 도입을 위한 입법적 개선방안

01 절 경찰지침의 개선

경찰법에 명시된 경찰의 역할은 법집행과 범죄수사, 인신구속, 사고예방 및 인명구호, 노약자보호, 지리안내, 청소년선도 등의 다양한 역할이 있다. 여기에서는 경찰의 역할을 경찰법에 명시된 경찰업무를 구체화하고 있는 경찰업무지침과 규정 등에 규정된 경찰업무 중 복지경찰과의 관련성을 찾기 위해 서비스직으로서의 업무로 볼 수 있는 부분을 중점적으로 살펴보기로 한다.

경찰관직무집행법은 경찰관의 업무를 범죄의 예방·진압 및 수사, 경비·요인경호 및 대간첩작전수행, 치안정보의 수집·작성 및 배포, 교통의 단속과 위해의 방지, 외국 정부기관 및 국제기구와의 국제협력, 기타 공공의 안녕과 질서유지로 규정하고 있다.[1] 한편 경찰공무원복무규정 제3조에 의거하여 경찰공무원은 국가와 민족을 위하여 충성과 봉사를 다하며, 국민의 생명·신체 및 재산을 보호하고, 공공의 안녕과 질서를 유지함을 그 사명으로 하며, 또한 경찰정신에 있어서 경찰공무원은 국가의 수임자로서 일상의 직무수행에 있어서 국민의 자유와 권리를 존중하는 호국·봉사·정의의 정신을 그 바탕으로 삼아야 한다.[2] 이상의 법규에서는 경찰관의 직무로서 복지사무를 직접 규정하고 있지는 않지만, 위 경찰의 직무 규정과 경찰의 기본사명에 관한 규정들을 바탕으로 하고 있는 범죄수사규칙에는 서비스기관으로서의 경찰의 역할이 비교적 자세히 규정되어 있다.

---

1) 경찰관직무집행법 제2조.
2) 경찰공무원복무규정 제3조 기본강령, 경찰정신.

예컨대, 경찰의 기본업무에 있어서 가장 중심은 수사임무인데, 수사 시 경찰관의 역할이나 태도는 인권을 존중하고 복리적 서비스를 제공하는 복지경찰로서의 직무수행에 대단히 지대한 영향을 미친다. 즉 수사상의 태도를 명시한 범죄수사규칙을 보면 "조사를 함에 있어서 언동에 주의하여 상대자의 연령·성별·환경·성격 등에 알맞은 처우를 하고, 임상조사에 있어서는 상대자의 건강상태를 충분히 고려하여야 한다. 또한 소년사건수사의 기본으로서 소년사건의 반사회성 있는 소년에 대한 그 환경조정과 성행의 교정에 관한 보호처분 또는 형사처분에 대한 특별한 심리자료를 제공할 것을 염두에 두어야 하며, 소년의 건전한 육성을 도모하는 정신으로 수사하여야 한다."고 명시되어 있는데,[3] 여기에서 이 규칙을 집행하는 경찰이 수사 시 대상자의 사회심리적인 요소 등을 고려하여야 한다는 점이 대단히 중요함을 알 수 있다.

지역사회와 함께하는 서비스기관으로서의 경찰은 그 수사에 있어서도 환경을 위시한 체계적 접근을 강조하고 있다. 이는 사회복지적인 접근과 동일시되는 부분이기도 하다. 그 내용을 보면, 수사를 할 때에는 모든 정보자료를 종합하여 판단하는 동시에 모든 지식과 기술을 활용하고 또한 언제나 체계 있는 조직력에 의하여 수사를 종합적으로 진행하도록 하여야 한다고 하여 수사 시 종합수사를 강조하고 있다.[4] 더불어 범죄의 원인과 환경조사에 있어서 첫째, 소년사건을 수사함에는 범죄원인, 동기, 그 소년의 성격, 행동, 경력, 교육정도, 가정상황, 교우관계 기타 환경 등을 상세히 조사하여 피의자환경조사서 또는 소년신원조사표(소년카드)를 작성하여야 하고, 둘째, 소년의 심신에 이상이 있다고 인정할 때에는 지체 없이 의사로 하여금 진단하게 하여야 한다고 명시하고 있다. 또한 다른 지역사회 자원과의 관계에 있어서 소년사건을 수사함에 있어 필요할 때에는 아동상담소, 아동보호소, 소년원, 학교 기타 관계기관과의 연락을 긴밀히 하여야 한다고 명시함으로써 외적 자원의 활용을 고려하고 있음을 볼 수 있다.[5] 또한 소년피의자에 대하여는 되도록 구속을 피하고 부득이

3) 범죄수사규칙 제166조, 제171조, 제195조, 제196조.
4) 범죄수사규칙 제5조.
5) 범죄수사규칙 제197조, 제198조.

구속·체포 또는 동행하는 경우에는 그 시기와 방법에 관하여 특히 주의하여야 한다고 명시하여 대상자 보호에 대해서도 신경을 쓰고 있음을 알 수 있다.[6)]

경찰에게 지역사회주민들이 가장 바라는 것은 인권존중이다. 이는 복지의 최우선 가치인 인간의 존엄성과 연결될 수 있다. 이에 대해 경찰은 어떠한 조치를 하는지 살펴본다. 경찰공무원복무규정에서 경찰관은 수상한 거동 기타 주위의 정보를 합리적으로 판단하여 응급의 구호를 요한다고 믿을 만한 상당한 이유가 있는 자를 발견한 때에는 보건의료기관 또는 공공구호기관에 긴급구호를 요청하거나 경찰관서에 보호하는 등 적당한 조치를 할 수 있다고 명시하고 있다. 해당 대상자로는 정신착란 또는 술에 취한 상태로 인하여 자기 또는 타인의 생명·신체와 재산에 위해를 미칠 우려가 있는 자와 자살을 기도하는 자, 미아, 병자, 손상자 등으로 적당한 보호자가 없으며 응급의 구호를 요한다고 인정되는 자로 규정하고 있으며, 다만 당해인이 이를 거절하는 경우에는 예외로 한다고 규정하고 있다.[7)]

범죄수사규칙에서는 자료제공자의 보호에 대해서 경찰관은 고소·고발·범죄에 관한 신고 기타 범죄수사의 단서 또는 범죄수사의 자료를 제공한 자의 명예나 신용을 해하는 일이 없도록 주의하는 동시에 필요한 경우에는 피의자 기타의 관계자에게 정보제공자의 성명 또는 이들을 알게 될 만한 사항을 누설하지 아니하도록 하고 특히 필요가 있을 경우에는 적당한 보호를 하여야 한다고 명시하고 있다.[8)]

소년사건의 경우에는 첫째, 소년사건을 수사한 결과 피의자가 형벌법령에 저촉되는 행위를 한 10세 이상 14세 미만의 소년(이하 "촉법소년"이라 한다)으로 판명되었을 때에는 당해 소년에 대하여 적당한 선도보호의 조치를 취해야 하며, 둘째, 피의자가 형벌법령에 저촉되는 행위를 한 사실이 없는 것이 판명되었으나 타당한 사유가 있고 그의 성격 또는 환경에 비추어 장래 형벌법령에

---

6) 범죄수사규칙 제200조.

7) 경찰관직무집행법 제4조.

8) 경찰관직무집행법 제1조.

저촉되는 행위를 할 우려가 있는 10세 이상의 소년(이하 "우범소년"이라 한다)인 때에는 그 소년에 대하여 적절한 선도보호조치가 취하여 지도록 하여야 한다고 명시하고 있다. 또한 경찰서장은 그 관할구역 내에서 거주하는 소년사건 해당자에 대하여 보석 또는 구속집행을 정지하였다는 통지를 받았을 때에는 당해 사건을 수사한 경찰관 기타 적당한 경찰관을 지정하여 그 동정을 적어도 월 1회 이상 관찰하게 하여야 한다. 보석자 또는 구속의 집행정지자에 대한 관찰은 되도록 적절한 방법으로 행하여야 하며, 피관찰자 또는 그 가족의 명예나 신용을 부당하게 훼손하지 아니하도록 주의하여야 한다고 명시되어 있다.[9)]

이처럼 경찰의 업무지침에는 지역사회와의 관계, 수사대상과 증인들에 대한 존엄 및 보호소년들에 대한 특별한 선도, 보호관찰 역할 등 서비스기관으로서의 가치와 역할이 비교적 자세히 명시되어 있다. 그러나 실제적으로 경찰의 과다업무와 서비스기관으로서 봉사의식보다는 사건해결을 중점으로 두는 업무 등으로 위에 명시된 역할들을 제대로 이루어지지 않고 있는 것이 사실이다.[10)]

이와 같이 경찰은 계몽, 선도, 지도, 구원의 봉사기능보다는 생명, 권리, 자유 등의 보호 및 질서유지의 명령, 강제 규제 외 기능수행이 중심을 이루고 있다. 이러한 상황은 경찰인력 부족, 경찰교육 훈련의 부족, 사회봉사직이라는 인식의 부족 등에서 일어난다고도 볼 수 있다. 이러한 우리나라 상황에서 경찰에게 원조봉사에 대한 치안서비스 전문적 업무를 갖추기를 바라는 것은 무리일지도 모른다. 이에 더욱 상담이나 중재 등의 서비스를 줄 수 있는 제도적·법적 개선책 마련이 필요하다 할 것이다.

실제로 경찰실무에서 약자계층의 다양한 범죄사항을 조사해 본 경험상 이와 같은 사회적 약자들의 범죄행위 조사 시 경찰복무지침을 집행하면서 복지경찰 기능을 준수하는 것에 사실상 일정한 한계가 있었는데, 이하에서는 한계를 해결하기 위한 방안으로서 복지경찰의 업무를 수행하기 위해 필요하지만 현재 계류 중이거나 이미 사장된 몇 가지의 제도들에 대한 신설을 제안하고자 한다.

---

9) 범죄수사규칙 제202조, 제228조.
10) 하미승·심기환, 치안서비스 결정요인에 관한 연구, 지방정부연구, 2008. 84쪽.

Ⅰ. 아동학대[11] 관심통보지침 신설

지난 2014년 10월 아동학대범죄 처벌 등에 관한 특례법이 시행된 이후 아동학대 관련 신고가 약간 증가했지만 학대를 발견하는 비율은 아동 1,000명당 1명 수준인데[12] 이는 아동학대에 따른 아동의 보호체계에 문제가 있기 때문이라고 생각한다.

현행 아동복지법에 의하여 아동보호체계가 가정 내 문제에 개입함에 있어서 특히 가정으로부터 아동의 강제격리가 필요할 때에는 주로 행정적인 절차에 따라 업무를 수행하고 있는데, 여기에는 많은 문제들이 있다. 가족의 문제를 아동의 이익을 위하여 강제화하려면 사법제도가 뒷받침이 되어야 한다. 하지만 현행법들은 여러 가지 한계를 내포하고 있어서 법률의 보완 및 이에 상응한 사법제도에 많은 변화가 필요하다고 판단된다. 현행 민법, 아동복지법과 가정폭력방지법에 근거하여 일선 현장에서 업무를 수행하는 가운데 부딪히는 법적인 개선방안으로 관심통보지침을 제정할 필요가 있다.

관심통보(Handle With Care)지침은 복지경찰관이 교사와 연계 아동학대의 피해상황을 참조하여 상담, 조언, 지도하는 구제업무 사항을 규정함으로써 경찰이 가정 등에서 학대를 받은 아동을 인지하면 아동이 학교에 출석하기 전에 미리 담당교사에게 피해내용을 통보(관심통보)하여 아동인권의 보호와 향상에 이바지 하는 것을 목적으로 한다.

담당교사가 아동의 피해상황을 알지 못하는 경우 학대아동의 과제 미제출, 왕따문제 등 호소에 대처하기 곤란할 수 있다. 물론 사전에 경찰은 학대받은 아동의 정신적 충격이 학습에 미치는 영향 등을 파악하여 아동이 이를 극복할

11) "아동학대"란 보호자를 포함한 성인이 아동의 건강 또는 복지를 해치거나 정상적 발달을 저해할 수 있는 신체적·정신적·성적 폭력이나 가혹행위를 하는 것과 아동의 보호자가 아동을 유기하거나 방임하는 것을 말한다(「아동복지법」 제3조 제7호). "아동"이란 18세 미만의 사람을 말한다(「아동복지법」 제3조 제1호).

12) 서울신문, 2015.11.19.

수 있도록 돕는 방법 등을 교사에게 사전교육이 이루어져야 한다. 통보를 받은 담당교사는 아동을 직접 상담하거나 아동보호전문기관과 협력하여 피해아동이 정신적 충격에서 벗어나 학교생활에 적응할 수 있도록 세심히 지도를 한다. 특히, 신체적 부상, 영양부족 등의 징후는 학대가 지속된다는 증거일 수 있으므로 재발방지를 위해 경찰에 신속이 신고토록 협력한다. 교사의 조기 개입을 통해 피해 아동을 지도함으로써, 피해 아동에 대한 학대사실이 알려져 받게 되는 2차 피해를 사전에 차단할 수 있기 때문이다. 이상과 같은 관심통보지침이 마련되면 사회적 약자[13]인 아동학대의 예방적제도로 작용하게 될 것이고, 이와 같은 업무가 복지경찰이 담당하게 될 치안서비스의 내용이 될 수 있을 것이다.

Ⅱ. 성폭행피해자를 배려한 신고제 신설

성폭행피해자를 배려한 신고제(You Have Option)는 성폭력범죄의 처벌 및 피해자보호 등에 관한 법률[14] 시행 관련 암수(暗數)범죄가 많은 성폭행 범죄의 피해자의 신고율 제고를 위해 피해자에 대한 수사범위를 규정함으로써 수사의 진행속도를 조율하고, 수사진행상의 피해자 보호와 지원 향상을 목적으로 한다. 즉, 'You Have Option' 신고제는 성폭력범죄 수사과정에서 피해자의 2차적 정서적·인격적 피해를 막기 위해서 피해자로 하여금 가장 안정적인 신고방법을 선택할 수 있는 선택여지를 부여한 성폭력신고제를 말한다.

13) "사회적 약자"라 함은 장애인, 19세 미만의 자(이하 "소년"이라 한다), 여성, 노약자, 외국인, 기타 신체적·경제적·정신적·문화적인 차별 등으로 어려움을 겪고 있어 사회적 보호가 필요한 자를 말한다.

14) 현행 「성폭력범죄의 처벌 및 피해자보호 등에 관한 법률(법률 제10261호, 2010.4.15 제정, 2011.1.1 시행)」의 제정이유는 성폭력을 예방하고 성폭력피해자를 보호·지원함을 목적으로 성폭력피해자 보호·지원에 관한 사항을 분리하여 규정하고, 성폭력피해자의 보호·지원을 위한 국가 및 지방자치단체의 책무, 성폭력피해자 등에 대한 취학 지원, 성폭력피해자를 위한 성폭력통합지원센터의 설치·운영의 법적 근거 등을 규정하여 성폭력 방지 및 성폭력피해자의 보호·지원을 중심으로 하는 법률을 제정하려는 것임

신고방법에는 신고정보 제공(Information Only), 부분수사 허용(Partial Investig- ation), 전체수사 허용(Complete Investigation) 등 3가지로 분류되며, 신고정보 제공(Information Only)에서 피해자 인터뷰와 반복적 성폭행 여부에 대한 질문이 이어진다. 부분수사 허용(Partial Investigation)에서는 신고정보 제공에다 목격자 인터뷰, 'SAFE Kit'[15]를 통한 증거확보가 추가된다. 전체수사 허용(Complete Investigation)은 범죄 사실이 이루어진 여부를 판단하기 위한 총체적인 수사가 진행된다. 그러나 신고제의 악용을 막기 위해 수사 종료 시까지는 피신고인을 용의자로 간지하지 않으며, 신고정보 제공·부분수사 방식의 경우는 증거 불충분시 수사를 종료하여야 한다.

여성보호단체 전문가와의 상담 및 단체를 통한 대리신고와 익명 온라인 신고 등의 신고체계도 병행할 수 있어야 한다. 이 제도는 경찰에 직접 신고하는 것을 꺼려하는 피해자의 심리상태를 고려한 맞춤형 시책으로 성폭력 2차 피해 방지의 효과를 기대할 수 있다 할 것이다.

Ⅲ. 이웃 지키기 제도 도입

지역 주민 누구나가 안심하고 안전하게 살 수 있는 '이웃 지키기' 실현을 위해서는 지역 고유의 과제나 주민의 생활 과제에 대해 경찰·사회복지협의회가 주축이 되어 유관기관간의 연계를 통하여 지역에서의 범죄방지·조기 발견·개별 지원 등의 활동을 위한 지원체제 마련이 중요하다.

최근 정신질환에 의한 묻지마 살인은 물론 저출산, 고령화, 다문화 사회 증가로 지역사회나 가족의 기능이 저하되는 개개 주민의 요구나 과제도 복잡화, 잠재화가 되어버렸다.

15) 'SAFE Kit' : 성폭력 피해자의 피해당시 약물투여에 관한 판단을 위하여 검시 용지 및 소변 테스트를 통해 증거를 확보할 수 있는 키트이다.

- *2014년 12월, 발달장애 1급의 정신 질환을 앓고 있던 18살 이 모 군은 두 살배기 아기를 3층에서 던졌고, 아기는 사망했다.*
- *2015년 2월, 평소 의처증과 정신질환을 앓고 있던 고 모 씨는 같은 아파트로 이사 온 지 하루밖에 되지 않은 일가족 3명을 칼로 찔러 한 명이 사망했고, 두 명은 중환자실에 입원했다.*
- *2016년 4월에는 광주 어등산을 등반 중이던 60대 남성이 갑자기 다가온 49살 김 모씨의 흉기에 찔려 숨졌다. 등산길에서 처음 만난 사람이었다. 지난해 11월 20일에는 경기도 수원시내 pc방에 들어온 한 손님이 갑자기 칼을 휘둘러 한 명이 살해됐다. 2014년 7월에는 울산 침산동에서 18살 여대생이 젊은 청년이 휘두른 흉기에 찔려 목숨을 잃었다.*
- *2016년 5월, 조현병(정신분열증)을 앓고 있던 김 모 씨가 강남역 노래방 화장실에서 여성을 흉기로 찔러 살해했다.*[16]

이 같은 '묻지마 살인'[17]을 저지르는 대부분의 범죄자들은 오랫동안 조현병(調絃病)을 앓고 있었던 것으로 드러났다. 망상과 무논리증, 와해된 언어와 행동, 정서적 둔마, 환각 등을 일으키는 정신 질환이다. 그들은 자기와 직접적인 관계가 없는 낯선 사람에게 '묻지마 살인'을 저지를 수 있는 위험한 집단군에 속하지만 사실 그들을 체계적으로 관리하지 못하는 것이 현실이다.

하지만 유사사건 재발 방지가 최우선 과제로서 우범지대 순찰 강화, CCTV 사각지대 해소, '안심 화장실' 인증제도 도입, 여성안전환경시범도시 확대 등 사회 그 자체가 위기라고 판단하여, 경찰에서는 지금까지의 활동을 넘어 보다 더 주민의 생활에 밀착 주민이 안심하고 살 수 있는 '이웃 지키기 제도' 마련이 절실히 필요한 실정이다.

'이웃 지키기 제도'의 마련을 위한 추진 안을 제시해 보면 첫째, 주민에게 친밀한 지역에 있어서의 복지 활동의 강화이다. 이는 저출산, 고령화가 전국에

16) http://www.nocutnews.co.kr/news/4600818#csidx00ff1f4497ee7ec957a609f85cb825b

17) 묻지마 범죄는 피의자와 피해자와의 관계에 아무런 상관관계가 존재하지 않거나, 범죄 자체에 이유가 없이 불특정의 대상을 상대로 행해지는 살인 등의 범죄 행위를 말한다. 일본어로는 도리마(通り魔)라고 한다. 도리마는 원래 만나는 사람에게 재해를 끼치고 순식간에 사라진다는 마물을 뜻한다.

서 가장 급속히 진전되는 지역의 문제를 파악하여 고령자 실종 및 고립사 등의 위험성 대처 마련으로 지역 내 네트워크 활동을 중점적으로 전개한다. 반상회, 자원봉사자 등을 통해 독신생활 중인 고령자 등의 안부 확인은 물론, 지금까지의 사회복지협의회로서의 활동성과나 주민·관계기관과의 연결을 근거로 주민의 개별과제 파악과 해결에 새로운 사업 전개를 마련한다. 두 번째, 고령자·아동학대 대응을 마련한다. 세 번째, 정신질환자에 의한 강남 화장실 여성 피살의 경우 이번 사건을 계기로 이슈화된 '여혐(여성혐오)'와 관련해선 남녀갈등, 사회적 갈등 해소·관리가 우선이지만 지역 주민 등 모든 기관이 연계하여 가정폭력, 아동학대, 치매환자 등 이웃의 사회문제 등을 사전에 차단할 수 있게 한다.

이상에서 설명한 것을 내용으로 하는 '이웃 지키기 제도'가 마련된다면 경찰의 치안서비스 기능이 획기적으로 확대되면서 향후 한국의 복지경찰제도가 정착하는 데 크게 기여할 것이다.

02절 경찰관직무집행법의 개정

우선 현행 경찰관직무집행법의 제2조 제7호의 "그 밖에 공공의 안녕과 질서의 유지"는 오늘날의 적극적 경찰기능의 필요성을 감안하면 "공공의 안녕 '또는' 질서의 유지"로 개정될 필요가 있다. 경찰의 기능이 단순히 '공공안녕과 질서유지에 해당하는 경우'로만 국한될 경우 오히려 적극적 시민보호가 필요한 경우 경찰권을 발동할 수 있는 법적 근거가 미약하다는 지적을 받을 수 있게 될 것이기 때문이다.

경찰관직무집행법 제2조[18]는 제1호부터 제7호에 이르기까지 경찰이 담당하는 직무를 구체적으로 열거한 후에 마지막으로 제7호에서 다분히 포괄적인 형태의 직무, 즉 '그 밖에 공공의 안녕과 질서의 유지'를 규정해 놓고 있다. 이러한 규정방식은 경찰이 수행하는 다종다양한 직무를 나열적으로 열거하는 것이 쉽지 않다는 것, 더 정확히 말하면 불가능하다는 것에 기초한 것으로 보인다. 이러한 규정방식과 관련하여서는 다음과 같은 점을 고찰할 필요가 있다.

첫째, 개괄적 수권조항(Generalklausel)성 여부이다.[19] 개괄적 수권조항에 근거한 경찰권발동을 인정할 수 있는가?라고 하는 문제는 우리나라의 경찰법이론에서 고전적 테마라고 할 수 있는바, 과거에는 부정설이 우세를 점하고 있었다. 그러나 근래에 들어서는 이 문제에 대한 학자들의 이해에도 변화가 일어나고 있으며, 오늘날은 긍정설이 오히려 지배적 견해로 되어가고 있다. 그리하여 학자들의 관심사 또한 현행 경찰관직무집행법 중 어떤 조항을 개괄적

18) 경찰관직무집행법 제2조(직무의 범위) 경찰관은 다음 각 호의 직무를 수행한다. 1. 국민의 생명·신체 및 재산의 보호, 2. 범죄의 예방·진압 및 수사, 3. 경비, 주요 인사(人士) 경호 및 대간첩·대테러 작전 수행, 4. 치안정보의 수집·작성 및 배포, 5. 교통 단속과 교통 위해(危害)의 방지, 6. 외국 정부기관 및 국제기구와의 국제협력, 7. 그 밖에 공공의 안녕과 질서 유지[전문개정 2014.5.20]

19) 서정범, 경찰권발동의 근거 -개괄적 수권조항을 중심으로-, 중앙법학, 중앙법학회, 제8집 제1호, 2006, 168쪽.

수권조항으로 볼 것인가?라는 문제로 이관되었으며, 그와 관련하여 다양한 이론이 전개되고 있는 실정이다.[20] 그리고 그러한 이론 가운데에는 경찰관직무집행법 제2조 제7호를 우리나라에서의 개괄적 수권조항으로 볼 수 있다는 견해도 나타나고 있는바,[21] 이러한 입장을 취하는 학자들은 거의 예외 없이 그 논거로 다음의 판례를 들고 있다.

>*「청원경찰법 제3조는 청원경찰은 청원주와 배치된 기관, 시설 및 사업장 등의 구역을 관할하는 경찰서장의 감독을 받아 그 경비구역 내에 한하여 경찰관직무집행법에 의한 직무를 행한다고 정하고 있고, 한편 경찰관직무집행법 제2조에 의하면 경찰관은 범죄의 예방진압 및 수사, 경비·요인경호 및 대간첩작전수행, 치안정보의 수집·작성 및 배포, 교통의 단속과 위해의 방지, 그 밖에 공공의 안녕과 질서의 유지 등을 그 직무의무로 하고 있는 터이므로 경상남도 양산군 도시과 단속요원으로 근무하고 있는 청원경찰관인 공소 외 김○○ 및 이△△가 ········· 허가 없이 창고를 주택으로 개축하는 것을 단속한 것은 그들의 정당한 직무집행에 속한다고 할 것이므로 이를 폭력으로 방해한 판시 소위를 공무집행방해죄로 다스린 원심조치는 정당하고 이에 소론과 같은 위법이 있다고 할 수 없다」.*[22]

그러나 이 판례는 근본적으로 공무집행방해죄의 성립여부를 판단하기 위한 것일 뿐 그 자체가 개괄적 수권조항의 소재를 찾기 위한 것이 아니며, 무엇보다도 경찰관직무집행법 제2조는 직무규범의 성질을 가지는 것이지 권한규범의 성격을 갖는 것이 아니라는 점에서 받아들이기 곤란한 면이 있다.

둘째, 규정방식(표현)의 문제에 대한 고찰이다. 경찰관직무집행법 제2조 제7호는 '그 밖에 공공의 안녕과 질서의 유지'를 경찰의 직무로 규정하고 있는데, 그 표현방식에 있어서도 개선을 요하는 부분이 있다. 공공의 안녕은 법질서, 개인의 법익, 국가 또는 기타 공권력 주체의 기관과 집행의 불가침성을 의미

20) 개괄적 수권조항을 둘러싼 이러한 논의에 관하여 자세한 것은 서정범·이영돈, 경찰관직무집행법 개정방향에 관한 연구, 치안연구소 연구보고서편, 2003, 40쪽 이하 참조.
21) 김성수, 개별행정법 : 협조적 법치주의와 행정법이론, 서울: 법문사, 2001, 460쪽.
22) 대판 1986.1.28, 85도2488.

한다. 공공의 안녕은 일부는 개인과 관련되고 일부는 국가 등 집단과 관련되는 이중적 개념이므로 경찰의 임무를 수행하는데 있어 양자를 균형 있게 고려해야 한다. 반면, 공공질서란 시대의 지배적인 윤리와 가치관에 따를 때, 그것을 준수하는 것이 인간의 원만한 국가 공동체생활을 영위하기 위한 불가결적 전제조건으로서 공공사회에서의 각 개인의 행동에 대한 불문규범의 총체를 말한다. 공공질서의 개념은 절대적인 것이 아니며, 시대와 장소에 따라 변화하고 유동적인 개념이기 때문에 비판받기도 한다. 그러면 공공의 안녕/공공의 질서라는 개념을 규정함에 있어서 양자를 어떻게 결합시킬 것인가에 관한 문제인데, 현재 우리나라의 경찰관직무집행법은 양자를 '또는(or)'이 아니라 '과(and)'라는 표현을 사용하여 결합시키고 있다. 그런데 이러한 규정방식은 '공공의 안녕'과 '공공의 질서'는 그 개념상 양립할 수 없는 개념이라는 것,[23] 따라서 양 개념은 부가적으로(additiv/kumulativ) 적용되는 것이 아니라 양자택일적으로(alternativ) 적용되어야 하는 것임을[24] 고려할 때 바람직하지 않은 면이 있다. 따라서 경찰관직무집행법 제2조 제7호는 공공의 안녕 '또는' 질서유지라고 규정하는 것이 바람직하다고 생각한다.

이제까지 경찰의 역할은 시대와 장소에 따라 변천되어 왔다. 대륙법계 국가의 경우, 과거 국정전반을 담당하던 것이 내무행정, 위험방지 분야로 점차 축소되어 오늘날에는 보안경찰사무만으로 축소되어 있다. 즉, 경찰기관의 소관사무와 같이 공공의 안녕과 질서를 유지하기 위하여 다른 행정작용에 부수되지 아니하고 그 자체로서 독립하여 행하여지는 여러 가지 활동들을 수행하는 것이다.[25]

---

23) 공공의 안녕이 「개인의 생명·신체(건강)·명예·자유·재산과 같은 주관적 권리와 법익, 객관적인 '성문의 법질서', 국가의 존속·국가 및 그 밖의 공권력주체의 제도 및 행사가 아무런 장해도 받고 있지 않은 상태」, 공공의 질서가 「그때그때의 지배적인 (헌법상의 가치척도에 따른) 윤리관·가치관에 따를 때 그를 준수하는 것이 인간의 원만한 공동생활을 위한 불가결의 전제조건이라고 간주되는, 공중 속에서 인간의 행위에 대한 '불문규율의 총체'」라고 정의되고 있음을 고려하면 그 이유는 쉽게 이해될 수 있을 것이다.

24) Schloer, Die Begriffe der öffentlichen Sicherheit und Ordnung im bayerischen Polizei- und Sicherheitsrecht, BayVBl., 1991, 257 ff.

25) 김상호, 경찰의 활동과 질서유지, 경찰학연구, 제5호, 2003. 9-10쪽.

그와는 달리 영미법계 국가에서는 경찰이 주권자인 일반시민을 위해 실행하는 기능 또는 역할을 중요시하며 오늘날 법집행(law enforcement), 질서유지(order mainte- nance) 및 공공서비스(public service)를 중심으로 논의가 전개되고 있다.[26)]

오늘날, 우리나라에서의 경찰 역할은 대륙법계와 영미법계의 논의 모두로부터 영향을 받고 있다. 즉, 공공의 안녕과 질서를 유지하는 것을 그 기본 목적으로 하되, 그러한 목적달성의 수단 측면에서는 여러 비권력적 서비스 활동을 중요시하고 있는 것이다.

경찰의 역할을 형식적 의미의 경찰개념, 즉 실정제도상 경찰기관(경찰청, 지방경찰청, 경찰서, 지구대 등)을 전제로 파악한다면 그 범위를 어떻게 규정할 것인지의 문제는 전적으로 그 나라의 입법정책에 속하게 된다.

우리나라의 경우 경찰의 역할은 경찰법 또는 경찰관직무집행법 등을 통해 살펴볼 수 있다. 경찰법 제3조에서는 경찰의 직무를 국민의 생명·신체 및 재산의 보호와 범죄의 예방 진압 및 수사, 경비·요인경호 및 대간첩·대테러 작전 수행, 치안정보의 수집·작성 및 배포, 교통의 단속과 위해의 방지, 외국 정부기관 및 국제기구와의 국제협력, 그 밖의 공공의 안녕과 질서유지로 규정하고 있다. 또한 경찰관직무집행법 제2조에서는 경찰의 직무범위를 국민의 생명·신체 및 재산의 보호, 범죄의 예방진압 및 수사, 경비·주요인사 경호 및 대간첩·대테러 작전 수행, 치안정보의 수집·작성 및 배포, 교통의 단속과 위해의 방지, 외국 정부기관 및 국제기구와의 국제협력, 그 밖에 공공의 안녕과

---

26) 이상안, 신경찰행정학, 서울: 대명출판사, 2001, 37쪽; John S. Dempsey, An Introduction to Policing (NY. : West/Wadsworth Publishing Company,1999), p. 112. Dempsey는 경찰의 역할을 범죄통제(crime fighting)와 질서유지(order maintenance)로 대별한 후, 법 집행을 범죄통제로, 평화유지(peace-keeping) 및 사회서비스(social service) 제공을 질서유지활동으로 나누고 있다. 이와 같은 견해는 다음과 같은 곳에서도 발견된다.
Henry M Wrobleski and Kären M. Hess, Introduction to Law Enforcement and Criminal Justice (Belmont, CA. : Wadsworth, 2000), p. 129.; Samual Walker and Charles M. Katz, The Police in America(New York : McGraw-Hill, 2002), p. 5.; Joseph J. Senna and Larry J. Siegel, Introduction to Criminal Justice (Belmont, CA. : Wadsworth, 1999), pp. 178-181.

질서유지를 경찰관의 직무로 규정하고 있다. 이들 중 특히, "공공의 안녕과 질서유지"라는 규정은 그 개념적 의미와 함께 경찰활동의 준거가능성(소위, '일반적 수권조항' 문제)과 관련하여 논란의 대상이 되고 있다.

그러나 그 이상으로 경찰의 업무로서 관련법에 복지업무가 포함되어야 한다는 주장은 사실상 전무한 상태이다. 이미 위에서 언급한 바와 같이, 우리나라에서도 경찰이 실제로 사회복지에 해당하는 업무를 수행하고 있고, 시대의 변화에 따라 이와 같은 경찰에 대한 복지사무의 수요는 증가하고 있으며, 경찰조직도 이에 대하여 적극적 대응이 필요한 시점이라는 점을 고려하면, 무엇보다도 경찰의 복지활동이 경찰사무의 하나는 것을 법률에서 명시적으로 규정하는 것이 필요하다. 따라서 경찰관직무집행법 제2조에서 호를 신설하여 '경찰목적을 달성하기 위하여 필요한 사회복지활동'을 경찰의 업무로 규정하여야 한다.

03절 특별법의 개정 및 제정

Ⅰ. 가정폭력법 개정

현행 법제를 고려할 때 경찰권 남용이라는 입법적 저항이 가장 적으면서 수월성이 높은 방식으로는 기존의 가정폭력법제에 스토킹에 관한 경찰권발동의 수권규정을 삽입하는 방식을 들 수 있다. 스토킹과 관련한 제도개선의 노력이 없는 것은 아니다. 2012.3.21 개정된 경범죄처벌법은 제3조 제1항 제41호에 "지속적 괴롭힘"을 경범죄의 구성요건으로 삽입함으로써, 동법이 시행되는 2013.3.22부터는 스토킹 행위를 10만 원 이하의 벌금, 구류 또는 과료의 형으로 처벌할 수 있도록 하였다.[27] 이 외에도 사이버매체를 이용한 스토킹의 경우 성폭력범죄의 처벌 등에 관한 특례법(통신매체이용음란죄)이나 정보통신망법(사이버명예훼손)에 따른 처벌을 고려할 수 있으며, 행위가 중한 경우 형법상 폭행이나 협박 등의 구성요건을 충족할 수 있다.

이처럼 현행 법제에서는 사후적 처벌을 염두에 두고 피의자에 대한 제재수단을 마련하는 것일 뿐, 이러한 처벌을 감수하고자 하는 자에 대한 적절한 예방책을 마련하지 못하고 있다. 개정된 경범죄처벌법을 적용한다고 하더라도, 상습적으로 발생하는 이러한 위반행위에 대해서는 피의자의 주거가 분명하지 아니한 경우를 제외하고는 현행범이라 할지라도 체포할 수 없어,[28] 제지의 효과가 의문이며 후술하겠지만 기타 형사적 제재수단도 그 입증과 처벌에 있어서 한계가 있을 뿐만 아니라 기 발생한 사실을 전제로 하는 것일 뿐, 장래에

27) 동법은 2013년 3월 22일부터 시행하고 있지만 범칙행위의 구체적인 범위와 범칙금 액수를 정하는 동법 시행령은 아직 마련되지 않은 상황이다.

28) 제214조 (경미사건과 현행범인의 체포) 다액 50만 원 이하의 벌금, 구류 또는 과료에 해당하는 죄의 현행범인에 대하여는 범인의 주거가 분명하지 아니한 때에 한하여 제212조 내지 제213조의 규정을 적용한다.

예견되는 범죄에 대한 대비수단으로 보기에는 한계가 있다.29) 현행 가정폭력 관련 법률은 크게 여성가족부 소관의 「가정폭력방지 및 피해자보호 등에 관한 법률」과 법무부 소관의 「가정폭력범죄의 처벌 등에 관한 특례법」으로 대별될 수 있는바, 가정폭력과 마찬가지로 스토킹 행위의 주된 피해자가 여성이고 사생활의 영역에서 발생하는 위험으로서 경찰개입의 곤란성이 있다는 점을 고려한다면 위 법률에 삽입하는 형식으로 함께 규율하는 것이 적절할 것이다.

다만 법무부 소관인 「가정폭력범죄의 처벌 등에 관한 특례법」은 법명에서 보듯이 전형적인 형사절차에 관한 특별법으로서 여기에 긴급임시조치권과 병렬적으로 규정될 경우, 행정경찰작용에 대한 이해가 부족한 주무부처에서 -의도적이든 비의도적이든- 다시금 사법경찰작용의 형식으로 규율될 우려가 있고, 결국 고유한 행정경찰작용이 사법경찰작용으로 변환되어 부당한 검찰의 통제를 받게 될 것이다.

한편, 「가정폭력방지 및 피해자보호 등에 관한 법률」에도 이미 경찰의 현장출입조사권이 규정되어 있는바, 동법이 여성가족부 소관 법률인 점을 고려할 때, 여성을 비롯한 사회적 약자에 대한 보호차원에서 동법의 법명을 가칭 "가정폭력 및 스토킹방지 및 피해자 보호 등에 관한 법률"로 변경하면서 스토킹방지를 위한 행정경찰권을 현장출입조사권과 함께 규율하는 방식을 고려할 수 있다. 이 경우 기존의 "사법경찰관리"라는 용어를 "(국가)경찰공무원"으로 변경하여 행정경찰작용임을 분명히 할 필요가 있다. 이러한 입법시도에 대하여 가정폭력에 대한 경찰강제권은 「가정폭력범죄의 처벌 등에 관한 특례법」, 스토킹에 대한 경찰강제권은 「가정폭력방지 및 피해자보호 등에 관한 법률」에 산발적으로 규정된다는 입법론적 비판도 제기될 수 있을 것이나, 전자의 법률은 처벌에 관한 특례법으로서 이미 발생한 가정폭력'범죄'에 대한 사법적 대응에 관한 입법이라는 점에서 이미 후자와는 그 법 영역을 달리한다고 하겠다.

이렇게 입법이 추진될 경우, 우선 경찰하명의 형식으로 퇴거명령, 접근 및

29) 우리 형사소송법 제70조 제1항은 구속사유로 1. 피고인이 일정한 주거가 없는 때, 2. 피고인이 증거를 인멸할 염려가 있는 때, 3. 피고인이 도망하거나 도망할 염려가 있는 때를 규정하고 있을 뿐, 스토킹과 같은 반복적 범죄의 재범우려를 고려하고 있지 못하다.

전기통신을 이용한 접촉금지 등의 경찰작용을 규율함과 동시에, 이의 실효성을 확보하기 위한 침해적 사실행위로서 작위의무 위반에 대한 강제퇴거와 부작위 의무위반에 대한 예방적 구금 및 구금에 대한 후속절차로서 법관의 승인, 만일 예방적 구금의 입법이 어렵다면 행정형벌을 통한 형사벌적 실효성 확보수단이 도입되어야 할 것이다.[30)]

Ⅱ. 스토킹 특별법 제정

스토킹 행위는 상대방에게 심각한 피해를 입히면서도 죄의식조차 갖지 않는다는 특색을 가지고 있다. 따라서 이러한 스토킹은 범죄로 인식되고 그와 같은 행위는 사전에 예방하고 이미 실행된 행위에 대해서는 반드시 처벌이 가능하여야 한다. 그런데 지난 2015년 1월 안산에서 발생한 인질사건의 이면에는 가정폭력, 스토킹[31)]범죄에 대한 사법적 보호체계가 전혀 작동하지 않은 한국사회의 현실이 있다. 인질극 이전에 피해자는 가해자로부터 흉기에 찔려 경찰

30) 김남철, 앞의 책, 456-457쪽; 홍정선, 행정법원론(상), 제23판, 서울: 박영사, 2015, 422-424쪽; 홍정선, 경찰행정법 제3판, 서울: 박영사, 2015, 632-637쪽; 박균성, 행정법론(상), 제13판, 서울: 박영사, 2015. 548쪽; 박균성·김재광, 앞의 책, 360-361쪽.

31) 스토킹(Stalking)은 원래 사냥용어인 영어단어에서 유래되었는데, 그 의미는 목표로 삼은 사냥감에 몰래 접근해 간다는 것이었다. 이러한 용어가 1990년부터 미국에서 특정한 사람의 행위에 사용되기 시작했다. 이러한 용어가 사람을 대상으로 사용되면서 원래의 의미와는 다른 의미를 지니게 되었다. 이 경우 스토킹의 개념이 문제되는데, 그 동안 이에 대한 개념정의의 시도가 많이 있어 왔지만, 스토킹의 다양한 유형 때문에 다른 나라의 경우와 마찬가지로 독일에서도 아직 이에 대한 통일적인 개념 규정을 발견하기 어렵다. 특히 스토킹을 대상으로 연구하는 각 학문의 영역, 예컨대 심리학, 사회학, 정신병학, 범죄학, 법학 등의 영역이나 실무에서 정의하는 스토킹의 개념은 스토킹의 유형만큼이나 다양하다. 하지만 다양한 개념 규정의 시도에서 일반적인 스토킹의 특징을 파악할 수 있다. 즉 스토킹은 반복적이고 지속적이며, 어떤 특정인을 대상으로 하며(드물게는 사람의 집단이나 조직이 그 대상이 되는 경우도 있음), 그 대상이 되는 사람에게 원하지 않거나 괴롭히는 것으로 인식되며, 그 대상자에게 사회적 관습을 넘어서 두려움, 불안, 공포 등을 유발하는 특징을 가진다. 이러한 특징으로부터 스토킹은 행위자가 피해자를 집요하게 그리고 계속하여 미행하거나 숨어서 기다리거나 그 밖의 다른 방법으로 그의 의사에 반해서 그와 접촉을 시도하려는 행위라고 정의할 수 있다.

에 신고했지만 현행범이 아니라는 이유로 출동하지 않았으며, 경찰은 피해자의 안전을 위한 조치는 어떠한 것도 하지 않았다. 이 사건은 우리 사회가 가정폭력, 스토킹을 '남녀 애정문제'로 '개인 간에 알아서 해결해야 하는 일'로 인식하고 안일한 대처를 한 안타까운 현실을 그대로 보여주었다. 대다수의 데이트 폭력 피해자들은 물리적 폭력과 함께 스토킹을 경험하고, 또 심각한 스토킹의 경우 상대방뿐만 아니라 가족들조차 일상생활을 영위할 수 없도록 하고 있다. 물론 스토킹이 연예인과 팬처럼 전혀 모르는 사이에서도 발생하지만, 여성의 전화 2014년 상담통계 및 분석에 의하면 스토킹범죄의 무려 70.7%가 데이트 관계에서 발생하는 것으로 하루에 무려 80개 이상 스토킹 문자를 받는다는 피해자가 있으며, 최근에는 휴대전화 등을 통해 문자메시지와 전화로 끊임없이 구애, 미행 하며 심지어 흉기를 휘두르기까지 하며 생명을 위협하는 스토킹범죄에 대한 법적 대응체계의 문제가 있음을 알 수 있다. 물론 스토킹범죄를 처벌하는 법적 조항이 아예 없는 것은 아니다. 현재 '지속적 괴롭힘'에 대한 조항으로 스토킹을 신고할 수 있지만 경범죄로 분류되어 10만 원 이하의 범칙금이 부과될 뿐이다. 10만 원 이하의 범칙금이라는 경미한 수준의 처벌 조항으로는 심각한 범죄인 스토킹에 대한 적절한 제재 조치가 되기는커녕, '가벼운 범죄'라는 왜곡된 인식을 강화시키고 있는 문제가 있다. 이처럼 스토킹 가해자가 피해자를 살해한 사건이 언론에 오르내릴 때마다 스토킹 처벌에 대한 법률을 국회의원들이 발의했지만 매번 계류와 폐기를 반복해왔다. 2015년 2월에도 '스토킹범죄의 처벌 등에 관한 특례법안'이 또 발의되어 계류 중에 있다.

이러한 법률안이 입법화될 경우 스토킹 사건에 대한 법적 개입이 어떻게 이루어질 수 있는지 다음과 같은 상담사례[32] 적용을 통해 실효성을 검토해 보고자 한다.

선배였던 가해자가 10년 이상 피해자의 학교 및 집근처를 배회하고 피해자

32) 스토킹 사례는 2014년 한국성폭력상담소와 한국여성민우회 성폭력상담소가 공동주최한 '스토킹이 8만 원 범칙금이라는 현실에 문제를 제기하다' 토론회 자료집에 실린 것이다.

를 좋아한다는 소문을 지속적으로 유포하였다. 학교를 다른 곳으로 전학했음에도 피해자의 학교에 자주 나타나고 피해자에게 전화하여 침묵하다가 끊는 전화를 지속적으로 거는 상황이었고 이에 피해자는 경찰에 신고하였으나 증거가 없어서 신고할 수 없다는 답변을 들었다고 한다. 이에 피해자는 "차라리 때리기라도 하면 좋은데"라며 스토킹 상황에 대한 힘듦을 호소해 왔다.

계류 중인 스토킹 처벌 특례법을 위 사례에 적용할 때, 피해자는 경찰로부터 어떤 보호를 받을 수 있을까? 법에 따르면, 피해자가 신고를 하였을 때 경찰이 즉시 현장에 나가 학교주변에 나타나는 가해자에게 스토킹의 중단과 가해자에 대한 접근금지를 통보하고, 피해자에게 전화하지 못하도록 전기통신을 이용한 접근금지 등 응급조치를 할 수 있다. 현재는 경찰이 응급조치 할 수 있는 권한이 없기 때문에 법률이 시행된다면 스토킹 피해자가 경찰에 피해사실을 알렸을 때 가해자에 대한 경찰의 즉각적이고 직접적인 제재가 가능할 수 있다. 하지만 이런 모든 조치가 시행되려면 신고된 그 사건을 경찰이 스토킹 범죄라고 인지해야 한다. 스토킹 처벌 특례법의 응급조치와 접근금지 등은 가정폭력 특례법을 준용한 조항인데, 현재 가정폭력 특례법이 있지만 현실에서 가정폭력피해자가 신고를 하여도 경찰이 현장에 방문하였을 때 가해자로부터 '아무 일 없다, 집안일이다'라는 말을 듣고 아무런 조치 없이 되돌아가는 현실이 스토킹범죄에서도 비슷할 수 있다고 예상된다. 현재도 경범죄이지만 스토킹에 대한 처벌법이 있다. 하지만 지금도 피해자의 신고에 대해 증거가 없어 신고가 안 된다는 경찰의 입장은 스토킹 처벌 특례법이 있다고 해도 스토킹이라는 증거가 없어 조치를 취할 수 없음이 오히려 경찰에 대한 신뢰성을 의심받을 수도 있다.

'스토킹'이나 '이별범죄'와 같은 데이트 폭력은 비단 우리나라의 경우만은 해당되는 것은 아니다. 미국의 경우 1990년 캘리포니아주에서 최초로 스토킹 관련법을 만들기 시작해 1995년 스토킹방지관련 연방법이 제정되었고, 일본은 2000년 5월 스토커행위 등의 규제에 관한 법률을 제정하였으며, 독일은 형법안에 스토킹 관련 조항을 신설해 2007년 3월부터 시행하고 있다. 그러나 우리나라는 지난 1999년부터 무려 8건의 스토킹 관련 법안이 발의되었음에도 불구하고 아직 국회를 통과하지 못하고 있다.

오랫동안 국회에 계류되다 폐기되어 왔던 많은 스토킹 처벌 특례법안들이 통과되지 않을 수밖에 없었던 것은 발의한 국회의원들이 스토킹 피해가 어떻게 발생하고 있는지, 문제 해결을 위해 법률 내용이 어떻게 구성되어야 하는지에 대한 고민이 충분히 반영되지 않았기 때문이다. 발의된 법률들 몇 가지만 비교해 봐도 기존 스토킹 법률안에 조금씩 문구만 바꾼 경우가 대부분이다. 국회의원 활동 실적의 수단으로 스토킹 법률안을 발의한다는 혐의를 지울 수 없다. 성폭력상담소 등에 접수되는 스토킹사례를 분석하고 실질적으로 피해자를 보호하고 스토킹 범죄를 근절하기 위한 고민을 담은 법률을 발의해야 법률 제정에 대한 책임성도 같이 가져갈 수 있을 것이다.

초기 스토킹이 시작되었을 때 적절한 조치가 취해져야 강력범죄들로 이어지는 것을 방지 할 수 있다. 스토킹범죄를 예방하기 위해 스토킹 처벌 특례법이 필요한 이유이다. 실효성 있는 법률을 만들기 위해서는 피해자와 사건을 지원하고 있는 관련 기관들의 의견을 충분히 반영하고 법 적용의 효과에 대해서도 꼼꼼한 검토가 필요하다.

스토킹 입법이 추진될 경우, 입법방식은 스토킹에 대한 특별법 형식의 입법이다. 종전의 입법시도를 검토해 본다면 새로운 특별법의 제정은 법무부 소관으로 "처벌에 관한 형사특례법"으로 진행될 것이며 여기에 형사벌적 구성요건과 소추상의 특례로서 사법경찰관의 일부 강제권이 도입될 것이다. 이러한 입법 또한 현행 가정폭력법과 마찬가지로 행정경찰작용을 사법경찰작용으로 변형시킴으로 말미암아 사법경찰작용으로의 수렴을 피할 수 없을 것으로 보인다.

또한 스토킹 법제의 개선과 별개로 경찰조직의 대응체계 마련이 필요하다. 미국, 독일을 비롯하여 주요 선진 국가들에서는 스토킹에 대응하기 위한 특별팀을 구성하여 운용하고 있으나, 아직 우리나라에서는 스토킹에 대한 관할 부서조차도 분명하지 못한 상황이다. 아직 범죄로 나아가기 전이므로 수사부서에서 개입하기도 곤란하고, 생활안전부서에서도 경범죄처벌 이외에 이에 대한 적극적인 경찰대응이 어렵고 관할 지역경찰도 이러한 사안에 주목하기에는 분명 한계가 있다.

바로 이러한 연유로 주요 국가들에서 스토킹 전담팀을 구성하고 있는 것이며 진정 경찰이 국민의 보호를 최우선적 과제로 보고 있다면 여기에 보다 많은 관심을 기울여야 할 것이다. 경찰조직의 개편을 통해 경찰서에 여성청소년과가 신설된다면 스토킹전담팀을 구성하는 것을 적극적으로 고려하고, 스토킹사건에 대한 관할을 명확히 설정해야 할 것이다. 전담부서에서는 스토킹의 신고접수 및 보호뿐만 아니라 스토킹 예방과 대응에 관한 안내책자작성 등의 적극적인 보호장치를 마련할 필요가 있다.[33)]

따라서 입법 이후 스토킹범죄로부터 피해자를 구제하고, 가해자를 처벌하기 위해서는 가장 먼저 사건을 접하는 검사·사법경찰들의 스토킹이 심각성을 인지하고, 범죄라는 인식전환에 대한 정책적 고민도 함께 진행되어야 한다.

Ⅲ 복지경찰법(案) 제정

1. 복지경찰법의 제정 필요성 및 제정의 기본방향

복지경찰법제정은 우리나라 복지경찰정책의 방향에 커다란 변화가 발생했다는 것을 뜻한다. 복지경찰법의 주된 핵심은 확대되는 「치안서비스의 법적 근거」라고 볼 수 있다. 이는 이제까지 제5장 제1절에서 제3절까지 설명했던 헌법이나 경찰법, 경찰관직무집행법의 개선방안을 넘어선 치안서비스를 위한 사회안전망의 구축·운영이라 할 것이다.[34)]

먼저 복지경찰제 도입에 앞서 선행되어야 할 점을 짚어본다면, 경찰서비스

33) 이성용, 스토킹 방지를 위한 선제적 행정경찰작용에 관한 연구, 치안정책연구소, 2012. 134-135·141-142쪽. 재구성.

34) 윤찬영, 사회보장기본법 개정에 따른 사회(복지)서비스의 변화, 사회보장기본법 개정에 따른 사회(복지)서비스 정책토론회 학술세미나, 한국사회서비스학회, 2012. 141쪽.

의 형식성, 철저한 계급제로 인하여 피해자 지원 등 치안서비스 대상자의 이익보다 승진을 우선시하게 되는 경찰 관료체제에서의 문제점을 줄이고 복지경찰서비스의 소비자(국민)잉여와 수요자(민원인)잉여가 생산자(경찰)잉여로 전가되는 생산과 분배에서 파레트 왜곡이 발생하는 현재의 독점관료체제 생산방식을 경쟁적 생산체계로 전환하여야 한다는 점이다. 이는 치안서비스를 오르지 국가가 독점 생산하는 데서 오는 필연적 결과이며, 더구나 복지경찰의 생산성과 전혀 무관하게 신분과 임금이 보장 되는 관료체제와 결부됨으로써 소위 경제학에서 말하는 갑을관계의 문제가 발생해 도덕적 해이와 형식성, 공무원의 이기적 행태의 치안서비스는 형해화되고 있는 것이 현 실정이다.

따라서 경찰의 관료체제의 계급성과 수직성을 탈피해서 수평적인 사회복지제 방식을 도입하는 것을 내용으로 하는, 지역 주민과 함께하는 복지경찰제도가 도입되어야 한다. 동시에 현재의 복지경찰 인력의 충원 방식에 대한 근본적인 채용혁신이 있어야 한다. 가령, 현재 시행 중인 국어, 국사, 영어 등의 교양 과목위주의 채용시험은 복지경찰의 질을 저해하고 전문성 제고에도 맞지 않으며 시험과목의 전문화와 더불어 장기적으로 시험제도와 연수 및 교육제도와 임용을 연계시키는 제도의 도입이 필요하며 사회복지사들처럼 경찰복지사 자격증을 갖춘 사람들이 자격 있는 경찰 요원으로 채용하는 것이 제도화되어야 한다.[35)]

또 하나는 복지경찰제에 대한 이용자인 국민들의 태도와 신념체계에 대한 근본적 의식개혁도 어느 정도 필요하다는 점이다. 역사적 제도주의 하에서는 개인의 선호와 신념체계도 제도의 영향을 받는 것이므로 이미 일제시대부터의 응보주의적 제도(범죄인은 기본권이 침해되어도 엄격히 처벌받아야 한다는 태도)로 인해 국민들의 신념체계는 응보지향적이고 관료지향적(복지경찰의 생산은 국가가 한다는 것)으로 깊이 상징화 되어버려 복지경찰 주창자들이 혁신적 복지경찰정책을 주장할 때 다수 여론의 힘을 행사하여 올바른 정책의제 설정

35) 천정환, 경로의존성이론에서 본 한국교정의 문제점과 방향에 관한 연구, 한국경찰연구, 한국경찰연구학회, 제9권 제3호, 2010, 188쪽.

에 저해가 될 수 있다는 것이다. 그러나 국민들의 응보지향주의 태도가 오히려 더 많은 범죄 피해를 본다는 딜레마를 인식시켜 국민들의 왜곡된 의식을 바꿀 복지경찰제도가 필요하다.[36]

그 다음으로는 복지경찰제도의 실천전략을 위해서는 국내기관(국가기관, 공무원, 시민단체 여론주도층, 국민, 언론 등 이해관계 층)의 속성을 파악해야 하는바, 가령, 유력언론들이 경찰사고나 높은 재범률에 대해 어떤 태도를 취하고 공중의제를 설정하느냐에 따라 한국의 복지경찰제도가 혁신변화의 계기가 될 수 있는 여부가 달려 있을 정도로 국내의 유력 커뮤니케이션 체제는 막강하다. 그것은 유력 언론들이 띄우는 상징 신호에 따라 국민들이 태도와 신념체계를 바꾸어 왔기 때문이다.

여기서 주의해야 할 점은 언론들은 실질적으로는 자신들의 이익을 최우선시하고 그에 따라 공익이 희생되거나 상징조작과 상징폭력을 언제든지 행할 수 있는 점을 직시하고 정책의 제로의 실행 가능성(feasibility)을 항상 염두에 두고 전략을 세워야 한다는 점이다. 따라서 언론사 내부에서도 역동적으로 발생하는 게이트키핑(gate keeping, 일반적으로 어떠한 메시지가 선택되거나 선택되지 않는 경우를 말한다) 현상의 실체를 파악하고 언론과 여론주도층의 왜곡된 신념체계를 변화시켜 크고 우연한(contingent) 사건이 발생하면 이를 공중의 제화, 즉 치안서비스로 연결시킬 수 있도록 관련 단체에 의한 복지경찰 운동이 필요하다. 또한 동시에 새로운 복지경찰제도에 찬성하는 access point들을[37] 결집하는 조직화가 필요하다.[38]

요컨대 이상에서 설명한 이유를 근거로 우리나라에는 복지경찰제도가 필요하다고 판단되고, 이를 위해서는 이에 관한 일반법으로서 가칭 복지경찰법(가칭)을 제안해 보기로 한다.

---

36) 천정환, 앞의 논문, 189쪽.

37) Access point는 접근 점으로 Veto point에 대응되는 개념이다(Smith, "privatization, devolution and the welfare state", 2002, macmillan).

38) 천정환, 앞의 논문, 190쪽 참조.

2. 복지경찰법(案)의 주요 내용

복지경찰법은 복지경찰제도를 실현하기 위한 것으로서 경찰이 치안 차원에서의 시민보호를 위하여 복지업무를 담당하도록 함으로써 치안서비스 향상에 필요한 사항을 규정하는 것을 목적으로 하여야 할 것이다. 그 외에도 복지경찰법에는 목적, 정의, 다른 법률과의 관계, 복지경찰의 기본원칙 등과 같은 총칙규정, 복지경찰의 담당업무, 전담기구, 관련된 위원회 등과 같은 조직 및 사무규정, 현황조사와 같은 작용규정, 그밖에도 사회복지사 채용 및 교육에 관한 규정 등이 주요내용으로 포함되어야 할 것이다. 구체적인 내용을 다음과 같이 제안해 본다.

가. 목적

먼저 복지경찰법은 경찰의 복지업무를 담당함으로써 치안서비스의 질을 향상시키고 국민의 안전을 도모하기 위한 것이므로, 목적규정에서는 "이 법은 경찰공무원에 의한 시민안전 및 복지 정책의 수립·시행 등에 필요한 사항을 규정함으로써 경찰공무원의 봉사의 향상을 도모하는 한편, 경찰공무원이 긍지와 자부심을 갖고 복지경찰업무에 전념할 수 있도록 하여 치안서비스의 질 향상에 이바지하는 것을 목적으로 한다."는 내용이 목적으로 제시되어야 할 것이다.

나. 정의

복지경찰은 치안서비스를 통해 사회적 약자에게 상담·재활·피해자지원 및 지도 등을 제공하여 정상적인 사회생활이 가능하도록 제도적으로 지원하기 위한 것이므로, 정의 규정에서는 "복지경찰(Welfare Police)이란 경찰기관이 사회안전을 위하여 행하는 대민서비스(봉사) 업무로서의 전문 사회복지작용을 말한다."고 규정할 수 있겠다.

다. 다른 법률과의 관계

이 법에서 사회복지사(가칭 경찰복지사)는 「경찰공무원법」·「사회복지법」의

적용을 받는 경찰공무원을 말하는 것으로 주로 "복지경찰업무"에 있어 예방·봉사 및 재난·재해, 그 밖의 위급한 상황에서의 대처 등의 업무를 행하기 때문에 여기서 다른 법률과 관계를 고려하여 복지경찰법이 복지경찰업무에 관한 일반법이 되도록 복지경찰법에 '일반법' 규정을 두는 것이 바람직하다.

라. 복지증진의 책임

경찰청장은 복지경찰을 필요로 하는 자에 대하여 서비스 대상자의 권익을 보장하며 보호와 재활을 지원하기 위한 정책을 마련하여 사회복귀 및 복지를 향상시킬 복지경찰의 노력의 책임을 규정하되 동시에 적절한 복지서비스를 줄 수 있는 권한도 규정할 필요가 있다.

마. 최대봉사의 원칙

이 법에 의하여 복지경찰 업무에 종사하는 사람은 그 업무를 행함에 있어서 복지경찰을 필요로 하는 사람을 위하여 권익보호 및 안전을 위해 차별 없이 최대로 봉사의 원칙이 있어야 한다고 규정하도록 제시되어야 할 것이다.

바. 복지경찰업무

"복지경찰업무"로는 치안서비스의 질을 향상시키고 사회적 약자의 안전을 도모하기 위해 예방·보호, 봉사 및 재난·재해, 그 밖의 위급한 상황의 대처 등의 업무를 생각해 볼 수 있겠다. 이는 복지경찰의 기능이나 범위에 관한 것이므로 법이 제정되는 경우 보다 구체적으로 직무를 나열하는 방식으로 규정되어야 할 것이다.

사. 복지경찰 전담기구 설치

복지경찰의 도움을 필요로 하는 국민이 최상의 복지경찰서비스를 제공받을 수 있도록 복지경찰 서비스 수요자 등을 고려하여 '복지경찰 전담기구'가 균형있게 설치되도록 하는 조직운영 규정과 함께, 복지경찰에 관한 업무를 효율적으로 운영하기 위하여 필요한 경우 여성청소년과에 복지업무를 전담하는 기구를 따로 설치할 수 있는 근거규정을 둘 필요가 있다.

아. 복지경찰 정책심의위원회의 구성

복지경찰의 운영의 활성화를 위해 우선 정책심의위원회가 구성되어야 하는데 "위촉위원"은 5명 이내로 하고, 사회복지 또는 보건의료에 관한 학식과 경험이 풍부한 자, 사회복지사업을 행하는 기관·단체의 대표자, 보건의료사업을 행하는 기관·단체의 대표자 공익단체에서 추천한 자, 사회복지업무 또는 보건의료 업무를 담당하는 자 등을 포함하도록 한다.

자. 복지경찰 현황조사

복지경찰법에 있어서 문제점을 해결하고 실효성 확보를 마련하기 위해서는 경찰청장은 기본계획 또는 시행계획의 수립·시행 등을 위하여 중앙행정기관의 장, 그 밖의 관계 기관 및 단체에 필요한 자료의 제출을 요청할 수 있어야 하며, 이 경우 중앙행정기관의 장, 그 밖의 관계 기관 및 단체는 특별한 사정이 없으면 그 요청에 따라야 한다는 규정이 필요하다.

특히, 복지경찰 현황조사에서는 다음 각 사항이 포함되어야 할 것이다.

1) 사회적 약자의 사회적 생활에 대한 과학적인 조사 및 보고,

2) 사회적 약자의 사회 활동에 대한 지도감독,

3) 법집행과정에서 생기는 스트레스를 건설적인 대처,

4) 다양한 타 전문적 지식(개인·집단·지역사회의 자원)을 통해 문제를 체계적으로 해결하기 위한 면접, 사정, 도입, 평가 등 일련의 계획적인 작업과정의 기술의 활동,

5) 긴급 상황 대처의 유연성 및 예방활동을 통해 사회적 약자가 처한 문제를 해결,

6) 그 밖에 복지경찰에 관한 사항으로서 경찰청장이 필요하다고 인정하는 사항.

이에 경찰청장은 복지경찰과 관련된 사회환경의 변화 등으로 추가 조사가 필요하게 된 경우에는 정기현황조사 외의 현황조사를 실시할 수 있다는 규정을 두어 전면적 실태파악을 국가의 책임으로 수행할 수 있도록 하여야 한다.

차. 사회복지사의 채용 및 교육 등

기존 경찰의 역할이 경찰조직법 제3조나 경찰관직무집행법 제2조에서 경찰의 직무에서 봉사가 포함되어 있음에도 경찰의 복지업무는 서비스의 다양성, 전인성, 전반성으로 인해 전문인력이 요구됨에 따라 다음과 같은 내용의 전문적인 사회복지사의 특별채용 등에 관한 규정을 두는 것이 바람직하다.

1) 경찰청장은 복지경찰을 운영함에 있어서 대통령령이 정하는 바에 의하여 사회복지사를 그 종사자로 채용하여야 하고,

2) 보건복지부장관은 사회복지사의 자질향상을 위하여 필요하다고 인정하는 경우 사회복지사에 대하여 교육받을 것을 명할 수 있으며, 다만, 경찰조직 내 복지업무에 종사하는 경찰관은 정기적으로 보수교육을 받도록 하고,

3) 경찰청장은 복지경찰에 종사하는 사회복지사에 대하여 전문교육을 이유로 불이익한 처분을 하여서는 아니 되며,

4) 경찰청장은 복지업무와 관련한 전문교육을 보건복지부령으로 정하는 기관 또는 단체에 위탁할 수 있고,

5) 복지관련 전문교육의 기간·방법 및 내용과 위탁 등에 관하여 필요한 사항은 보건복지부령으로 정한다.

카. 복지경찰전담공무원

1) 복지경찰에 관한 업무를 담당하게 하기 위하여 시·도 경찰관서에 복지경찰법 규정에 의한 복지전담경찰관(이하 "복지경찰관"이라 한다)을 두도록 하고,

2) 복지경찰관은 사회복지사의 자격을 가진 자로 하며, 그 임용 등 기타 필요한 사항은 대통령령으로 정하고,

3) 복지경찰관은 그 관할 지역안의 치안서비스를 필요로 하는 사람 등에 대하여 항상 그 생활실태 및 가정환경 등을 파악하고, 복지서비스에 관하여 필요한 상담과 지도를 행하도록 하며,

4) 관계행정기관 및 사회복지시설을 설치·운영하는 자는 복지경찰관의 업무수행에 협조하여야 하고,

5) 국가는 복지전담경찰 혹은 경찰복지사의 보수 등에 소요되는 비용의 전부 또는 일부를 보조할 수 있도록 규정한다.

제6장

복지경찰의 과제

제1절 복지경찰의 전문적인 치안서비스

제2절 복지경찰법 제정 필요성

06 장 복지경찰의 과제

01 절 복지경찰의 전문적인 치안서비스

21세기 경찰의 역할로서 일반시민들은 경찰에 대해 종전의 질서유지의 소극적인 임무를 벗어나 적극적인 서비스 활동을 요구하는 추세이다. 따라서 기본적으로 소극적인 위험방지를 위한 명령・강제하는 권력적 수단이나 범죄수사를 위한 수단을 사용하는 것 이외에도 국민에게 봉사하는 역할을 요구하고, 이에 국민들도 더 나아가 경찰개입청구권을 요청하는 등 적극적으로 경찰로부터 서비스를 요청받는 추세에서 이러한 비권력적 수단으로서의 서비스가 경찰의 기본적 업무가 되어야 한다는 것이 일반적으로 인식되기에 이르렀다. 다시 말해 복지국가 시대에 이르러 경찰도 복지서비스를 염두에 두게 되었다는 것이다. 강제 수단이 아닌 비권력적 수단으로서 급부 행정적 활동이나 유실물 보호 같은 경우에는 종전에는 경찰의 임무에 해당되지 않았지만, 현재는 이에 대한 구체적 수권이 없는 경우라도 서비스를 지향하는 경우에는 경찰이 수행하고 있다고 본다. 즉 서비스 지향적 경찰활동은 바로 현 시대를 지향하는 핵심을 보여준다는 점에서 일반적 임무 조항만으로 가능하다는 것이 일반적인 견해들이다.[1)]

경찰의 직무에 따른 경찰 활동에서 대민서비스 비중이 증대하고 적극적으로 요구되면서, 경찰제도 내에서 확대된 복지업무를 전문적으로 다룰 수 있는 '복

---

1) 김남철, 앞의 책, 1077-1084쪽; 홍정선, 행정법원론(하), 제23판, 서울: 박영사, 2015, 428-447쪽; 박균성, 행정법론(하), 제13판, 서울: 박영사, 2015. 587-606쪽; 박균성・김재광, 앞의 책, 730쪽.

지경찰'을 도입하는 것을 내용으로 하는 '복지경찰제도'에 대한 논의가 요청된다. 특히 본서에서는 국내의 현행 경찰법제에 있어 경찰의 치안서비스 활동과 관련된 내용들을 주요 외국 경찰의 복지적 활동 사례들과 비교하면서 복지경찰이라는 새로운 개념에 대한 정의를 시도해 보았다. 즉 "복지경찰"이라는 개념을 협의와 광의로 나누어서, 먼저 협의의 의미에서는 미시적인 측면에서 경찰단계에서 발생하는 범죄인, 피해자 등 클라이언트를 대상으로 사회복지방법론을 통해 원조하는 경찰활동을 복지경찰로 보았고, 광의의 의미에서는 협의를 포함하는 클라이언트의 복지를 위한 제도적·정책적 활동까지를 포함하는 개념으로 파악하였다.

외국의 '복지경찰' 사례는 이들 국가들의 경찰에 대한 역사와 사회적 환경이 우리와 다르다는 점에서 그 법이론적이나 제도적인 측면에서 우리나라의 제도와 서로 다른 점도 있으나, 궁극적인 점에서는 경찰의 목적이 소극적인 치안유지에만 있는 것이 아니라 적극적인 치안서비스를 제공하여 궁극적으로는 시민사회를 안전하게 보호하는 데에도 있다는 점에서는 공통된다고 생각된다. 이러한 점에서 외국의 사례는 우리 경찰의 치안서비스 지향이라는 관점에서의 복지경찰제도의 도입에 시사하는 바 크다고 생각된다.

경찰업무 중 범죄·비행에 대한 단속과 처벌에 앞서 예방·선도·보호가 필요한 청소년비행·가정폭력·성범죄·아동학대·다문화가정 등에 대해서는 전문가인 복지경찰에 의해서 치안서비스 질의 향상을 도모할 수 있다.

02절 복지경찰법 제정 필요성

최근 사회문제로 부각된 왕따 등 학교폭력 근절대책 추진의 일환으로 '학교폭력은 경찰책임'이라는 의식전환을 통해 일선경찰관의 자발적인 참여 유도 등이 추진되고 있다.[2] 선제적 홍보활동으로 학교폭력 근절분위기 조성 및 공감대 확산을 위해 경찰의 다양한 프로그램 개발 등 복지경찰제도의 필요성이 인식되고 있다.

그러나 복지경찰제도 도입 필요성에 대한 요구가 높더라도 이를 위한 여건이 조성되지 않으면 제도화하는데 현실적인 어려움이 따른다. 현재 복지경찰제도를 도입하는데 긍정적으로 작용하는 여건을 보면 첫째, 여성부 신설과 함께 성폭력 가정폭력, 아동학대 등을 효율적으로 대처하고, 사회적 약자인 피해자 인권보호에 기여하기 위하여 2002년 1월 경찰청 여성청소년과로 확대 개편하였으며, 하부조직으로는 여성청소년 기획계, 여성계, 청소년계를 두었고, 성폭력대책계를 성폭력대책과(성폭력대책계, 성폭력수사계)로 확대 개편하여 복지경찰적 기능 조직을 강화하였다. 둘째, 박근혜 정부에 들어서서 경찰관 증원의 상당부분을 사회적 약자에 대한 서비스 기능에 투입시킨 점 등은 복지경찰제 도입을 위한 긍정적인 여건들이라고 할 수 있다.

그리고 복지경찰제의 본격적인 도입과 정착을 위해서는 현행법령의 개정 및 새로운 복지경찰법제의 제정을 필요로 한다. 따라서 복지경찰법제의 구축을 위해서는 경찰관직무집행법 개정, 데이트폭력에서 가정폭력으로 이어지는 스토커 특별법제정, 아동학대 관련 관심통보지침신설 등에 이어 치안서비스 실현을 위한 복지경찰법제정이 필요하다.

---

2) 형사법적 관점 탈피, 행정법적 관점에서 위해의 사전 예방제거 차원으로 주력하고 있다.

부 록

관련 법규

· 아동학대 처벌법 개정안 주요 내용

· 아동학대범죄의 처벌 등에 관한 특례법 주요 내용

· 정신건강증진 및 정신질환자 복지서비스 지원에 관한 법률

· 국가공무원법

· 지방공무원법

아동학대 처벌법 개정안 주요 내용

「아동학대범죄의 처벌에 관한 특례법」 개정안*이 2016.5.19 국회 본회의를 통과함에 따라, 주요 내용 공지 및 매뉴얼 개정 등 추진

* 새누리당 안홍준 의원 대표발의('15.8.10), 법사위 수정 · 가결('16.4.28)

○ 주요 내용

조항	현행	개정안	비고
제10조②	신고의무자 신고기한 규정 없음	신고의무자는 즉시 신고해야 함	경찰청 의견반영
제10조②	신고의무자 24개 직군 규정	신고의무자 3개 직군 추가 ※ 성폭력피해자통합지원센터, 육아종합지원센터, 입양기관의 장과 그 종사자	
제62조의2	신고자에 대한 불이익 조치 시 별도 처벌 규정 없음	신고자에 대한 불이익 조치 시 형사처벌 가능(2년↓, 2천만 원↓)	경찰청 의견반영
제10조의3	신고자 보호 규정 없음	신고자 인적사항 기재 생략 가능 필요 · 요청 시 신변안전조치 가능	경찰청 의견반영
제12조①	응급조치 상 보호시설 인도 시 피해아동 의사 존중	피해아동을 보호할 필요가 있는 경우 피해아동 의사 존중 불요	경찰청 의견반영
제10조의4	아동 직계존속 고소 불가 ※ 형사소송법 제224조	아동 직계존속 고소 가능 ※ 고소에 관한 특례 조항 신설	
제27조②	고소 없는 친고죄, 처벌의사 없는 반의사불벌죄 처벌 불가	고소 없는 친고죄, 처벌의사 없는 반의사불벌죄 보호사건 송치 가능	

※ 同 법 개정안은 공포 후 6개월 경과 뒤 시행 예정

아동학대범죄의 처벌 등에 관한 특례법 개정안 주요 내용

[시행 2016.11.30] [공포번호 제14172호, 공포일자 2016.5.29, 일부개정]

○ **개정문**

아동학대범죄의 처벌 등에 관한 특례법 일부를 다음과 같이 개정한다.

제2조에 제4호의2 및 제4호의3을 각각 다음과 같이 신설하고, 같은 조 제9호를 다음과 같이 하며, 같은 조에 제9호의2를 다음과 같이 신설한다.

4의2. "아동학대범죄신고등"이란 아동학대범죄에 관한 신고·진정·고소·고발 등 수사 단서의 제공, 진술 또는 증언이나 그 밖의 자료제출행위 및 범인검거를 위한 제보 또는 검거활동을 말한다.

4의3. "아동학대범죄신고자등"이란 아동학대범죄신고등을 한 자를 말한다.

9. "아동보호전문기관"이란 「아동복지법」 제45조에 따른 아동보호전문기관을 말한다.

9의2. "가정위탁지원센터"란 「아동복지법」 제48조에 따른 가정위탁지원센터를 말한다.

제10조제2항 각 호 외의 부분 중 "수사기관에"를 "수사기관에 즉시"로 하고, 같은 항 제2호 중 "종사자"를 "종사자(아동보호전문기관의 장과 그 종사자는 제외한다)"로 하며, 같은 항 제9호 중 "성폭력피해상담소 및"을 "성폭력피해상담소,"로, "종사자"를 "종사자 및 같은 법 제18조에 따른 성폭력피해자통합지원센터의 장과 그 종사자"로 하고, 같은 항 제11호 중 "제36조에 따른"을 "제2조제7호에 따른 응급의료기관등에 종사하는"으로 하며, 같은 항 제12호 중 "제10조"를 "제7조에 따른 육아종합지원센터의 장과 그 종사자 및 제10조"로 하고, 같은 항 제14호를 삭제하며, 같은 항 제15호를 다음과 같이 하고, 같은 항에 제25호를 다음과 같이 신설한다.

15. 「의료법」 제3조제1항에 따른 의료기관의 장과 그 의료기관에 종사하는 의료인 및 의료기사

25. 「입양특례법」 제20조에 따른 입양기관의 장과 그 종사자

제10조의2부터 **제10조의4**까지를 각각 다음과 같이 신설한다.

제10조의2 (불이익조치의 금지)

누구든지 아동학대범죄신고자등에게 아동학대범죄신고등을 이유로 불이익조치를 하여서는 아니 된다.

제10조의3 (아동학대범죄신고자등에 대한 보호조치)

아동학대범죄신고자등에 대하여는 「특정범죄신고자 등 보호법」 제7조부터 제13조까지의 규정을 준용한다.

제10조의4 (고소에 대한 특례)

① 피해아동 또는 그 법정대리인은 아동학대행위자를 고소할 수 있다. 피해아동의 법정대리인이 아동학대행위자인 경우 또는 아동학대행위자와 공동으로 아동학대범죄를 범한 경우에는 피해아동의 친족이 고소할 수 있다.

② 피해아동은 「형사소송법」 제224조에도 불구하고 아동학대행위자가 자기 또는 배우자의 직계존속인 경우에도 고소할 수 있다. 법정대리인이 고소하는 경우에도 또한 같다.

③ 피해아동에게 고소할 법정대리인이나 친족이 없는 경우에 이해관계인이 신청하면 검사는 10일 이내에 고소할 수 있는 사람을 지정하여야 한다.

제12조제1항 각 호 외의 부분 후단 중 "한다"를 "한다(다만, 피해아동을 보호하여야 할 필요가 있는 등 특별한 사정이 있는 경우에는 그러하지 아니하다)"로 하고, 같은 조 제2항 중 "제1항제2호부터 제4호까지의"를 "제1항제3호 및 제4호"로 한다.

제22조제3항 중 "제19조제5호"를 "제19조제1항제5호"로, "보조인"을 "변호사"로 한다.

제23조제1항 중 "특별시장·광역시장·특별자치시장·도지사·특별자치도지사·시장·군수·구청장 및 아동복지전담기관"을 "특별시장·광역시장·특별자치시장·도지사·특별자치도지사·시장·군수·구청장·아동보호전문기관의 장 및 가정위탁지원센터"로 하고, 같은 조 제2항 중 "변호사 및 아동복지전담기관"을 "변호사, 아동보호전문기관의 장 및 가정위탁지원센터"로 하며, 같은 조 제3항 중 "변호사 또는 아동복지전담기관"을 "변호사, 아동보호전문기관의 장 및 가정

위탁지원센터"로 한다.

제27조 제목 외의 부분을 제1항으로 하고, 같은 조에 제2항을 다음과 같이 신설한다.

② 다음 각 호의 경우에는 제1항을 적용할 수 있다.

1. 피해자의 고소가 있어야 공소를 제기할 수 있는 아동학대범죄에서 고소가 없거나 취소된 경우
2. 피해자의 명시적인 의사에 반하여 공소를 제기할 수 없는 아동학대범죄에서 피해자가 처벌을 희망하지 아니한다는 명시적 의사표시를 하였거나 처벌을 희망하는 의사표시를 철회한 경우

제62조제1항 본문 중 "1년"을 "3년"으로, "2년"을 "5년"으로, "700만원"을 "3천만원"으로 하고, 같은 조 제2항 중 "1년"을 "3년"으로, "500만원"을 "3천만원"으로 한다.

제62조의2를 다음과 같이 신설한다.

제62조의2 (불이익조치 금지 위반죄)

① 제10조의2를 위반하여 아동학대범죄신고자등에게 파면, 해임, 해고, 그 밖에 신분상실에 해당하는 신분상의 불이익조치를 한 자는 2년 이하의 징역 또는 2천만원 이하의 벌금에 처한다.

② 제10조의2를 위반하여 아동학대범죄신고자등에게 다음 각 호의 어느 하나에 해당하는 불이익조치를 한 자는 1년 이하의 징역 또는 1천만원 이하의 벌금에 처한다.

1. 징계, 정직, 감봉, 강등, 승진 제한, 그 밖에 부당한 인사조치
2. 전보, 전근, 직무 미부여, 직무 재배치, 그 밖에 본인의 의사에 반하는 인사조치
3. 성과평가 또는 동료평가 등에서의 차별과 그에 따른 임금 또는 상여금 등의 차별 지급
4. 교육 또는 훈련 등 자기계발 기회의 취소, 예산 또는 인력 등 가용자원의 제한 또는 제거, 보안정보 또는 비밀정보 사용의 정지 또는 취급 자격의 취소, 그 밖에 근무조건 등에 부정적 영향을 미치는 차별 또는 조치

5. 주의 대상자 명단 작성 또는 그 명단의 공개, 집단 따돌림, 폭행 또는 폭언, 그 밖에 정신적·신체적 손상을 가져오는 행위
6. 직무에 대한 부당한 감사 또는 조사나 그 결과의 공개

부 칙

이 법은 공포 후 6개월이 경과한 날부터 시행한다.

○ 개정이유

[일부개정] ◇ 개정이유 및 주요내용

아동학대범죄 신고자 등(이하 "신고자 등"이라 함)에 대한 해고 등 불이익조치를 금지하고(제10조의2), 이를 위반하여 신고자 등에게 불이익조치를 한 자에 대한 처벌조항을 신설(제66조의2)하는 한편, 신고자 등이 보복을 당할 우려가 있는 경우 신변안전조치를 하는 등 신고자 등에 대한 보호조치를 신설(제10조의3)하여 신고자 등이 신고로 인한 피해를 입지 않도록 함."친고죄에서 고소가 없거나 취소된 경우"이거나 "반의사불벌죄에서 처벌을 원하지 아니하는 의사표시가 있거나 처벌을 원하는 의사표시를 취소한 경우"에는 형사처벌을 할 수 없으나 이러한 경우에도 아동학대행위자에 대한 교육·상담 등이 필요한 경우가 있으므로 이에 대한 특례를 규정하여 아동보호사건으로 처리할 수 있도록 하려는 것임.

〈법제처 제공〉[3]

3) http://www.law.go.kr/LSW/nwRvsLsInfoR.do?lsNm=&cptOfi=&searchType

【정신건강증진 및 정신질환자 복지서비스 지원에 관한 법률】
[시행 2017.5.30] [법률 제14224호, 2016.5.29 전부개정]

제44조 (특별자치시장 · 특별자치도지사 · 시장 · 군수 · 구청장에 의한 입원)

② 경찰관(「국가공무원법」 제2조제2항제2호에 따른 경찰공무원과 「지방공무원법」 제2조제2항제2호에 따른 자치경찰공무원을 말한다. 이하 같다)은 정신질환으로 자신의 건강 또는 안전이나 다른 사람에게 해를 끼칠 위험이 있다고 의심되는 사람을 발견한 경우 정신건강의학과전문의 또는 정신건강전문요원에게 그 사람에 대한 진단과 보호의 신청을 요청할 수 있다.

【국가공무원법】

제2조 (공무원의 구분)

② "경력직공무원"이란 실적과 자격에 따라 임용되고 그 신분이 보장되며 평생 동안(근무기간을 정하여 임용하는 공무원의 경우에는 그 기간 동안을 말한다) 공무원으로 근무할 것이 예정되는 공무원을 말하며, 그 종류는 다음 각 호와 같다. [개정 2012.12.11]

2. 특정직공무원: 법관, 검사, 외무공무원, 경찰공무원, 소방공무원, 교육공무원, 군인, 군무원, 헌법재판소 헌법연구관, 국가정보원의 직원과 특수 분야의 업무를 담당하는 공무원으로서 다른 법률에서 특정직공무원으로 지정하는 공무원

【지방공무원법】

제2조(공무원의 구분)

② "경력직공무원"이란 실적과 자격에 따라 임용되고 그 신분이 보장되며 평생 동안(근무기간을 정하여 임용하는 공무원의 경우에는 그 기간 동안을 말한

다) 공무원으로 근무할 것이 예정되는 공무원을 말하며, 그 종류는 다음 각 호와 같다. [개정 2012.12.11]

2. 특정직공무원: 공립 대학 및 전문대학에 근무하는 교육공무원, 교육감 소속의 교육전문직원, 자치경찰공무원 및 지방소방공무원과 그 밖에 특수 분야의 업무를 담당하는 공무원으로서 다른 법률에서 특정직공무원으로 지정하는 공무원

참고문헌

1. 국내문헌

〈단행본〉

김기태, 위기개입론, 서울: 대왕사, 1999.
김남진·김연태, 행정법 Ⅰ, 서울: 법문사, 2010.
김남현·김형훈, 경찰행정법, 서울: 경찰공제회, 2005.
김남철, 행정법강론, 제2판, 서울: 박영사, 2015.
김병주, 가정폭력, 서울: 도서출판 엠-에드, 2004.
김상균, 현대사회와 사회복지, 서울: 서울대학교 출판부, 1987.
김상균, 형사사법복지정책론, 서울: 청목출판사, 2006.
김성수, 개별행정법 : 협조적 법치주의와 행정법이론, 서울; 법문사, 2001.
김재민, 범죄피해자대책론, 진리탐구, 2006.
김재봉, 소년경찰과 다이버전, 형사정책, 제17권 제1호, 2005.
박경일 외 공저, 사회복지학 강의, 서울: 양서원, 2008.
박균성, 행정법론(상), 제13판, 서울: 박영사, 2015.
박균성, 행정법론(하), 제13판, 서울: 박영사, 2015.
박균성 · 김재광, 경찰행정법, 제2판, 서울: 박영사, 2011.
박상식, 경찰수사단계에서 소년범죄 예방을 위한 효율적 방안, 교정복지연구, 2006.
석종현, 일반행정법(하), 제8판, 서울: 삼영사, 2001.
성낙인, 헌법학, 제15판, 서울: 법문사, 2015.
신현기·박억종·안성률 외, 경찰학사전, 서울: 법문사, 2012.

신현기 외 공저, 비교경찰제도론, 서울: 법문사, 2012.
이상안, 신경찰행정학, 서울: 대명출판사, 2001.
이상안, 경찰행정학, 서울: 대명출판사. 2005.
이영남・신현기, 경찰조직관리론, 서울: 법문사, 2003.
이윤근, 비교경찰제도론, 법문사, 2001.
이황우, 경찰학개론, 서울: 법문사, 2007.
정종섭, 헌법학원론 제10판, 서울: 박영사, 2015.
정진환, 경찰행정론, 서울: 대영문화사, 2000.
정진환, 비교경찰제도, 서울: 책사랑, 2002.
정진환, 비교경찰제도, 서울: 책사랑, 2003.
정진환, 경찰행정론, 서울: 대영문화사, 2006.
정진환, 경찰행정론, 서울: 대영문화사, 2009.
조철옥, 경찰윤리학, 서울: 대영문화사, 2009.
조흥식・권기창・이태수 외, 사회복지학개론, 서울: 창지사, 2013.
천정환, 신범죄피해자학, 서울: 대왕사, 2007.
최영규, 경찰행정법, 제2판, 서울: 법영사, 2005.
최영규, 경찰행정법, 제3판, 서울: 법영사, 2007.
최윤진, 교정사회복지, 서울: 한국청소년연구원, 1993.
하상군・김종길・조성택, 경찰학 개론, 서울: 대영문화사. 2013.
홍정선, 행정법특강, 제14판, 서울: 박영사, 2015.
홍정선, 행정법원론(상), 제23판, 서울: 박영사, 2015.
홍정선, 행정법원론(하), 제23판, 서울: 박영사, 2015.
홍정선, 경찰행정법, 제3판, 서울: 박영사, 2015.

〈연구논문〉

강원석, 경찰복지에 관한 법적 개선방안, 경남대학교 대학원 박사학위 논문, 2013.

곽영걸・조동운, 한국자치경찰학회・한국복지경찰연구학회 추계정기학술세미나 자료집, 2013.

권용식, 경찰인사관리개선, 경북대학교, 2005.

김경태, 치안서비스 제고를 위한 경찰활동, 한국콘텐즈학회논문지, 제8권 제11호, 2008.

김명대, 다문화사회의 경찰활동을 위한 교육훈련 개선방안에 관한 연구, 원광대학교 박사학위논문, 2010.

김병주, 가정폭력, 엠-에드, 2004. 형사정책, 제18권 제2호, 2006.

김상호, 경찰의 활동과 질서유지, 경찰학연구, 제5호, 2003.

김석범, 다문화사회에서의 경찰의 역할, 경찰청국외훈련연구과제, 2010.

김선우, 다문화사회의 범죄문제와 경찰의 대응, 한국경찰학회, 2010.

김용세・김종덕, 민간단체에 의한 범죄피해자 지원의 현황과 전망, 피해자학연구, 제11권 제2호, 2003.

김용태・박동균, 국민중심 경찰활동을 위한 맞춤형 공간치안 방안, 한국위기관리논집, 제8권 제3호, 2012.

김원홍, 경찰의 시민・여성 친화적 서비스 제고 방안, 치안논총, 제18호, 2002.

김종환, 회복적 사법의 교정복지 적응에 관한 연구, 법학연구, 제30집, 한국법학회, 2008.

김학경・이성기, 영국지방자치경찰의 새로운 패러다임: 2011 경찰개혁 및 사회책임법과 국립범죄청을 중심으로, 경찰학연구, 제12권 제1호, 2012.

김현석, 우리나라 법정에서 심리전문가의 역할과 기대, 한국심리학회 연차학술대회자료집, 2010.

곽병선・윤수홍, 수사절차상 인권보호 방안에 관한 연구, 지역발전 연구, 제8권 제2호, 2009.

박은미, 법적 문제행동 청소년의 경찰수사 과정에 대한 사회복지사의 개입

방안, 한국청소년복지학회, 청소년복지연구, 제6권 제1호, 2004.

박동균・이재호, 중국경찰의 조직구조와 제도적 특징, 한국동북아논총 제32집, 2004.

서정범, 경찰법에 있어서의 공공의 질서의 개념, 경찰학연구, 제8호, 2005.

서정범, 경찰권발동의 근거 개괄적 수권조항을 중심으로, 중앙법학, 중앙법학회, 제8집 제1호, 2006.

서정범・이영돈, 경찰관직무집행법 개정방향에 관한 연구, 치안연구소편, 2003.

안영훈・강기홍, 자치경찰의 확대 및 강화, 한국지방행정연구원, 2008.

안치민, 복지권의 구성과 성격, 한국사회복지학, 제55호, 2003.

오영근・최병각, 소년사건처리절차의 개선방안에 관한 연구, 한국형사정책연구원, 1995.

양화식, 양화식, 행형법 개정의 기본방향, 한국사법행정학회, 사법행정 352호, 1990.

양재열, 자치경찰제의 효율적인 운영방안 연구, 자치경찰연구, 제7권 제1호, 2014.

윤영희, 비행청소년을 위한 경찰사회복지제도의 필요성에 관한 연구, 경성대학교 석사학위논문, 2001.

윤찬영, 사회보장기본법 개정에 따른 사회(복지)서비스의 변화, 사회보장기본법 개정에 따른 사회(복지)서비스 정책토론회 학술세미나, 한국사회서비스학회, 2012.

이상수, 경찰 복지정책의 중장기 발전전략 연구, 치안정책연구소 연구보고서, 2011.

이선우・임현정, 경찰조직 인사 관리의 현안 및 개선방안, 한국인사행정학회보, 제1

권, 제2호, 2011.

이상원・조현빈, 지역경찰 순찰근무의 효용성 검토 및 적정 소요인력 산출,

치안논총, 제28호, 2012.

이성용, 스토킹 방지를 위한 선제적 행정경찰작용에 관한 연구, 치안정책연구소,
2012.

이영남, 경찰조직의 효과성 제고를 위한 복지체계 연구, 명지대학교 대학원 박사학위논문, 1992.

이응혁, 치안정책의 패러다임 변혁이 필요하다, 치안정책리뷰, 2012.

이춘화, 소년사건에서의 조사제도에 관한 연구, 한양대학교 박사학위논문, 2001.

이황우, 경찰정신사와 경찰상 정립, 경찰 창설 50주년과 경찰의 좌표, 치안연구소, 1995.

이현주・강혜규・서문희 외, 공공부조와 사회복지서비스의 체계분석 및 재편방안, 한국보건사회연구원, 2003.

이호중, 소년범죄자에 대한 경찰단계의 비범죄화 정책제안, 형사정책연구, 제15권 제3호, 2004.

이황우・한상암・조호대・정덕영, "경찰공무원의 자기개발에 대한 인식과 경찰인적자원개발 방안", 한국공안행정학회보 제28호, 2007.

전대양・장석헌 외, 청소년 비행통제를 위한 소년경찰 대책, 치안연구소, 1997.

전지연, 경찰다이버전의 도입필요성과 그 내용, 형사정책 16권 2호, 2004.

정갑영 외, 문화복지사제도 도입을 위한 실행방안연구, 한국문화관광정책연구원, 정책 연구, 2006.

정진환, 한국 질서행정 발달에 관한 연구 Ⅱ, 인천대논문집, 제20집, 1995.

정진환, 주요국가간 경찰의 임무 및 치안상태의 비교 연구, 치안연구소, 1997.

정석헌, 국민의 안전은 피해자보호와 지원에서 출발해야, 경찰대학 치안정책연구소,치안정책리뷰, 36호, 2013.

정현미, 성폭력범죄 피해 아동·장애인을 위한 진술조력인제도, 이화젠더법학 제4권 제1호, 2012.

차지훈, 경찰의 회복적 사법제도에 관한 연구, 한국경찰학회보, 제9호, 2005,

천정환, 한국교정복지의 의의와 발전과제, 교정연구 제53호, 한국교정학회. 2011.

천정환, 한국교정의 문제점과 방향에 관한 연구, 한국경찰연구, 한국경찰연구학회, 제9권 제3호, 2010.

최미진, 소년경찰제도 및 역할개선에 관한 연구, 연세대학교, 2006.

최정택, 한국치안행정학회 동계학술세미나 : 한국 치안행정의 이슈와 정책과제, 한국치안행정학회, 2010.

하미승·심기환, 치안서비스 결정요인에 관한 연구, 지방정부연구 12권 3호, 2008.

한국경찰법학회, '관계 내 폭력 방지를 위한 경찰관 직무집행법 개정 방안' 토론회, 2015.8.27.

황현락, 사회적 약자보호를 위한 인권경찰의 발전 방향, 경찰교육원, 2011.

2. 국외문헌

Antony M. Rate and Penny Shtull, "Community Grows in Brooklyn : An Inside of the New York City Police Department's Model Precint." Crime and Delinquency, Vol.40. No.3. July 1994.

Bayley, D. H, Police for the Future. New York: Oxford University Press, 1994.

Carolyn Steedman, Policing the Victorian Community: The Formation of English Provincial Police Forces 1856-80, London: Routledge & Kegan Paul, 1984.

Changwon Pyo, "Korea, Policing the Past", in Crime & Justice International, Vol. 17, No. 50, March, 2001.

Chen, X. Community and policing strategies: A Chinese approach to crime control. *Policing and Society: An International Journal of Research and Policy*, 2001.

Chwast Jacob, "Casework Treatment in a Police Setting" Federal Probation, vol. 18, 1954.

Congressional Quarterly Inc., Regulation : Process and Politics, Washington, D. C.: CQI, 1982.

Commission on P.O.S.T, Description of experiential learning from California Commission on Peace Officer Standardsand Training (POST), Annual Report, 1990 , Sacramento, Cal., n.p..

Dai, Y. New directions of Chinese policing in the Reform Era. In J. Liu, L. Zhang, 2001. & S. F. Dutton, M. *Policing and punishment in China: From patriarchy to "the people"*. Cambridge: Cambridge University Press, 1992.

Dutton, M. The end of the (mass) line? Chinese policing in the era of the contract. *Social Justice*, 2000.

Egon Bitter, The Functions of the Police in Modern Society, Washington D.C., National Institute of Mental Health, 1970.

Gerald W. Lynch, POLICE TRAINING IN HUMAN DIGNITY, POLICING IN CENTRALAND EASTERN EUROPE : Comparing Firsthand Knowledge with Experience from theWest, College of Police and Security Studies, Slovenia, 1996.

Goldstein Joseph, "Police Discretion Not to Invoke the Criminal Process: Low-Visibility Decisions in the Administration of Justice", Yale Law Journal, Vol. 69, 1960.

Greene, J.R. & Matrofski S. D. *Community policing: Rhetoric or reality.* New York: Praeger Publishers, 1998.

Harvey Treger, The police-social work team : a new model for interprofessional cooperation: a university demonstration project in manpower training and development : Jane Addams School of Social Work, University of Illinois at Chicago Circle, Charles C Thomas Publisher, 1975.

Henry M Wrobleski and K ren M. Hess, Introduction to Law Enforcement and Criminal Justice (Belmont, CA. :Wadsworth), 2000.

Hickman, M. & Reaves, B. *Local police departments, 1999.* Washington, DC: U.S. Bureau of Justice Statistics, 2001.

Ingraham, B.L. *The structure of criminal procedure: Laws and practice of France, the Soviet Union, China, and the United States.* New York: Greenwood Press, 1987.

Laura J. Moriarty, Policing and Victims. Prentice Hall, 2002.

Martin Landau, Redundancy, Rationality and the Problem of Duplication and Overlap. Public Administration Review. 1969.

James Q. Wilson, Law enforcement. Varieties of police behavior: The management of law and order in eight communities, Harvard University Press Cambridge, Massachusetts, 1968.

Jiang, B. & Dai, Y. Mobilize all possible social forces to strengthen public security: A must for crime prevention. *Police Studies*, 1990.

Jiang, J., Xu, Y. & Deng, Z. The relationship between job strain and job stress. *Chinese Mental Health Journal*, 2005.

Jiao, A.Y. Traditions and changes of police culture: Organization, operation, and behavior of the Chinese police. In Liu, J.H. and Zhang, L (Eds.), Crime, Justice, and Social Control in the

Changing Chinese Society, West Port, CT: Greenwood Publishing, 2001.

John E. Eck, Alternative Future for Policing. eds in Police Innovation and Control of the Police-Problems of Law, Order and Community. Springer-Verlag, 1993.

Johnson, E. H. Neighborhood police in the People's Republic of China. *Police Studies*, 1986.

John Kleinig, The Ethics of Policing, Cambridge Univ. Press, 1996.

John L. Sulivan, Introduction to Police Science, New York: McGraw-Hill Books Co., 1977.

John P. Clark & Richard E. Sykes, "Some Determinants of Police Organization & Practice in a Modern Industrial Democracy", Daniel Glaser ed., Handbook of Criminology, Chicago: Rand McNally, 1974.

John S. Dempsey, An Introduction to Policing, N.Y.; West/Wadsworth Publishing Compnay, 1999.

Joseph J. Senna and Larry J. Siegel, Introduction to Criminal Justice, Belmont CA.: Wadsworth 1999.

K. Melcher, Die Geschichte der Polizei, 1926.

Lu, H. & Miethe, T.D. Community integration and the effectiveness of social control. In J. Liu, L. Zhang, & S.F. Messner (Eds.), *Crime and Social Control in a Changing China*. Westport: Greenwood, 2001.

Lubman, S.B. Mao and mediation: Politics and dispute resolution in communist China. *California Law Review*, 1967.

Luo, R.Q. *A treatise on people's police work*. Beijing: Qunzhong Press, 1994.

M. Brogden · T. Jefferson & S. Walklate, Introducing Policework, London: Unwinhyman, 1988.

M. Brogden, "Community Policing", Policing Across the World, 1999.

Ma, Y. The Police Law 1995: Organization, functions, powers and accountabilityof the Chinese police. *Policing*, 1995.

Merry Morash, et al, The Move to Community Policing ; Making Change, Happen, Thousand Oaks, CA: Sage, 2002.

Michael Parkinson. Source : The Journal of Business, Vol. 53, No. 1, Published by: The University of Chicago Press, 1980.

Peak, K. J & R. W. Glensor. Community Policing and Problem Solving: Strategies and Practice. New Jersey : Prentice Hall Co.,1999.

Philip John Stead, The Police of France, MacMillan Publishing Company, 1983; Tony Jefferson, The case against paramilitary policing, Milton Keynes, Open University Press, 1990.

Palmiotto, M. J, Policing: Concepts, Strategies, and Current Issues in American Police Forces. Carolina Academic Press. 2005.

Reid, S. *Criminal Justice*. Cincinnati, OH: Atomic Dog Publishing, 2001.

Robert Reiner, Chief Constables: Bobbies, Bosses or Bureaucrats?, Oxford University Press, 1992.

Robert Reiner, The Politics of the Police, London: Prentice Hall/Harvester Wheatsheaf; 2Rev Ed., 1992.

Robert C. Trojanowicz and Bonnie Bucqueroux, Community Policing: A Contemporary Perspective, Cincinnati: Anderson Publishing Co., 1990.

Samual Walker and Charles M. Katz, The Police in America, New York, N.Y.: McGraw Hill., 2002.

Scheuke, Polizei und Ordnungsrecht, Melcher, 2001.

Schloer, Die Begriffe der öffentlichen Sicherheit und Ordnung im bayerischen Polizei- und Sicherheitsrecht, BayVBl. 1991.

Situ, Y., & Liu, W. Restoring the neighborhood, fighting against crime: A case study in Guangzhou City, People's Republic of *China. International Criminal Justice Review*, 1996.

Skogan, W.G. & Steiner, L, Community Policing in Chicago: Year Ten, Criminal JusticeInformation Authority, Chicago, IL, 2004.

Susan Edwards, Civil Law Remedies - Crime Reduction Research Series 2000.

Sun, I. Y., Cretacci, M.A., Wu, Y. & Jin, C. Chinese police cadets' attitudes toward police role and work. *Policing: An International Journal of Police Strategies and Management*, 2009.

Sun, Y. An investigation on police job strain. *Legal System and Society*, 2007.

Steven J. Bonafonte, Informal Site Visitation of Community-Based Law Enforcement Agencies, unpublished report, Washington, D.C.: U.S. Department of Justice, National Institute of Justice, April 4, 1994.

The London Metropolitan Police, Annual Report 2003-2004, London : HMSO, 2004.

Tjaden, Patricia & Thoennes, Nancy, "Extent, Nature and Consequences of Intimate Partner Violence: Findings from the National Violence Against Women Survey," National Institute of Justice and the Centers of Disease Control and Prevention, 2000.

W. Eck, Agrippina, die Stadtgründerin Kölns. Eine Frau in der frühzeitlichen Politik(Cologne); R. G. Lewis, 1993.

Walker, S., & Katz, C.M. *The police in America: An introduction* (6th ed.). Boston, Mass.: McGraw Hill, 2008.

Wong, D.S.W. Delinquency control and juvenile justice in China. *The Australian and New Zealand Journal of Criminology*, 1999.

Wong, K. C. Community policing in China: Philosophy, law and practice. *International Journal of the Sociology of Law*, 2001.

Wong, K. C. Policing in the People's Republic of China: The road to reform in the 1990s. *The British Journal of Criminology*, 2002.

Wong, K. C. *Chinese policing: history and reform*. New York: Peter Lang, 2009.

Wong, K. C. *Police reform in China*. CRC Press, 2001.

Yang, J. & Mei, J.M. *Market economy and policing in Mainland China: challenges and changes*. Paper presented at the Annual Meeting of the Asian Association of Police Studies, Hong Kong, China, 2002.

Zhang, L., Zhou, D., Messner, S.F., Liska, A.E., Krohn, M.D., Liu, J., et al. Crime prevention in a communitarian society: Bang–jiao and tiao–jie in the People's Republic of *China. Justice Quarterly*, 1996.

Zhong, L. Y. & Grabosky, P. N. The pluralization of policing and the rise of private policing in *China. Crime, Law and Social Change*, 2009.

Zhou, X.J. The research on police job strain and coping. *Policing Studies*, 2005.

檜山澄, 埼玉県地域による治安回復への新たな導標: 地域部門主導による假頭犯罪抑止對策. 警察學論集, 2005.

警察庁, 犯罪被害者支援要綱の制定について(依命通達) (2011年7月7日). 警察庁犯罪被害者対策室監 『[新版]　警察の犯罪被害者対策』立花書房,

1999.
内閣府, 男女共同参画局『平成24年版男女共同参画白書』2001.
警察庁, 平成23年中のストーカー事案及び配偶者からの暴力事案の対応状況について 2012.
厚生労働省, 児童虐待相談対応件数等及び児童虐待等要保護事例の検証結果(第6次報告概要), 2010.
厚生労働省, 子ども虐待対応の手引き(改訂版), 2009, 53頁以下, 警察庁児童虐待への対応における児童相談所との連携について(通達2010年10月1日).2008.
最高裁, 判決最高裁判所裁判集刑事286号(平成16年10月3日), 2004.
警察庁, 再被害防止要綱の制定について(2001年8月1日), 1999.
警察庁, 再被害防止のための行刑施設等との連携及び再被害防止対象者への関連情報の教示について(2001年8月1日), 1999.
法務省, 被害者等の保護を図}るための受刑者の釈放等に関する情報の取扱について(2001年8月1日, 2004年と2006年に改正).
法務省, 被害者等に対する加害者の処遇状況等に関する通知について, 2007.
内閣府, 犯罪被害者白書. 2012.
日本警察白書, 安全・安心なまちづくりの推進, 2013.
安富潔, 刑事訴訟法講義,慶應義塾大学出版會, 2007.

3. 기타

문화체육부, 청소년백서, 2013.
헤럴드경제, 2014.2.3.
서울신문, 2015.11.19.
서울신문, 2014.12.11.
경찰청일보, 2013.11.11.

경찰청일보, 2016.5.23.
경찰청일보, 2016.5.30.

저자소개

윤 영 희

부산외국어대학교 법학박사
교정복지학회이사
동명대학교 겸임교수 역임
부산외국어대학교 외래교수 역임
동서대학교 외래교수 역임

교정사회복지론(박영숙 외 5명 공저)
청소년복지론(천정환 외 11명 공저)